닥터프렌즈의
오! 마이갓 세계사

1판 1쇄 발행 2024. 4. 25.
1판 4쇄 발행 2024. 8. 9.

지은이 이낙준

발행인 박강휘
편집 박익비 디자인 홍세연 마케팅 박인지 홍보 강원모
발행처 김영사
등록 1979년 5월 17일(제406-2003-036호)
주소 경기도 파주시 문발로 197(문발동) 우편번호 10881
전화 마케팅부 031)955-3100, 편집부 031)955-3200 팩스 031)955-3111

값은 뒤표지에 있습니다.
ISBN 978-89-349-6507-7 03900

홈페이지 www.gimmyoung.com   블로그 blog.naver.com/gybook
인스타그램 instagram.com/gimmyoung 이메일 bestbook@gimmyoung.com

좋은 독자가 좋은 책을 만듭니다.
김영사는 독자 여러분의 의견에 항상 귀 기울이고 있습니다.

닥터프렌즈

오! 마이갓 세계사

OMG!

OH! MY GOD

무모하다 못해
오싹한
생과 사의 역사

이낙준 지음

김영사

단연코 세상에서
가장 재미있는 역사,
의학의 역사

21세기를 살아가는 우리가 여전히 역사를 뒤적여 보는 이유는 무엇일까요? 역사는 미래의 거울이라는 교훈 때문일까요? 그렇다고 보기에는 인류는 늘 같은 실수를 반복합니다. 당장 러시아-우크라이나 전쟁만 봐도 그렇습니다. 제2차 세계대전에서도 가장 치열한 전투 중 하나로 꼽히는 레닌그라드 공방전에 참전해 상이군인이 된 아버지를 둔 러시아의 대통령 블라디미르 푸틴마저 금세 과거를 잊고 전쟁을 일으켰습니다.

　다시 돌아와서, 우리는 왜 아직도 역사를 뒤적여 볼까요? 소설을 쓰는 입장에서 가장 이기기 힘든 상대가 바로 논픽션입니다.

당장 하루에 쏟아지는 뉴스만 보고 있더라도 개연성 없어 보이는 일들이 만연합니다. 그래서 역사가 그 자체로 재미있는 것입니다. '말이 돼?' 싶은 일들이 다 실제로 벌어진 일들이니까요.

네, 역사는 참 재미있는 기록입니다. 오래된 기록임에도 불구하고 여러 사람을 매료시키는 힘을 가진 이유죠. 분야도 다양합니다. 크게는 세계사, 국사, 동양사, 서양사로 나눌 수 있죠. 보다 세세하게 정치사, 경제사, 사회사, 사상사, 문화사, 예술사, 문학사, 전쟁사 등으로 다양하게 나뉩니다. 취향에 맞춰 골라 먹을 수 있죠.

의학의 역사는 그중에서 변방에 속하는 역사입니다. 역사에는 잘못이 없습니다. 의학이라는 단어가 갖는 생소함 때문이겠죠. 명색이 의사인 저조차 그랬으니 말 다한 셈입니다. 애초에 전직 의사이자 현직 작가가 다룰 만한 소재가 없나 하다가 우연히 들이파게 된 이야깃거리가 의학의 역사입니다. 그렇게 의학의 역사만 판 지 이제 3년이 좀 넘었습니다. 의학의 역사야말로 모든 역사 가운데 가장 재미있다고 감히 말하겠습니다. 무작정 하는 말은 아닙니다.

의학의 역사는 '질병'이라는 가장 무섭고 강대한 적과 싸우기 위해 처절하게 노력해온 인류의 이야기입니다. 그 중심에는 모자란 지식과 경험인지언정 최선을 다했던 의사들이 있습니다. '아, 최선을 다하지 말지' 싶은 순간들도 있습니다. 아니, 많습니다. 오히려 해를 끼쳤던 의사들이 훨씬 많습니다. 그럼에도 의학의 역사가 이어질 수 있었던 이유는, 질병과 싸운 이들이 의사만은 아니었기 때문입니다. 죽음을 각오하고 의사들에게 몸을 내어준 환자들이 있었습니다. 결국, 의학의 역사란 질병과 싸워온 의사와 환자의 이야기입니다.

마냥 처절하지만은 않습니다. 원래 강대한 적을 상대로 싸울 땐 임기응변을 발휘해야 하는 법 아니겠습니까? 역사 속에서 의사와 환자들은 때론 황당한, 때론 오싹한, 가끔은 기괴하기까지 한 시도를 해왔습니다. 이제 지나간 이야기, 역사가 된 그들의 싸움을 보는 우리의 감정도 크게 다르지 않습니다. 황당했다가, 오싹했다가, 기괴했다가. 혹은 다른 감정을 느낄 수도 있습니다.

만약 이 책을 읽는 이가 환자라면 결국에는 감사함을 느끼리라 확신합니다. 현대 의학의 눈부신 발전 덕에, 우리는 그 어느 때보다 질병을 객관적으로 바라볼 수 있고, 어떤 때보다 근거가 있는 치료를 받을 수 있기 때문입니다. 저도 그랬습니다. '왜 내게 이런 병이 생겼을까'를 탓하다가, '그래, 옛날에 태어났으면 죽었다'라는 생각이 들자 피식 웃음이 나오더군요.

질병의 고통과 아픔에 정면으로 돌파했던 인류의 수많은 시행착오는, 결국 현대 의학의 눈부신 발전을 가져왔습니다. 이러한 생존을 향한 열망의 이야기가 21세기를 살고 있는 우리에게 감사를, 누군가에게는 위로를, 어떤 이에게는 도전정신과 호기심, 열정을 일깨우는 신선한 자극을 전할 수 있기를 바랍니다.

2024년 봄에
이낙준

목차

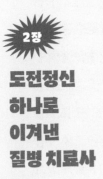

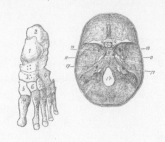

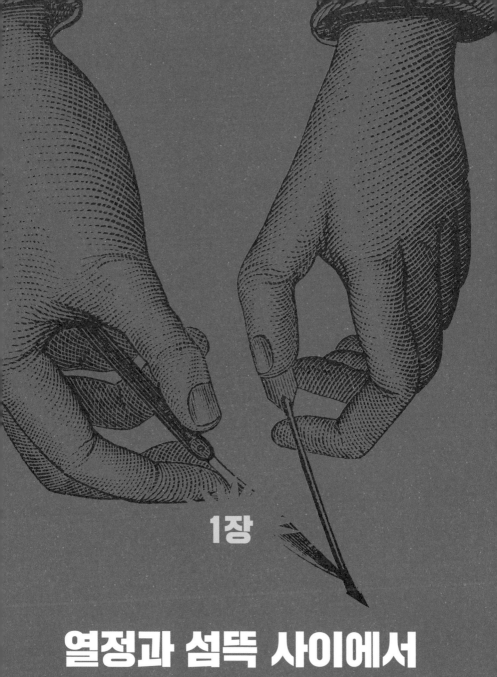

1장

열정과 섬뜩 사이에서
의학 발달사

해부

고대 그리스의 해부가
악마의 지식으로 불린 이유

'의대생' 하면 해부학 책을 펴놓고 공부하는 모습이 떠오르지 않나요? '닥터프렌즈'가 유튜브에서 제일 먼저 다룬 콘텐츠 역시 '의사들이 말해주는 해부 실습'이었습니다.

해부는 생명체를 절개해 내부 구조를 조사하는 일입니다. 의학에서는 보통 정상 해부, 병리 해부, 법의 해부 등 세 종류로 구분해요. 신체를 이루는 세포, 장기, 조직, 계통의 생김새, 크기, 위치, 상대적 위치 관계 등을 연구하는 학문이기 때문에 해부학은 의학을 전공하는 데 필수 기초 학문입니다. 그런데 처음부터 그랬을까요?

최초의 '의학적 해부'

가장 오래된 해부에 대한 기록은 언제일까요? 기원전 3000년으로 거슬러 올라가면, 이집트 파피루스에 "상대편 배를 베었더니 내용물이 쏟아져 내리고 그 안에 그가 먹은 음식물이 있었다"라는 기록이 있습니다. 이 역시 해부학 기록으로 볼 수도 있지만, 이를 제외해도 역시 이집트입니다.

고대 이집트인은 시신을 잘 보존하는 일이 고인의 내세에 영향을 미친다고 여겨 미라를 제작했습니다. 심장을 남겨두고 위, 간, 대장, 폐를 시신에서 떼어내 카노푸스의 단지에 담아서 미라와 함께 매장했죠. 그러려면 당연히 해부를 잘해야 하잖아요? 해부학적 지식도 무척 해박했을 것 같고요. 그러나 그렇지 않았습니다. 이집트에서 고귀한 분들만 미라가 되었기 때문에 절개를 많이 하지 못했습니다. 최소한의 절개만으로 장기를 줄줄이 꺼내는 거예요. 그래서 내장 기관에 무엇이 있는지는 알았지만, 그것들이 정확히 어디에 위치하고 어떤 기능을 하는지는 잘 몰랐어요. 애초에 의학과 해부학 지식이 잘 결합되지 못했습니다.

기원전 2000년부터 중국에서도 비슷한 기록을 볼 수 있는데, 상상이 많이 결합되어 있어요. 음과 양, 오행, 기의 흐름과 같은 사상이 그렇습니다. 즉, 몸 안에 순환하는 무엇이 있다고 생각하는 거예요. 이 흐름은 현대 의학의 관점에서 보면 순환계circulatory system •

인데, 이 조직을 그들 나름대로 형상화한 것이 아닌가 싶습니다. 이 외에도 바빌론이나 메소포타미아 문명이 있던 곳에서 몇몇 사료가 간간이 발견되지만, 인간의 몸을 연구하기 위한 자료가 아니기 때문에 '해부'라고 지칭하지는 않습니다. 정말 해부라고 정의할 만한 자료는 기원전 8세기 인도의 위대한 의사 수슈루타Sushruta, BC 800?~700?와 기원전 5세기 고대 그리스의 '현대 해부학의 아버지'로 불리는 헤로필로스Herophilos, BC 335?~280?로부터 비롯되었다고 알려져 있습니다.

헤로필로스는 "동맥과 정맥을 구분해야 하지 않을까?" 하는 의견을 최초로 제시했습니다. 당시에는 아리스토텔레스Aristoteles, BC 384~322의 가르침대로, 심장은 3개의 방으로 이루어져 있고 우심방은 혈관의 일종으로 인식했습니다. 그런데 헤로필로스는 "아니다, 심장은 4개의 방으로 이루어져 있다"라고 저술했어요. 또 신경을 힘줄과 근육, 혈관과 구별하고, 신경이 사람의 움직임과 관련이 있다고 기록했습니다. 그뿐 아니라 신경에는 두 종류가 있는데, 감각과 운동을 관장하는 신경으로 각각 구분된다고 주장했어요. 정말 대단하죠?

여기서 그치지 않고 헤로필로스는 대뇌와 소뇌를 구분했습니

● 순환계: 혈액과 림프를 만들고, 전신에 피를 순환시켜 영양을 공급하며, 노폐물을 받아들이는 계통의 조직. 척추동물은 정맥, 동맥, 모세관의 혈관계, 림프계, 심장으로 이루어진다.

다. 아리스토텔레스는 가슴(마음)에서 생각이 이루어지고 뇌는 냉각실, 즉 흥분을 가라앉히는 곳으로 인식한 데 반해 헤로필로스는 뇌야말로 우리의 이성을 관장하는 곳, 즉 지성체라고 명명했죠. 또 자궁은 속이 빈 기관임을 보여주고 난소와 자궁관의 역할을 설명했습니다. 나아가 고환 안에 부고환, 정낭 등이 있고, 고환에서 정자가 생성된다는 사실을 인식하고 전립선을 처음으로 식별했습니다. 그리고 눈의 구조도 수정체를 제외한 다른 부위를 식별했어요.

그런데 어떻게 이와 같은 식별이 가능했을까요? 생긴 것을 구분하는 건 그렇다고 칩시다. 어떻게 기능까지 알아냈을까요? 궁금하지 않나요? 회귀자도 아닐 테고, 미래에서 온 것도 아닐 텐데 말입니다.

종교와 전쟁 사이에서

헤로필로스는 주로 알렉산드리아에서 활동했습니다. 알렉산드리아는 이집트의 도시로, 알렉산드로스 대왕이 정복해 세운 곳이죠. 그리스에서 멀리 떨어진 이곳은 아주 번화했지만 변방이었습니다. 그래서 처음에는 법이 강력하지 않았어요. 지도자가 자기 마음대로 할 수 있었죠.

알렉산드리아 지도자는 헤로필로스에게 죽을 때까지 해부할 수 있는 권한을 줍니다. 당시 알렉산드리아는 사형수를 대상으로 해부를 진행했어요. 기록을 잘 보면, 사형수가 숨이 붙어 있을 때 해부를 진행했다고 쓰여 있습니다. 어떤 기록은 사형을 집행하기 위한 수단으로 해부를 진행했다고도 전합니다. 정말 끔찍하죠. 살아 있는 사람을 해부했기 때문에 헤로필로스는 눈에 보이지 않는 신경의 존재까지 발견할 수 있었던 겁니다. 그렇게 헤로필로스는 죽을 때까지 해부하면서 수많은 사람의 고통을 기반으로 선구적인 지식을 남깁니다.

하지만 헤로필로스의 저서는 '악마의 지식'으로 간주되면서 1,800년이 넘도록 사장됩니다. 잔인하다는 이유도 있었지만, 종교적인 신념과 배치된 탓이 큽니다. 문화권마다 다르지만 고대부터 중세까지 사후 세계에 대한 믿음이 상당히 공고했습니다. 바이킹*은 전사로 죽어야 그들의 천상 발할라**에 들어갈 수 있다고 믿었고, 그리스 신화에서는 명계로 가려면 이승과 저승 사이에 놓인 레테의 강을 건너야 한다고 믿었죠.

점차 이런 종교적 신념을 지키는 일을 고의로 방해하는 건 불경하다고 여겨졌습니다. 시신의 온전한 매장이나 화장을 방해하는 행위, 즉 해부는 영혼에 대한 지독한 저주로 인식되기 시작했어요.

- 바이킹: 7~11세기 스칸디나비아와 덴마크 등지에 거주하며 해로를 통해 유럽 각지로 진출한 노르만족.
- 발할라: 북유럽 신화에서 최고의 신 오딘을 위해 싸우다가 살해된 전사들이 머무는 궁전.

살아 있는 순간부터 죽고 난 이후까지 시신이 훼손되니까 해부는 망자의 영혼까지 타락시키는 일로 여겨졌죠. 결국 그리스가 망하고 로마제국이 건설되면서 "인간을 해부해서는 절대 안 된다"고 법으로 규정해버립니다.

그렇다면 동양은 어땠을까요? 중국에 공자님이 계시죠. "신체발부수지부모身體髮膚受之父母, 부모에게 물려받은 몸을 소중히 하는 것이 효도의 시작이다." '어찌 감히 부모님께 물려받은 몸을 훼손하느냐'는 말입니다. 다쳐서 상처가 나는 것도, 머리카락을 자르는 것도 불효로 인식될 수 있는데 하물며 해부를 한다니, 그야말로 천하의 불효자식이 되는 길입니다. 해부가 불가능했겠죠. 공교롭게도 동서양이 비슷한 시기에 인간에 대한 해부를 금지합니다.

헤로필로스의 저서가 사장되고, 새롭게 떠오른 사람이 로마 시대의 해부학자 갈레노스Galenos, 129?~199?입니다. 헤로필로스가 '현대 해부학의 아버지'라면, 갈레노스는 '해부학의 아버지'입니다. 그런데 인체 해부가 금지된 로마 시대에 어떻게 해부학의 아버지가 되었을까요? 갈레노스는 주로 원숭이와 돼지를 해부했습니다. 사람과는 다르죠. 그래서 부족한 건 상상으로 채웠습니다. 이로 인한 오류가 어마어마하게 많았죠. 주로 내부 장기의 위치와 혈관의 분포에 대한 건데, 당시 그림을 보면 그야말로 엉망입니다. '비교해부학'이라는 개념을 만들어놓고 동물을 해부해 '흠, 사람으로 치면 대충 이렇지 않을까' 하는 식의 추측을 통해 사람에 대입합니다.

진짜 해부학의 아버지는 누구?

'현대 해부학의 아버지' 헤로필로스는 살아 있는 사람을 해부했기 때문에 현대에 이르기 전에는 언급되지 않았다. '해부학의 아버지' 갈레노스는 동물을 이용한 비교해부학의 대가로, 근대에 이르기까지 해부학의 근간이 되었다. 16세기경 벨기에의 해부학자 안드레아스 베살리우스Andreas Vesalius, 1514~1564는 인체해부학을 다시 연구하기 시작해, 갈레노스의 비교해부학으로 인한 오류들을 바로잡아 그 공로로 '근대 해부학의 아버지'라고 불리고 있다.

하지만 동물과 사람은 관절 자체가 다릅니다. 서로 완전히 반대로 꺾여 있는 것처럼 보이죠. 실제로 역관절은 아니지만요. 그 외에 장기의 배치나 생김새 및 크기 등도 모두 다릅니다. 그러나 전혀 교정되지 않은 채 시간이 계속 지나갑니다. 그래서 중세까지 많은 수술의 오류가 갈레노스의 비교해부학에서 파생되었습니다. 인체에 대한 왜곡된 이미지가 많았으니 당연할 수밖에 없었겠죠. 그런데 이 상황이 무려 1,000년 넘게 이어졌어요. 그나마 다행인 점은, 해부에 대한 지식이 있더라도 어차피 마취도 할 수 없고 소독도 하지 못하니까 수술은 아예 시도조차 못했을 거라는 사실입니다. 다행이라고 해도 될지는 모르겠지만요.

동물과 사람의 관절은 어떻게 다를까?

척추동물의 팔다리 관절은 인간과 반대 방향으로 굽는 것처럼 보인다. 이를 '역관절'이라 지칭하는 것은 오류인데, 실제로는 인간처럼 발바닥을 전부 딛고 움직이는 동물이 드물어서다. 동물의 관절이 역관절로 보이는 이유는 인간과 달리 동물은 발가락만 땅에 대고 걷기 때문이다.

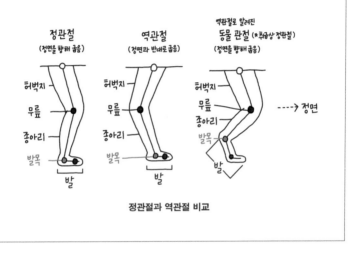

정관절과 역관절 비교

그렇게 인체 해부가 완전히 쇠퇴했다가 사람들의 생각이 점차 바뀌기 시작합니다. 왜였을까요? 전쟁이 계속되었기 때문이었죠. 특히 11~13세기 십자군 전쟁*이 이어지면서 유럽에서는 귀족들이 어마어마하게 죽어나갔어요. 의사들이 인체가 어떻게 생겼는지 잘 모르니까 귀족들이 제대로 치료도 받지 못하고 많이 죽었습니다.

반대로 이슬람 문화권에서는, 페르시아 때부터 공공연하게는 아니어도 어떤 형태로든 인체 해부가 이루어진 것으로 여러 기록을 바탕으로 추정됩니다. 당시 의술도 이슬람 쪽이 훨씬 뛰어났어요. 그래서 같이 싸우다가 같이 다쳤는데, 이쪽은 죽는데 저쪽은 사는 겁니다.

1231년에 신성로마제국의 황제가 "이러다가는 다 죽어. 교육을 목적으로 5년에 한 명 정도는 해부해도 괜찮지 않을까?"라고 말해요. 해부에 대한 규제를 풀되 제한을 두었어요. 교수형에 처한 사형수의 시신만, 의사 개인마다 5년에 한 번씩 해부할 수 있도록 말입니다. 너무 제한적이죠. 솔직히 5년에 한 번 해부하면 다 잊어버릴 수밖에 없어요. 그래서 해부를 공개적으로 진행합니다. "자, 이제 해부합니다. 의학자들 다 모여요."

그런데 당시는 포르말린formalin**이 없었잖아요? 해부 전부터 시체가 썩기 시작합니다. 빨리 부패하는 부분부터 쉬지 않고 2~3일 동안 해부를 진행해요. 해부하다가 힘들면 좀 쉴 수도 있잖아요? 주변에서 노려봅니다. '5년에 한 번인데 여기서 쉰다고?', '그냥 잔다니 미쳤어?' 해부를 진행하는 의학자는 초조해질 수밖에 없죠.

- ● 십자군 전쟁: 서유럽의 기독교도가 성지 팔레스티나와 성도 예루살렘을 탈환하기 위해 8회에 걸쳐 감행한 대원정.
- ●● 포르말린: 포름알데히드 35~38퍼센트 수용액. 자극성 냄새를 갖는 무색 투명한 액체로 소독제, 살균제, 방부제 등으로 광범위하게 쓰인다.

이 해부가 끝나면 5년 동안 구경만 해야 하거든요. 그래서 밤낮없이 그냥 계속 진행합니다. 그러다 보니 해부하다가 죽는 사람이 꽤 많았어요. 과로하죠, 맨손으로 해부하다가 상처 나면 균에 그대로 감염되죠, 약은 없죠. 공개 해부가 결코 쉬운 일이 아니었습니다.

여기서 재밌는 사실은, 해부하다가 갈레노스가 동물 해부로 발견한 것과는 다른 새로운 사실이 당연히 보일 거 아니에요? 그런데 이때는 성서무오설聖書無誤說*이 아니라 갈레노스 무오론이 있었어요. 갈레노스의 주장과 다른 사실이 해부에서 발견되면 '어, 시체가 썩었네', '내가 실수했잖아' 하고 넘어가버립니다. 갈레노스가 대단한 권위를 계속 이어가요.

축제가 된 해부 실습

르네상스 시대가 열립니다. "다시 인간으로 돌아가자! 인본주의로 돌아가자! 중세의 암흑기를 벗어나자!"고 외치던 시기였잖아요. 내세보다는 현세에 집중하자는 분위기가 형성되면서 교회의 권위가 박살 나기 시작해요. 그렇다 보니 해부를 적극적으로 권장합니다.

르네상스 시대의 유럽을 말할 때 빠지지 않고 등장하는 인물

● 성서무오설: 《성경》은 하나님께 영감을 받아 기록된 책이므로 한 글자도 틀릴 수 없다는 주장으로, 《성경》의 권위를 강조하는 개념이다.

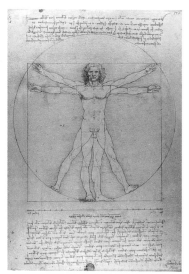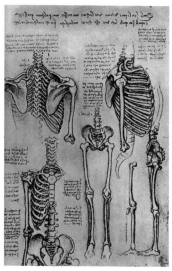

레오나르도 다빈치의 해부학 스케치. 화가로서 사람의 몸과 움직임을 생생하게 표현하고자 해부학에 관심을 가졌던 그는 실제로 30여 구의 시체를 해부한 것으로 전해진다.

이 있습니다. 이탈리아의 위대한 예술가 레오나르도 다빈치Leonardo da Vinci, 1452~1519이죠. 다빈치는 분야를 가리지 않고 뛰어난 업적을 많이 남겼는데, 해부도 그중 하나입니다. "화가는 해부학에 무지해서는 안 된다"라며 예술가의 관점에서 사람 몸의 구조와 기능을 알기 위해 해부학에 관심을 가졌죠. 시체를 구하기 어려운 상황임에도 많은 시체를 직접 해부해 관찰할 만큼, 다빈치는 높은 탐구욕과 심취로 해부학 분야에서 동시대 사람들보다 100년 이상 앞선 위대한 업적을 남겼습니다. 다빈치가 남긴 뼈대와 근육, 혈관, 신경, 비뇨생식계통에 관한 1,800여 개의 해부도는 높은 예술성과 함께 과학적으로도 매우 가치 있는 걸작이죠. 후세의 해부도보다 더 정확합니다.

당시 레오나르도 다빈치의 영향력이 너무 크다 보니 해부는 의학을 넘어 예술의 영역으로까지 확장됩니다. 인체를 그리려면 해부에 대한 이해가 깊으면 깊을수록 도움이 되잖아요? 그런 이유로 예술가들 역시 해부에 참여하고 싶어 했습니다.

이런 와중에 외과 의사들 사이에서는 해부 경험의 유무에 따라 실력이 갈립니다. 인체에 대한 지식이나 수술에 대한 이해도가 다를 수밖에 없는 것이죠. 또 부검 경험의 유무에 따라 질병에 대한 이해 측면에서 차이가 발생합니다. 그러나 의사가 해부할 수 있는 시신은 목매달려 죽은 사람들의 시체뿐이었어요. 사형수가 많았으나, 해부할 시신은 부족했죠.

해부에 대한 수요가 많아지다 보니 '사형수의 시신으로 5년에 한 번'이라는 해부법이 유명무실해집니다. 시신이 생기면 예술가에게든 의사에게든 바로 인도되니까 공급이 수요를 따라가지 못해요. 의사들은 외과 의술이 발전할수록 시신과 해부에 대한 열망이 더 커집니다. '나도 해부해보고 싶다. 한 번만 해부하면 스승님보다 내가 더 잘 집도할 수 있을 텐데'라고 생각하는 거죠.

해부가 예술로 간주되고, 해부하는 모습을 구경할 수 있게 되자 많은 사람이 해부를 관람하고 싶어 합니다. 그 결과 해부가 극장

이탈리아 북부 파도바 대학의 해부학 극장. 16세기 후반 세계 최초로 개설된 이 시설의 입구에는 라틴어로 '죽음이 기쁜 마음으로 삶을 돕는 곳'이라고 새겨져 있다.

에서 이루어져요. 가까이에는 의학도가, 주위로는 일반인이 둘러서서 해부를 지켜보는 문화가 점차 형성됩니다. 이후 시민을 관중으로 공개 해부 시연이 열리면서 해부 관람은 고급 문화 활동으로 자리를 잡습니다.

　16~17세기에는 마을 축제에서 해부를 진행합니다. 해부가 축제에서 하나의 이벤트가 되어버린 거예요. 해부는 전보다 많이 진행되었지만 시간이 지날수록 본래의 목적을 상실해갑니다. 로마 시대에 검투를 즐기듯 해부를 했기 때문에 르네상스 시대에 해부가 제대로 진행되기는 어려웠습니다.

해부학자들의 지나친 열정

19세기 영국의 런던입니다. 1830년, 희대의 살인마 잭 더 리퍼Jack the Ripper가 사용한 것으로도 유명한 '리스턴 칼Liston knife'의 주인공 외과 의사 로버트 리스턴Robert Liston, 1794~1847 박사가 한창 사람들의 팔다리를 자르던 시절입니다. 이때 7개의 갱단이 체포됩니다. 죄목은 도굴이에요. 보통 도굴꾼들이 무덤을 파헤쳐 매장된 보물을 훔쳐서 달아났다고 생각하죠? 이 사람들은 아닙니다. 시신 그 자체를 노렸어요. 시신을 훔쳐서 의사에게 파는 거죠. 숙달된 도굴꾼은 하루에 10구가량 발굴했는데, 사형수가 부족하고 시체가 빨리 부패되기 때문에 애초에 무덤지기가 연루된 경우도 많았습니다. 당시 런던의 어떤 공동묘지에서는 매년 1,500~2,000구의 시신이 사라졌어요. 더 무서운 건, 도굴하다가 걸리면 어떻게 될까요? 네, 교수형에 처합니다. 해부당하는 거예요.

그래서 그랬을까요? 이때 해부학에 어마어마한 발전이 있었습니다. 아주 저명한 의학자이자 해부학 교수가 많이 배출됐어요. 조제프 기샤르 뒤베르네Joseph Guichard Duverney, 1648~1730는 청각기관의 해부학을 완성했습니다. 이비인후과 분야에 크게 공헌한 인물이죠. 달팽이관이 정말 복잡하거든요. 뼈 안에 또 다른 뼈로 이루어져 수십 번, 수백 번의 시행착오가 있었을 텐데, 무에서 시작해 달팽이관 해부도를 완성했습니다. 그도 30년 이상 파리 교외에 있는 클라마르 공동묘지에서 시신을 구매했죠. 당대 최고의 해부학자 중 한 명이었던 알브레히트 폰 할러Albrecht von Haller, 1708~1777는 당시 시신 한 구당 10프랑 정도 했다고 기록까지 남겨뒀습니다. 이 자체로도 정말 부도덕한 일이었죠.

더 큰 문제는, 당시에는 사람이 죽었는지 안 죽었는지 판단하기 어려웠다는 사실입니다. 사망진단을 제대로 못해 생매장되는 경우도 많았어요. 실제로 도굴꾼 중에 무덤을 팠는데 그 안에서 사람이 살아 있는 상태로 도망쳤다고 증언하는 사람도 많았죠. 그런데 이 도굴꾼들은 순진한 축에 속합니다. 교활한 사람들은 "어, 살아 있네?" 하고 그 자리에서 죽입니다.

더 무서운 일도 있었어요. 밤에 무덤에 가면 무섭잖아요. 그리고 땅 파는 것도 힘들고… 무엇보다 의과대학 교수들이 죽은 지 얼마 안 된 시체는 돈을 더 줬어요. 영국의 유명한 연쇄살인범 윌리엄 버크와 윌리엄 헤어는 '어차피 시신을 팔 거면 묻히기 전에 우리가 직접 생산할까?' 생각합니다. 당시 수사 기술이 발달하지 않아 정확하지는 않지만, 이 둘이 최소 16명을 죽였다고 알려져 있습니다. 해부학자 로버트 녹스Robert Knox, 1791~1862가 이 둘에게 시신을 구매했는데, 분명 녹스는 그들이 살인한 사실을 알고 있었을 거예요. 가져온 시신이 하나같이 목이 졸린 채 죽어 있었으니까요.

이들의 만행은 어떻게 알려졌을까요? 녹스의 제자가 시신 중 하나가 자기 친척임을 알아보고 신고합니다. 어제 집에 안 들어왔다던 친척이 장례식도 안 했는데 시신으로 누워 있었던 것이죠. 생각해보니 교수님이 해부하던 시신에는 모두 교살 자국이 있었음을 깨닫고 자신의 교수님을 신고한 겁니다. 결국 버크와 헤어는 사형을 선고받고, 3만 명이 넘는 군중 앞에서 교수형을 당합니다. 버크는 죽자마자 해부되어 강의실 교보재로 쓰입니다. 실제로 현재 에든버러 의과대학 박물관에 버크의 유골이 전시되어 있습니다. 헤어는 교수대의 줄이 끊어지면서 탈출했다고 알려져 있어요. 녹스는 교수직에서 해임되었지만, 이후 런던으로 이주해 해부학자로서의 명성을 어느 정도 이어나갑니다. 해부학에 대한 지식이 워낙 해박하니 완전히 배척할 수는 없었던 거예요.

이 모든 시행착오를 겪으면서 해부학은 계속 발전합니다. 무엇보다 포르말린이 가장 결정적이었어요. 포르말린이 개발되니 한 시신을 가지고 오랫동안 시간을 두고 해부할 수 있게 되고, 여러 명이 관찰하게 되면서 시신에 대한 수요가 크게 줄었습니다. 그러면서 가장 인도적인 방법, 즉 시신을 기증받는 해부가 현대에 대두됩니다. 사실상 현재는 해부학이 완성되었다고 봐도 무방합니다. 이제 우리 몸이 어떻게 생겼는지 알죠. 물론 극소수의 예외를 제외하고 말이에요. 해부학적 다양성이라는 개념이 있는데, 아직까지 기형인지 아니면 희귀하지만 종종 나타날 수 있는 인체의 특성인지 모르겠는 부분이 있어요. 또 2020년에 코와 목구멍 사이 부위에서 대형 침샘 네 쌍을 새로 발견한 이력도 있고요. 아마 여전히 새로 발견될 해부학적 구조가 있을 거라고 생각합니다.

해부학의 발전에 따라 인류는 비로소 인체의 생김새를 이해하기 시작했습니다. 몸의 구조를 파악하면서 기능에 대한 유추와 인지 또한 가능해졌죠. 그 덕분에 인체에 대한 바른 이해로 한 발자국 나아갈 수 있었습니다.

생체 실험과 의학 발전의 진실

나치와 일본 731부대의 생체 실험이 의학의 발달에 도움이 됐다는 의견이 있습니다. 잘 모르면 그렇게 생각할 수도 있을 것 같습니다. 인간이 아무 제한 없이 살아 있는 인간을 대상으로 무자비하게 체외적 또는 체내적으로 실험한 거의 유일한 역사적 사례이니까요. 실제로 아주 단편적인 도움을 주었다는 사례도 있었지만, 과연 의학의 발전이라고 할 만한 도움이었는지에 대해서는 갑론을박이 있습니다.

2011년 〈해부학 연대기Annals of Anatomy〉라는 학술지에 게재된 〈제3제국의 해부학 역사 해부〉라는 논문을 보면 이에 대한 의문이 상당히 해소됩니다. 이 연구의 저자들은 1989~2010년, 무려 21년에 걸쳐 자료를 수집하고 연구를 진행했습니다. 이에 따르면, 당시 나치 독일의 연구자들이 장애, 특히 정신적 질환이 있는 이들을 어떻게 '처리'했는지 알 수 있습니다. 그들은 가스실에서 기계적으로 대량 살생을 저질렀으며, 일부러 밥을 주지 않아 굶겨 죽이는 등의 만행을 자행했습니다. 그렇게 사망한 환자들의 뇌 표본을 모아 연구했는데, 주된 목적은 우생학 가설에 따라 뇌 모양의 차이가 실제 장애와 연관이 있는지 밝히는 것이었죠. 우생학이라는 허구에 불과한 가설에 기초한 이런 연구가 의미 있는 결과를 가져올 수 있었을까요? 다른 사례를 살펴봐도 대개 비슷합니다.

제2차 세계대전 주축국인 일본 제국과 나치 독일에 의한 대량 생체 실험은 우생학적 이유나 무기 연구를 목적으로 진행됐기 때문에 의학과 전혀 상관 없는 고문과도 같은 실험이 대다수였습니다. 사실 제2차 세계대전을 겪기 전부터 인체 구조에 대한 인류의 이해는 상당한 수준에 이른 상태였어요. 왜곡된 시선으로 실험을 진행했기 때문에, 의학의 발전보다는 오히려 왜곡을 초래했다는 증거가 훨씬 많이 발견되고 있습니다.

사망진단

선조들이
삼일장을 치른 이유

'조기 매장'이라는 말이 무슨 뜻인지 아세요? 말 그대로 죽기 전에 묻었다는 뜻입니다. 다시 말하면 사람을 생매장했다는 말인데요. 사실 살아 있는 사람을 묻은 게 아니라 죽은 줄 알고 묻은 거예요. 이게 도무지 말이 되지 않는 상황 같지만, 지금도 (주로 미국에서) 이 공포증에 시달리는 사람들이 있습니다. 심지어 자기를 묻을 때 휴대폰을 함께 묻으라고 유언하는 사람도 있대요. 결론적으로 말하면, 아주 근거 없는 공포는 아닙니다.

죽음을 확정하기 어려운 이유

과거에는 사망진단이 어려웠습니다. 먼저 사람이 죽었다고 판정하는 기준이 무엇이었을까요? 사망 선고가 쉬운 일일까요? 엄밀히 말하면, 쉬운 일이 아닙니다. 언제 사람이 죽었다고 판정할까요? 움직이지 않으면 죽었다고 할 수 있을까요? 깊은 잠에 빠졌을 수 있고, 혼수상태일 수도 있는데 말이죠. 죽은 듯 자는 사람도 있잖아요. 그럼 숨을 쉬지 않으면 죽은 걸까요? 심장이 약하게 뛸 수도 있고, 호흡이 약해졌거나 잠깐 무호흡일 수도 있어요.

사실 숨이 끊기면 죽은 게 맞긴 한데, 숨을 쉬는지 안 쉬는지 확인하는 것도 쉽지 않습니다. 1816년에 르네 라에네크^{René Laënnec,} _{1781~1826}**•**가 체내의 소리를 확인하는 의료 도구인 청진기를 개발했지만, 당시의 청진기는 너무 원시적이어서 숨을 얕게 쉬거나 호흡이 미약하면 확인할 수 없었죠. 심지어 소리에 예민한 사람이 귀를 대고 듣는 것보다 잘 안 들릴 때도 있었습니다.

먼저 사망하면 몸이 굳습니다. 그럼 근육의 강직을 사망 기준으로 삼을 수 있을까요? 어렵습니다. 경직을 일으키는 질환이 있죠. 그럼 체온이 떨어지면 죽은 걸까요? 확신할 수 없습니다. 가사상태**에 빠지면 저체온이 나타날 수 있거든요. 또 실온이 낮으면

• 르네 라에네크: 프랑스의 의학자로 청진법의 창시자.

피부 표면이 아주 차가울 수 있어요. 그리고 죽고 나서 체온이 상승하는 경우도 있습니다. 사망 직전 싸움을 했거나 코카인 등의 마약을 흡입했다면 그럴 수 있죠. 우리가 당연히 여기는 사망의 징후조차 이런데, 이런 것들이 제대로 확립되지 않은 시대에는 사망을 정확히 판정하기가 더 어려웠겠죠.

사망 징후를 확인하기 위한 노력은 19세기 이후 시작되었습니다. 이전에는 '사망 징후'라는 개념조차 잘 몰랐어요. 그렇다 보니 항간에 소문이 돕니다. 무덤에서 흐느끼는 소리, 관을 쿵쿵 두드리는 소리가 들린다는 거예요. 심지어 "살려주세요" 희미한 말소리까지 들렸다고 합니다. 죽지 않은 사람을 묻어서 그렇다고 생각하기는 어려웠겠죠. 지금이야 그런 생각을 해볼 수 있지만, 예전에는 세상이 온통 신비로 가득 차 있었어요. 특히 사후 세계와 미신은 가장 신비로운 영역이었기 때문에, 사람을 죽기 전에 묻었다고 생각하기보다는 '죽었다가 살아났다'거나 '원한을 가지고 돌아왔다'고 생각했죠. 좀비에 대한 공포, 《프랑켄슈타인》 등의 소설이 그냥 생겨난 게 아닙니다.

사망 판정은 언제 제일 어려울까요? 사약을 먹거나 목을 매단 시신, 즉 사형수의 죽음입니다. 독毒도 의학입니다. 의학이 발전

●● 가사 상태: 생리적 기능이 약화되어 죽은 것처럼 보이는 상태. 의식이 없고 호흡과 맥박이 거의 멎은 상태이나, 동공반사는 유지되므로 죽은 것이 아니며 인공호흡으로 살려낼 수 있다.

해야 제대로 만들 수 있기 때문에 어지간한 독이 아니고서야 사람을 죽이는 독약을 만들기 어려웠어요. 역사를 살펴보면, 사약을 먹고 한 번에 죽은 사람은 없었습니다. 몇 대접씩 먹은 후에야 죽었어요. 가사 상태에 빠지는 경우도 많았죠. 조선 숙종 때 송시열은 사약을 세 대접 받아 마시고 데워놓은 방에 들어가 누워 있다가 죽었습니다. 지금 생각해보면 그때 송시열이 죽었는지, 살았는지 알 수 없는 거예요. 또 교수형을 당한 사형수 중 목이 부러지지 않았을 경우 대개 머리로 가는 혈류만 차단되어 잠시 기절한 건데 죽었다고 판단해 땅에 묻었어요. 교수대에서 목을 베었다면 모르겠지만, 겉으로 드러나는 현상만 보고 죽음을 확신하기가 쉽지 않았습니다.

장례식으로 조기 매장을 예방하다

생각하는 존재답게 인류는 조기 매장을 극복하기 위해 여러 가지 노력을 기울였습니다. 그중 우리나라 조상들의 지혜가 대단합니다. 옛날이나 지금이나 사람이 죽으면 장례식을 치르죠? 바로 묻지 않고 삼일장, 오일장을 치릅니다. 이 절차들이 왜 있는지 모르겠다고 생각한 적 없나요? 지금은 예를 갖춘다는 의미의 관습으로 굳었지만, 초기에는 조기 매장을 방지하기 위한 조치였어요. 기다려본 거죠. 살아나는지, 안 살아나는지. 간혹, 관에 넣었는데 살아나오는 경우가 있었거든요.

그리고 보통 장례는 조용히 치르지 않죠. 가족이 "아이고, 아이고" 곡을 하며 시끄럽게 웁니다. 익숙한 목소리를 계속 들려주는 거예요. 살아 있다면 이 소리를 듣고 깨어나라고 말이죠. 그 목소리를 듣고 실제로 깨어나는 시신도 있었습니다. 또 묻기 전에 염을 합니다. 시신을 닦아요. 이게 마사지입니다. 자극을 주는 거예요. 깨어날 수 있도록 말이죠. 그리고 염을 할 때 온 가족이 그 과정을 지켜보고 확인하게 합니다. 또 24시간 그 곁을 지키는 사람이 있었어요. 향도 피우죠. 이렇게 청각(곡), 촉각(염), 후각(향)을 모두 자극합니다. 장례 절차마다 하나하나 이유가 있었던 거예요. 지금은 당연한 예법이자 관습인데, 당시에는 조기 매장에 대한 두려움이 영향을 미쳤습니다.

그리스와 로마에서도 다르지 않았습니다. 사람이 죽으면 관에 바로 넣지 않고 사람들이 볼 수 있는 곳에 8일 동안 눕혀놓고, '프라피케praeficae'라고 불리는 여성들이 돌아가면서 노래를 불렀습니다(청각). 그리고 땅에 묻기 전에 시신을 깨끗이 닦았어요(촉각). 또 향수를 뿌립니다(후각). 우리나라랑 정말 비슷하죠?

로마에서는 또 십자가형을 당한 사형수의 시신을 유족에게 넘겨주기 전에 창으로 찔러서 진짜 죽었는지 확인했습니다. 조기 매장을 막기 위한 인도적 차원이라기보다는, 사형수가 살아나 멀쩡히 돌아다니는 걸 방지하기 위함이었죠. 또 다른 이유도 있었

맨드레이크. 남부 유럽 및 지중해 연안에서 자생하는 가짓과의 다년생
식물이다. 뿌리에 강력한 알칼로이드 성분이 있어 복용했을 경우 환각이
나 최면 등의 효과가 있으며, 과용하면 호흡이 정지될 수 있다.

어요. 당시 유대인들은 십자가형으로 죽어가는 가족을 맨드레이
크mandrake가 함유된 와인으로 닦아주는 관습이 있었습니다. 맨드
레이크가 최면 효과가 있어서 사람을 기절시키기도 했거든요. 그
래서 죽지 않았는데 가사 상태에 빠질 수 있었죠. 그래서 창으로
찔러 죽음을 한 번 더 확인한 거예요.

끝나지 않는 생매장에 대한 공포

여러 노력이 있었지만 역시 좀 부족했습니다. 조기 매장이 여전히 일어났어요. 얄궂게도 이를 밝혀내는 데 일조한 존재가 도굴꾼입니다. 관을 꺼내보니, 얌전히 있어야 할 시신이 발버둥 친 흔적이 있었던 것이죠. 공포감이 생기겠죠? 죽기도 전에 묻히는 건 정말 무서운 일이니까요.

17세기에 이르러서는 아주 다양한 방법이 고안됩니다. 소금이나 양파, 마늘 등으로 코 자극하기, 사지 당기기, 따뜻한 소변 입에 넣기, 뜨거운 왁스 머리에 붓기, 심장 찌르기, 달군 부지깽이로 항문 쑤시기 등등. 조기 매장을 방지하는 건지 확인 사살하는 건지 좀 헷갈리죠.

그러던 와중에 19세기 말 프랑스 의사 세버린 아이카드Séverin Icard, 1860~1932가 환자의 생사를 확인하기 위해 긴 바늘로 심장을 푹 찔러봅니다. 그런데 "으억" 하더니 잠시 깨어나서 발버둥을 치다가 돌아가셔요. 사실상 살해였던 거죠. 이 일에 경각심을 느낀 아이카드는 1905년 다른 방법을 고안합니다. 바로 형광물질을 혈관에 주사해요. 죽은 사람이면 변화가 없겠지만 심장이 뛰고 있으면 피가 순환하니까 안구에 형광물질이 뜨겠죠. 다만 형광물질이 장기적으로 인체에 어떤 영향을 미칠지는 모르는 일이었죠. 당시에는 형광물질이 무해하다고 주장했어요. 당연히 아니었겠지만요. 정말 무해한 형광물질도 있습니다. 현재 척수에 주사해 뇌척수액을 확인하는 용도로 사용하죠. 그러나 당시에는 심전도가 없으니까 형광물질을 통해서나마 심장이 뛰고 있다는 사실을, 피가 순환하고 있다는 증거를 확인하려고 했어요.

그럼에도 1970년대까지 조기 매장은 사라지지 않았습니다. 평상시에는 그나마 제대로 된 사망진단이 가능했지만, 베트남 전쟁 당시 전사해 묻힌 사람의 2퍼센트 정도가 산 채로 매장됐을 가능성이 있습니다. 실제로 관 안에 클로로포름chloroform*을 뒀다고 해요. 깨어났는데 관 속이라면 고통 없이 가라고 넣어준 거죠. 그래서 조기 매장에 대한 공포가 미국에서는 여전히 심할 수밖에 없습니다. 얼마 지나지 않은 역사이기도 하고, 베트남전쟁을 겪은 사람이 지금도 다수 살아 있으니까요.

많은 시행착오를 거쳐서 이제는 여러 장치를 통해 사망진단을 정확히 하고 있으니 참 다행 아닙니까? 19세기 이전에 태어나지 않은 게 천만 다행인 거예요. 그때 태어났다면 죽지도 않았는데 땅속에 묻힐 수도 있지 않았겠어요? 아니면 산 채로 심장에 바늘이 꽂혔을지도 모르고요.

* 클로로포름: 메탄의 수소 3개가 염소 3개로 바뀐 화합물. 무색의 휘발성 액체로 화합물의 용제, 마취제 따위로 쓰인다.

현대 의학의 사망진단 방법

패혈증도 갑자기 심하게 오면 혈압 측정이 불가능합니다. 혈압이 뚝 떨어지고, 체온도 낮아지고, 의식은 아예 없고, 추우니까 안색도 창백해지고, 소변도 안 보고(최대한 에너지를 덜 소비해야 하니까), 혈압이 40~50mmHg으로 떨어졌다 가도 소생합니다. 그럼 사망진단을 현재는 어떻게 할까요?

현대 의학에서는 사망진단이 워낙 중요하기 때문에 반드시 정해진 절차를 따르고 있습니다. 먼저 동맥의 박동을 손으로 짚어 맥박이 없음을 확인합니다. 이 때 손목의 동맥은 혈압이 낮아지면 촉진이 잘 안 될 수도 있기 때문에 중심 맥박을 확인하는데, 경동맥이나 허벅지 동맥을 촉진하죠. 두 번째로 청진을 해 심음, 즉 심장 소리가 없음을 확인합니다. 호흡 또한 육안 및 청진을 통해 무호흡임을 확인합니다. 다음으로는 빛을 동공에 비춰 반응의 부재를 확인하죠. 그뿐 아니라 최근에는 심전도나 동맥압 모니터링 또는 심초음파 같은 의료 기기 검사를 이용하는 것도 권장하고 있습니다. 위와 같은 절차를 최소한 5분의 간격을 두고 시행해 두 번 모두 무맥박, 무호흡이 확인된 경우에만 사망진단을 내릴 수 있습니다.

오스트리아 빈 의과대학이
세계 최고인 이유

21세기 병원은 손 씻기에 '집착'한다고 해도 과언이 아닙니다. 적어도 의료진 중에 손을 씻지 않아도 된다고 말하는 사람은 아무도 없어요. 대학병원에서는 환자 접촉 전후로 손 씻기 규정이 따로 마련돼 있을 정도죠.

　그럼 언제부터 손 씻기를 이렇게 강조했을까요? 미생물을 인식하기 시작한 19세기 이후일까요? 아무래도 손에 묻은 바이러스와 세균이 전파될 수 있다는 개념이 선 후에야 가능한 일이었겠죠? 그런데 놀랍게도 미생물이 발견되기 전이었습니다.

18~19세기 산모들이 가장 두려워한 병

신성로마제국의 황제 요제프 2세. 18세기 후반의 절대군주였던 그는 오스트리아 빈에 종합병원을 세우고 당대 최고의 의사들을 불러모았습니다. 그중 산부인과 의사 요한 루카스 보어Johann Lucas Böer, 1751~1835가 있었습니다. 보어는 엘리자베트 공주의 출산을 도왔어요. 그런데 공주가 이틀 만에 당시 '산욕열'이라고 불리던 증상으로 사망합니다.

도대체 산욕열이란 무엇일까요? 이는 분만으로 생긴 성기의 상처를 통해 세균이 침입·감염해 고열을 일으키는 질환을 뜻합니다. 당시에는 '출산열'이라는 단어와 혼용되었습니다. '감염'이라는 개념이 명확하지 않았기 때문에, 아이를 낳고 열이 나는 현상은 원인 모를, 피할 수 없는 운명처럼 여겨졌어요. 운이 나쁘면 죽고, 운이 좋으면 사는 아주 무서운 증상이었습니다.

세월이 좀 더 흘러 산업혁명이 일어나고, 사회가 전반적으로 더 잘살게 됩니다. 하지만 산업혁명으로 맺은 열매를 모두가 나눠 먹지 못했어요. 귀족층과 부유층만 배불리 먹었죠. 이들은 더 이상 병원에 가지 않았고 의사들을 불러 집에서 아이를 낳았습니다. 그 뒤부터 부유층과 귀족층의 산욕열로 인한 사망률이 100명당 1명으로 현저히 떨어졌습니다. 병원을 벗어났고, 부자는 소수라서 가능했죠.

하지만 대다수의 사람은 여전히 종합병원에서 아이를 낳았습니다. 특히 빈에 세운 종합병원은 빈 의과대학 설립과 함께 유서 깊은 병원이 되면서 많은 사람이 몰렸습니다. 결국 산부인과 병동은 둘로 나눠 운영됐는데, 1병동과 2병동에는 결정적인 차이가 하나 있었어요. 이 차이는 의사뿐만 아니라 환자들도 알았죠. 이상하게도 1병동은 산욕열로 죽는 사람이 무척 많았습니다. 그래서 1병동에 입원하라고 하면 산모가 울었다고 해요. 사형선고나 다름없었던 것이죠. 반면 2병동은 사망률이 상대적으로 낮았어요.

의사들은 이유를 고민하기 시작합니다. 하지만 명확한 이유가 발견되지 않자, '공기 때문인가?', '1병동에 아픈 사람들이 우연히 몰린 거 아니야?' 같은, 정말 말도 안 되는 설명으로 상황을 계속 이어갑니다. 다른 병원도 똑같았어요. 원래 병원은 아픈 사람들이 오는 곳이니까 많이 죽는 게 당연하다고 생각한 거예요. 게다가 빈의 종합병원은 당시 유럽 전체에서 꽤 높은 수준이라는 평가를 받고 있어서 더 안일하게 대처했죠.

선구자 제멜바이스의 등장

그러다가 헝가리 출신의 젊은 의학도 이그나즈 필리프 제멜바이스Ignaz Philipp Semmelweis, 1818~1865가 산부인과에 보조 의사로 들어옵니다. 무보수였지만 자부심이 상당했어요. 빈의 종합병원은 당대 세계 최고였기 때문이죠. 지금으로 치면 무보수 펠로우였지만, 제멜바이스는 집이 부유했기 때문에 크게 상관하지 않았습니다. 그는 너무 신이 나서 병원의 모습을 자신의 일기장에 글로 묘사해두기도 했죠.

당시 빈 종합병원의 산부인과는 2개의 병동, 모두 8개의 병실로 이루어졌고, 병실마다 20개의 병상이 있었어요. 그러니까 20인실에, 전체 160명을 수용하는 초대형 산부인과였죠. 특이한 점은 병실마다 창문이 2미터 위에 달려 있었다는 거예요. 이때 사회상을 살펴보면, 도시 산업화가 급격히 진행되면서 도시 노동자와 빈민층이 급격하게 늘어났을 때입니다. 노동권이 없다 보니 삶이 매우 척박했어요. 그래서 임신하면 자살하려는 사람이 많아서 뛰어내리지 못하게 창문을 높이 낸 거예요. 환기구는 오로지 문 하나였죠. 그런

빈 의과대학의 요제피눔 의학박물관. 오스트리아의 50실링 지폐 앞면에는 이 대학 출신 심리학자 프로이트의 초상이, 뒷면에는 요제피눔 그림이 실려 있다. 이를 통해 당시 종합병원의 외관과 규모를 살펴볼 수 있다.

데 이 창문을 보고 천진난만한 제멜바이스는 '아, 이렇게 사려 깊을 수가! 내가 이런 곳에 들어왔다니'라며 감격합니다.

　무엇보다 제멜바이스는 산부인과의 압도적인 규모뿐 아니라 같은 건물에 있는 해부실에 큰 감명을 받았습니다. 이 해부실에서는 산욕열로 죽은 산모들의 사망 원인을 알아내기 위한 해부가 진행되었어요. 거기서 해부를 하다가 호출을 받으면 바로 병동으로 달려가 수술할 수 있다는 사실에 제멜바이스와 스승, 그리고 동료들은 몹시 만족해했습니다. 지금으로서는 정말이지 상상도 할 수 없는 현실이지만, 그때는 업무 환경이 너무 좋다고만 생각했죠. 연구와 진료를 거의 동시에 할 수 있었으니까요.

당시 제멜바이스는 산욕열의 경과를 이렇게 묘사했습니다.

"출산 24시간 내로 열이 났다. 배가 아프다고 해서 만지면 딱딱했다. 열은 내리지 않고 의식은 흐릿해졌지만, 배를 만지면 고통에는 반응했다. 그 후에 극심한 고통에 자지러지다가 열이 더 오르면 통증에 반응하지 않았고, 혼수상태가 되어 결국에는 사망에 이르렀다."

그렇게 사망한 산모의 시체를 부검해보면 복부에 심각한 염증이 있고, 자궁과 복강에 고름과 종기가 엉겨 있고, 간혹 배에서 멀리 떨어져 있는 장기에도 염증이 있었습니다. 국소 염증이 전신으로 번져 패혈증*이 발생한 거죠. 그때는 몰랐어요.

당시 의사들은 공기나 땅의 기운 또는 우주의 영향, 물결 등이 영향을 미쳤다고 말했죠. 그런데 제멜바이스는 다른 이유가 있다고 생각해 고민했습니다. 제멜바이스는 먼저 공기에 대해 고민합니다.

'만약 공기가 원인이라면 빈은 공기가 똑같지 않나? 왜 집에서 아이를 낳는 부유층은 사망률이 낮지? 지역마다 공기가 다르다면, 우리 병원의 1병동과 2병동은 왜 다섯 배나 차이가 날까? 이상하지 않나? 고로 공기는 원인이 될 수 없다.'

놀랍게도 이런 고민을 한 사람은 제멜바이스뿐이었습니다. 다른 의사들은 별 관심이 없었어요. 그냥 배운 내로 믿었죠.

● 패혈증: 미생물에 감염되어 발열, 빠른 맥박, 호흡수 증가, 백혈구 수의 증가 또는 감소 등 전신에 걸친 염증 반응이 나타나는 상태.

제멜바이스는 1병동과 2병동의 차이가 발생하는 이유를 확인해야겠다는 생각으로 조사를 시작합니다. 환자들의 배경부터 식단까지 모두 조사했어요. 그런데 모두 똑같았죠. 차이가 있다면, 1병동은 모든 환자를 의사와 의대생이 돌보고 2병동은 조산사와 조수가 돌본다는 정도였습니다.

이 문제에 너무 골몰한 나머지 제멜바이스는 스트레스로 머리가 빠졌습니다. 이러다 큰일 나겠다 싶어서 휴직을 신청하고 쉬다가 돌아왔는데, 의사 친구가 죽은 거예요. 이유를 살펴보니, 부검 중 조수가 친구의 손을 베었는데(당시에는 자주 일어나던 사고) 손이 퉁퉁 붓더니 열이 나면서 혼수상태에 빠져 죽었다고 했습니다.

당시 의사들은 대개 자신의 시신을 기증했어요. 제멜바이스는 친구의 시신이 썩기 전에 바로 부검에 들어갔습니다. 친구는 분명 검지를 베였는데, 복강 안에 고름이 차 있고 혈관과 다른 장기에서도 고름이 발견됩니다. 그리고 그제야 깨달았죠. 배에서 시작했느냐, 손에서 시작했느냐의 차이만 있을 뿐 산욕열로 죽은 산모들과 경과가 너무 비슷한 거예요.

제멜바이스는 '시신에 어떤 입자가 있나 보다. 그 입자가 들어가면 사람이 죽나 보다'라고 생각했습니다. 그때 하나의 깨달음이 머릿속을 스쳐갔어요.

"우리가 죽였구나. 이 환자들은 우리가 죽였어!"

이 사실에 괴로워하던 제멜바이스는 스승을 찾아가 자신이

염화석회로 손을 씻었다고요?

염화석회는 소석회에 염소를 흡수시켜 만든 흰 가루로 강한 산화력이 있으며 살균, 소독, 펄프의 표백 등에 쓰인다. 이를 소독액으로 채택한 배경에는 비과학적인 측면도 있다. 당시 염화석회는 시신에서 나는 악취를 제거하는 데 쓰던 표백분을 액체화한 물질이었는데, 시신에서 나는 악취마저 제거할 정도로 강력한 물질이니 감염도 예방될 거란 막연한 믿음이 작용한 것이다.

제멜바이스 역시 시신에 병을 일으키는 존재가 있다는 사실은 인지했지만, 그 존재를 알지는 못했다. 다행히 염화석회는 피부를 손상시킬 만큼 독한 소독 약품이었고, 균이나 바이러스 따위를 한 방에 제거해주었다. 덕분에 감에 불과했던 제멜바이스의 가설이 입증되어 수많은 사람을 살리는 데 일조했다. 반면 의사들의 손은 혹사를 면하지 못했다. 환자는 살았지만 말이다. 의사들이 희생해 환자를 살린 것이다.

발견한 내용을 전하면서 '부검한 후에는 반드시 손을 씻고 환자를 검진해야 한다'고 주장했죠. 스승은 제멜바이스의 논리적인 이론에 수긍하고, 의사들에게 손 씻기를 명합니다. 그런데 물로는 세정력이 떨어지니, 그 강력한 입자를 죽이려면 독해야 한다는 생각에 엄화식회로 손을 씻게 됩니다.

병동의 악마에서 구세주로

염화석회로 씻으면 손이 무척 따가웠기 때문에 의사들은 처음부터 손 씻기 규정을 순순히 따르지 않았습니다. 안 씻겠다고 버티는 사람이 손을 씻겠다는 사람보다 훨씬 많았죠.

다행인지 불행인지 제멜바이스는 상당히 굳센 사람이었습니다. 손을 씻을 때까지 쫓아다니면서 옆에서 지켜보고 화를 내고 싸웠다고 합니다. 의사가 손을 씻지 않으면 환자들이 죽는다는 걸 아니까 결코 타협하지 않은 거예요. 이로 인해 제멜바이스는 '병동의 악마'라고 불리며 많은 비난을 받았습니다. 그러나 전혀 신경 쓰지 않았죠. 사망률이 계속 떨어졌거든요.

원래 1병동의 사망률은 18퍼센트가 넘었는데, 손 씻기 규정을 도입하면서 매달 뚝뚝 떨어졌습니다. 4월부터 염화석회로 손 씻기를 시작하고, 5월에 12퍼센트, 6월에 2퍼센트, 7월에 1퍼센트까지 떨어져요. 여름에 환자들이 더 많이 죽었다는 사실을 감안하면, 이 수치는 획기적이다 못해 기적에 가까웠습니다. 그렇게 1병동이 2병동보다 사망률이 낮아집니다. 결국 의사들이 눈물을 머금고 '부검한 이후에만' 손을 씻기 시작했죠.

그러다 20인실 병동에 입원해 있던 12명 중 11명의 환자가 갑자기 사망해요. 확인해보니 같은 병동에 암 환자가 있었던 거예요. 항암제가 없던 시절이기 때문에, 암은 계속 자라나고 터지면 감염됩니다. 당시 제멜바이스나 다른 의사들은 시신에서만 위험한 입자가 나온다고 생각했기 때문에 암 환자의 고름을 별생각 없이 만지고 검진했던 것이죠. 그제야 살아 있는 사람도 위험할 수 있다는 사실을 깨닫고, 제멜바이스는 '다른 환자를 검진하기 전에는 무조건 손을 씻어야 한다'라는 손 씻기 지침을 최초로 주장합니다. 염화석회로 말이죠. 수술을 맨손으로 진행했으니 손 씻기가 더 고통스러웠을 거예요.

제멜바이스는 이렇게 병동의 악마에서 '어머니들의(산모들의) 구세주'가 됩니다. 19세기 무보수 조수의 집념이 만든 '손 씻기'의 개념으로 빈의 의과대학은 명실상부 최고가 된 것이죠.

제멜바이스가 만든, 현재 병원에서 쓰이는 손 씻기 지침이 살린 사람의 수는 이루 말할 수 없이 많습니다. 말 그대로 제멜바이스는 '의학의 영웅'이라고 할 수 있겠습니다. 우리 모두 그의 위대한 업적에 빚졌다고 해도 과언이 아닐 만큼요.

맨 정신으로 수술하면
벌어지는 일

마취가 없던 시절의 수술은 고통 그 자체였습니다. 19세기부터 상황이 점차 개선되었지만, 그 전에는 마취하려는 시도조차 없었을까요? 먼저 《성경》을 보면, 하나님이 아담을 잠들게 한 다음 갈빗대 하나를 빼서 하와를 만들어요. '잠들었다.' 전신마취죠. 갈비뼈를 빼내는데 잔 거니까요. 그런데 당시 사람들이 전신마취를 할 수 있었을까요? 아프거나 다친 사람은 가뜩이나 아드레날린이 막 분비되는데 말이죠.

　　고대에는 어떻게 마취했을까요? 일단 일차원적입니다. 뒤통수를 쳐서 기절시켜요. 문제는 이 과정에서 죽는 경우가 생긴다는 겁니다. 어떤 사람은 아무리 때려도 기절하지 않으니까, 결국 맞아 죽는 경우가 생겨요. 안정적인 마취법은 아니죠. 그래서 약초를 찾습니다. 문헌을 보면, 우리나라에서 많이 쓴 의외의 약초가 하나 있습니다. 바로 상추입니다. 상추가 먹으면 졸리잖아요. 우리나라는 아편이 자생하지 않았기 때문에 상추가 제일 강력한 졸음 유발제였습니다. 계속 먹여요. 실제로 상추만 먹고 수술을 받는 경우도 있었습니다. 하지만 상추가 얼마나 효과가 있었겠어요? 서양에서는 주로 아편, 사리풀, 맨드레이크, 오디, 홉 등을 약초로 사용했습니다. 맨드레이크는 정신을 혼미하게 만들어요. 홉은 맥주 원료니까 먹으면 알딸딸해지죠.

이조차도 찾지 못할 경우, 술을 먹입니다. 인사불성이 될 정도로 먹이니까 급성 알코올의존증으로 사망하는 경우도 굉장히 많았어요. 그럼에도 인류의 역사에서 술은 가장 좋은 마취제로서 오랫동안 역할을 해왔습니다. 인류의 시작부터 전 문화권에서 존재해왔고, 발효된 와인이나 곡주 등은 만들기도 어렵지 않았고요.

웃음 가스가 마취제가 되기까지

우여곡절 끝에 18세기에 들어서 작은 진보를 이뤄요. 영국 브리스틀의 기체의학연구소에서 데이비드 워슬리David Worsley 박사가 아산화질소의 마취 효과에 대해 연구를 진행합니다. 아산화질소는 당시 '웃음 가스laughing gas'라고 불렸는데, 마시면 기분이 좋아지고,

영국 왕립학회에서 열린 '웃음 가스' 시연을 풍자한 인쇄물, 〈아내를 꾸짖는 처방〉(1830). 여성에게 웃음 가스를 투여하는 영국의 화학자 험프리 데이비Humphry Davy를 묘사했다. 데이비는 아산화질소를 흡입하면 웃음이 일어나고 마취 효과가 있다는 사실을 발견하고, 웃음 가스라고 이름 붙였다. 웃음 가스는 19세기와 20세기 초 파티에서 파티 드러그party drug로 애용됐다.

두통과 치통이 사라지는 특징을 보였어요. 그런데 의사들은 이때까지 아산화질소에 딱히 관심을 보이지 않았습니다. 주로 파티에서 쓰였거든요. 더불어 아산화질소와 비슷한 효과를 보인 에테르 역시 파티에서 인기가 좋았습니다.

　　미국 조지아주의 의사 크로퍼드 윌리엄슨 롱Crawford Williamson Long, 1815~1878이 파티에서 에테르를 마신 사람이 머리를 다쳤는데 전혀 아파하지 않는 걸 봅니다. '이거 뭐지' 싶었던 롱은 1842년, 에테르에 적신 수건을 환자의 코에 대고 들이마시게 한 다음 혹을 잘라요. 그랬더니 환자들이 안 아파해요. 세기의 발견이죠. 그런데

최초의 마취제, 아산화질소

아산화질소는 오늘날에도 여전히 쓰이는 기체 화합물로, 외과 수술의 혁신을 일으킨 최초의 마취제다. 신경전달물질 중 글루타메이트의 수용체와 결합해 자극의 전달을 방해함으로써 신경을 마비시켜 고통을 줄여주고 기분을 진정시켜 널리 이용되었다. 현재에도 태아에게 미치는 영향이 적어 산모에게 사용하고 있으며, 치과에서 어린아이를 위한 마취제로도 쓰인다. 물론 부작용도 유의해야 한다. 메스꺼움, 구토, 현기증을 일으킬 수 있고, 비타민 B_{12} 결핍을 초래해 신경계에 독성을 일으킬 수 있다.

롱은 별일 아니라 여기고 혼자만의 비법으로 알고 지냈습니다.

그 뒤로 1844년, 미국의 치과 의사 호러스 웰스Horace Wells, 1815~1848가 웃음 가스 파티에 갔다가 다리가 찢어졌는데 안 아픈 거예요. 이상하죠. 그래서 웃음 가스를 마신 뒤에 동료에게 자신의 이를 뽑아보라고 시킵니다. 그래도 안 아파요. 그 후로 15명에게 더 시도해보는데, 모두 안 아파해요. 이를 확인한 웰스는 청운의 꿈을 안고 보스턴으로 갑니다. 그리고 시연을 위해 매사추세츠 종합병원의 존 워런John C. Warren, 1778~1856의 도움을 받아요. 조작 가능성을 배제하기 위해 현장에서 생니를 아프지 않게 뽑을 수 있다며 학생 자원자를 받습니다. 그런데 웰스가 너무 긴장한 나머지 원래 사용하던 가스, 즉 아산화질소의 양을 너무 적게 사용해요. 환자가 비명을 지르고 난리가 납니다. 동시에 웰스의 인생은 나락으로 떨어지죠.

그런데 이 소식을 들은 윌리엄 모턴William T. G. Morton, 1819~1868 박사가 '그럴싸한데!'라고 생각해요. 하지만 아산화질소가 실패한 것을 목격한 터라 불안한 마음에 에테르를 씁니다. 그리고 1846년, 같은 병원에서 시연하고 성공하죠. 이를 보고 독일의 외과 의사 요한 프리드리히 디펜바흐 Johann Friedrich Dieffenbach, 1792~1847는 "아름다운 꿈은 실현되었다. 수술은 이제 고통 없이 이루어질 수 있다"라며 감탄했습니다. 에테르를 또 누가 썼을까요? 영국의 외과 의사 로버트 리스턴 박사가 그해 12월 에테르로 마취한 환자의 다리를 절단합니다. 하지만 안타깝게도 환자는 패혈증으로 죽습니다. 어쨌든 고통 없이 죽은 거죠.

이렇게 19세기 말에 이르러서야 비로소 마취가 시작됩니다. 에테르를 쓰면서 환자가 초보적인 형태로나마 고통에서 자유로워져요. 그다음으로 클로로포름이 나오면서 마취술은 더 진보합니다. 지금 우리가 쓰는 마취제는 모두 20세기에 발명된 것들이에요. 마취가 가능해야 지금 우리가 수술이라고 부르는 것들을 시작할 수 있습니다. 물론 그때는 마취가 됐어도 죽었습니다만, 마취가 가능해진 이후로 수술의 발전에 엄청난 영향을 미쳐요. 마취를 계기로 수술이라는 개념이 정립됐다고 봐도 무방합니다.

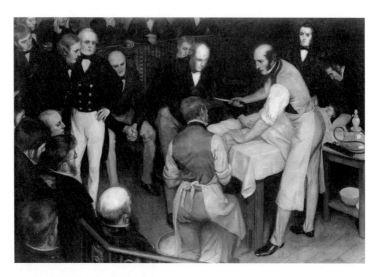

19세기 중반 리스턴이 에테르로 마취한 환자를 수술하는 장면. 마취제가 없던 당시에는 대부분의 환자가 맨 정신으로, 많은 사람이 지켜보는 가운데 수술을 받았다.

　　의학의 많은 진보가 마치 쌓여 있다가 폭발하듯 19~20세기에 일어납니다. 무엇보다 실험적인 의사들 덕이 큽니다. 웃음 가스를 마시고 자기 이를 뽑는 것도 모자라 학생의 이까지 뽑으며 연구한 덕에 현대 의학이 여기까지 온 것입니다.

전신마취를 하면 머리가 나빠진다고?

전신마취를 하면 흔히 머리가 나빠진다고 생각합니다. 사실 완전한 오해는 아닌 것이, 이전에 쓰였던 마취제는 그런 부작용이 있었습니다. 비단 뇌세포 손상으로 인한 기억 장애뿐 아니라 죽음으로까지 이어지는 부작용도 드물지 않았죠. 하지만 이제는 마취제의 발전과 더불어 마취 모니터링 기기 및 마취 기법의 발전 등으로 인해 더 이상 마취가 기억 장애를 비롯한 뇌 손상을 일으키지 않습니다. 물론 여전히 드물게 약물에 대한 과민반응을 보이는 경우 사망에 이르거나 그에 준하는 상태가 되기도 하지만, 마취 전 검사를 통해 최대한 이를 걸러내고, 또 마취제에 대한 해독제도 다 개발되어 있기 때문에 크게 걱정할 필요는 없습니다.

세상에서 가장
로맨틱한 발명품

의학의 역사를 보면, 비교적 가까운 과거까지도 맨손으로 수술하고 칼도 닦지 않는 등 총체적 난국이었습니다. 그런데 어떻게 하다가 수술 장갑이 탄생했을까요? 수술 장갑에는 별명이 있습니다. 바로 '세상에서 가장 로맨틱한 발명품'입니다. 사람을 괴롭히던 천재가 사랑에 빠지면 어떤 일이 일어나는지 보여주는 사례죠.

천재, 압도적인 천재

존스 홉킨스 병원에 대해 들어본 적 있나요? 세계 최고의 병원을 이야기할 때 빠지지 않고 언급되는 병원입니다. 존스 홉킨스 병원

윌리엄 오슬러
William Osler,
1849~1919, 내과 교수

하워드 애트우드 켈리
Howard Atwood Kelly,
1858~1943, 산부인과 교수

윌리엄 헨리 웰치
William Henry Welch,
1850~1934, 병리학 교수

윌리엄 스튜어트 홀스테드
William Stewart Halsted,
1852~1922, 외과 교수

존스 홉킨스 병원 창립 멤버

은 네 명의 의사가 함께 창립했어요. 오늘의 주인공은 그중 한 명인 윌리엄 스튜어트 홀스테드 박사입니다.

홀스테드는 정말 유명해요. '미국 외과 의사의 아버지'라고 불릴 정도로 엄청난 사람이죠. 탈장 수술과 유방암의 근치 유방 절제술을 최초로 고안해 '그' 시절에 사람을 살려낸 의사입니다. 홀스테드의 주 활동 시기가 1880~1900년인 점을 고려하면, 그때 이런 수술이 가능했다는 게 놀라울 따름입니다. 30년 전까지만 해도 팔다리를 절단하는 수술이 외과 수술의 전부였으니까요. 게다가 그는 담낭 절제술까지 성공합니다. 항생제는 없었지만 초보적인 수술과 마취제의 발견으로 인해 외과 수술이 비약적으로 발전했죠.

홀스테드는 30대에 담낭 절제술에 성공했지만, 본인은 담낭염에 인한 패혈증으로 죽었습니다. 담낭 절제술은 홀스테드만 할

> ## 마취제의 발견이 수술의 발전에 미친 영향
>
> 마취가 없던 시절에 수술은 환자에게 고통 그 자체였다. 이 고통의 시간을 가능한 한 줄이는 것이 수술의 최대 관건이었다. 시간에 초점을 맞추다 보니 수술 도구는 크고 투박했으며 수술 자체도 섬세하지 못했다.
> 1840년대, 마취제 아산화질소와 에테르, 클로로포름이 발견된 이후로 많은 것이 달라졌다. 어떻게 수술을 제대로 할 수 있을지에 대한 고민이 비로소 시작됐다. 수술 도구는 점차 작아지고, 섬세한 수술 또한 차츰 가능해졌다. 그 뒤로 인류는 수천 년 동안 이룬 것보다 훨씬 빠른 속도로 수술 기술의 발전을 이룩했다.

수 있는 수술이었던 거죠. 그는 제자들에게 열심히 가르쳤지만, 그 정도로 실력을 끌어올리지는 못했습니다. 너무 뛰어난 사람이었던 거예요.

코카인 금단현상이 낳은 천재 악마

홀스테드가 의사가 되기로 결심했을 때 미국의 의학은 형편없는 수준이었습니다. 의과대학의 커리큘럼이 제도화되어 있지 않았기 때문에, 지역 유지가 의과대학을 세우면 거기서 가르치고 의사 면허를 주는 등 그야말로 엉망진창이었어요. 그런 현실에 염증을 느낀 홀스테드는 유럽으로 유학을 떠납니다. 당시 유럽과 미국은 어마어마한 차이가 있었어요. 유럽이야말로 세계의 중심이었죠.

유럽에서 좋은 교육을 받은 홀스테드는 1880년 미국으로 돌아와 혁신적인 외과 수술을 시행합니다. 그러다가 1884년에 한 편의 논문을 접하는데 새로운 마취제, 코카인에 대한 논문이었어요. 안과 학회에서 발표한 논문으로 코카인을 썼더니 환자가 움직이지 않았다는 내용이었죠. 눈 수술은 굉장히 도전적인 영역입니다. 눈은 매우 예민한 기관이기 때문에 마취가 잘 안 되면 수술에 실패하는 거예요. 이 시기의 의사들은 정말이지 실험 정신이 대단했습니다.

홀스테드는 바로 자기 몸에 코카인을 주사해서 실험을 시작합니다. 그런데 이상하게 기분이 좋아집니다. 그때는 약물로 기분이 좋아지게 하는 것에 문제의식이 별로 없었어요. '웃음 가스 파티'를 열 정도였으니까요. 그렇게 홀스테드는 코카인에 중독됩니다. 그러다 어느 순간에 홀스테드는 코카인을 끊어야겠다고 생각합니다. 코카인을 맞고 수술하러 들어갔더니 느낌이 이상한 거예요. 환각을 경험한 거죠. 직감적으로 끊기로 결심합니다.

하지만 마약을 어떻게 끊는지 알려져 있지 않던 당시에 코카인을 자의로 끊기는 어려웠습니다. 반쯤 끊은 상태로 살아요. 한평생 꾹 참고 지내다가 한 번 맞는 거예요. 그러니까 참고 있을 때는 기분이 기본적으로 안 좋았을 겁니다. 그래서 홀스테드는 성격이 좋지 않기로 유명했어요. 그에 대한 여러 묘사가 있는데, 빠지지 않고 등장하는 말이 '늘 화가 나 있다', '성질이 더럽다'입니다. 금단증상이 심했을 거예요. 개인적으로 주고받은 편지에도 욕설이 많습니다.

또 동료나 직원을 그렇게 괴롭혔다고 해요. 그래도 의사인지라 자신이 비합리적으로 화를 내고 있다는 사실은 인지했던 것 같아요. 그래서 누군가를 합리적으로 혼낼 방법을 찾아냅니다. 그중 하나였는지, 위생과 '손 씻기'에 병적으로 집착했어요. 그럴 수밖에 없는 이유가 또 있었죠.

홀스테드가 무슨 수술을 한다고 했죠? 근치 유방 절제술, 탈장 수술, 그리고 담낭 절제술까지 합니다. 문제는 맨손으로 했다는 거예요. 손을 무척 잘 닦아야 했어요. 그렇지 않으면 환자가 죽으니까요. 의사들이 이 사실을 경험적으로 알았을 뿐만 아니라, 현미경의 발달로 미생물의 존재를 인식했을 때라 모든 병원에서 손 씻기를 철저히 했습니다. 그중에서도 홀스테드는 과격하다는 표현이 부족할 지경이었습니다.

홀스테드식 손 씻기 절차는 이렇습니다. 1차는 비누로 씻기, 2차는 과망가니즈산칼륨이라는 산성 용액으로 세척하기, 3차는 뜨거운 옥살산에 담가 살균하기, 4차로 독성 염화수은 용액에 한 번 더 세척하기입니다. 손이 남아나지 않았겠죠. 이 절차를 코카인을 못해서 화가 난 홀스테드가 일일이 쫓아다니면서 감시했습니다. 말 그대로 미쳐버릴 정도였어요. 사람들이 다 그만두고 도망갔을 것 같은데 그렇지 않았습니다. 홀스테드는 존스 홉킨스 병원을 창립할 만큼 실력이 출중했어요. 홀스테드만 할 수 있는 수술도 많았습니다. 그의 밑에서 배울 점이 너무 많았기 때문에 울며 겨자 먹기로 천재 악마 밑에서 버틴 거예요.

천재 악마에게 찾아온 천사 햄프턴

그러던 어느 날 외과 병동에 변화가 찾아옵니다. 홀스테드 팀에 캐럴라인 햄프턴Caroline Hampton, 1861~1922이라는 간호사가 들어왔어요. 꼼꼼하고 상냥하고 실력도 좋고 일도 잘했죠. 하지만 손이 약했어요. 병동에서 손 씻기를 너무 엄격하게 하니까 피부병에 걸린 사람처럼 늘 손이 벌게요. 사실 다 그랬습니다. 그런데 홀스테드가 그녀의 손을 보고 처음으로 마음 아파합니다. 왜 그랬을까요? 네, 예뻤어요. 문헌을 보면 "햄프턴은 존스 홉킨스 병원 최고의 미녀"라고 기록되어 있습니다. 홀스테드가 이런 말까지 합니다.

"내가 코카인을 못하면 너무 화가 나는데, 햄프턴을 보면 미소가 절로 지어진다."

사랑에 빠진 거예요, 악마가. 그래도 손은 씻어야 했어요. 환자를 봐야 하니까. 그렇게 몇 개월이 지났는데, 햄프턴이 손 씻기가 너무 괴로워서 그만둘 수도 있다는 이야기가 들려옵니다. 홀스테

홀스테드가 디자인한 초기 고무 수술 장갑. 존스 홉킨스 병원의
외과 의사 존 M. T. 피니가 착용한 것이다. 앨런 메이슨 체스
니 의료기록보관소 소장.

드는 가슴이 덜컥 내려앉았어요. 그때까지 고백도 못하고 혼자 짝
사랑하고 있었는데, 그만두면 얼굴도 못 보잖아요. 그래서 천재가
고민을 하기 시작했죠. 그렇게 개선점을 찾다가 결국 묘안을 떠올
립니다.

    햄프턴의 손을 본뜨기로 한 겁니다. 손부터 팔뚝까지 석고상
을 만들어 뉴욕에 있는 굿이어Goodyear●라는 고무 회사에 보냅니다.

●   굿이어: 100여 년의 역사와 전통을 자랑하는 세계 굴지의 미국 타이어 제조업체. 얇으
    면서도 힘과 탄력이 있는 고무를 만드는 법을 발견해 콘돔의 대중화부터 세계 최초 수
    술용 고무장갑을 만들기까지 현대 사회의 발전에 기여해왔다.

홀스테드 부부. 1889년 캐럴라인 햄프턴이 홀스테드의 수석 외과 간호사가 되었고, 이듬해인 1890년 결혼한 두 사람은 1922년 같은 해에 세상을 떠났다.

얇고 튼튼한 재질의 고무장갑을 이 석고상에 맞춰 만들어달라고 요청한 거죠. 그리고 "금액은 얼마가 들어도 상관없소"라고 덧붙입니다. 정말 로맨틱하죠? 굿이어는 그들의 기술력으로 햄프턴의 손에 맞는 장갑을 만들어 보내줍니다.

　그런데 이 장갑이 단순히 손을 보호하는 효과만 있는 게 아니었어요. 장갑이 손보다 더 잘 닦여요. 지문이 없으니까 굴곡도 없는 거죠. 그렇게 장갑 덕분에 햄프턴은 외과 병동에 남게 됩니다. 홀스테드도 이 장갑이 굉장히 편해 보였는지 따라 맞춰요. 장갑은 외과 병동에서 대유행을 합니다. 이후 변화가 생깁니다.

　수술방에서 의료진이 사용할 장갑이 개발된 후로, 아무리 철저하게 손을 씻고 수술해도 15퍼센트 이상을 찍던 복부 수술 후 감염률이 2퍼센트 이내로 줄어듭니다. 의료진이 장갑을 끼면서부터 정말 많은 사람의 목숨을 구할 수 있었어요.

그뿐 아니라 수술 장갑은 홀스테드의 제자들도 살립니다. 혹독하게 손을 씻으면서 어떻게 버틸 수 있었을까요? 사실 장갑은 의료진을 보호하는 역할도 합니다. 맨손으로 수술할 경우 감염의 우려가 있기 때문에 의료진도 안전하지 않아요. 다치면 바로 감염되니까요.

이런 이유로 수술 장갑은 세상에서 가장 로맨틱한 발명품이 됩니다. 여기서 궁금하지 않나요? 홀스테드와 햄프턴은 어떻게 되었을까요? 둘은 1890년 6월 결혼에 골인합니다. 정말 못된 천재가 사랑의 감정을 깨닫고 만든 장갑이 이렇게 인류의 역사를 또 한번 진보시켰네요.

장난감에서 출발한 현미경의 역사

현미경은 놀랍게도 1590년부터 존재했습니다. 그러나 이때는 귀족들의 장난
감으로 치부되어 실용적으로 쓰이지는 못했죠. 일부 과학자는 현미경을 통해
빗물을 들여다보며 인류가 그때껏 보지 못한 아주 작은 생물, 즉 미생물이 있다
는 사실을 17세기 이전에 보고하기도 했습니다. 앞에서 살펴본 안톤 판 레이우
엔훅의 발견에서처럼 말이죠. 하지만 그 발견은 정말로 신기한 '발견'으로만 인
식되어 그다지 반향을 일으키지 못했습니다. 게다가 당시 의학계는 너무나 경
직되어 있었기 때문에 이 '발견'을 더 연구해볼 생각조차 하지 못했고요.
200배율 이상의 현미경이 나온 지 100년이 넘었던 19세기에도 미생물에 대
한 인식은 크게 다르지 않았습니다. 여전히 미생물에 대한 개념이 잡히진 않았
죠. 제멜바이스가 소독의 필요성을 역설하면서 현미경은 장난감으로서 보다는
관찰 도구로서 더 가치가 있다고 여겨졌습니다. 그러다가 현미경과 의학적인
관찰 등으로 지식과 경험이 쌓이면서 미생물의 존재와 개념이 슬슬 잡히기 시
작해 현재에 이르게 됩니다.

혈액형을 몰랐던
의사들의 고군분투

현대 의학에서 수혈의 효용과 중요성은 두말할 필요가 없습니다. 수혈은 말 그대로 피가 부족한 환자에게 피를 주는 것입니다. 피는 우리 몸에 영양소와 산소를 운반하는 역할을 하기 때문에, 모자랄 때 시기적절하게 보충되지 않으면 사망에 이를 수 있습니다.

외상 말고는 딱히 피가 모자랄 일이 없는 거 아닌가 싶을 수 있지만, 빈혈을 일으키는 질환은 생각보다 아주 많습니다. 비정상적으로 혈액이 망가지는 질환도 있고, 제대로 된 혈액을 만들지 못하는 질환도 있죠. 그뿐 아니라 수술을 할 때도 출혈이 발생할 수 있기 때문에, 수혈은 현대 의학에 있어 필수 요소라 할 수 있습니다.

이렇게나 중요한 수혈이 언제부터 시작되었을까요? 수혈의 역사는 생각보다 깊습니다. 고대 그리스로 넘어가죠. 의학의 아버

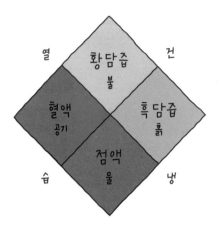

히포크라테스의 사체액설

지 히포크라테스Hippocrates, BC 460?~377?*를 아시나요? 히포크라테스는 '사체액설'을 정립했습니다. 인체를 구성하는 액체를 혈액, 황담즙, 흑담즙, 점액으로 구분해서 혈액이 많으면 다혈질이고, 황담즙이 많으면 화를 잘 내고, 흑담즙이 많으면 우울하고, 점액이 많으면 냉담하다고 여겼습니다. 거의 혈액형별 성격 분류의 원조 격이라고 할 수 있어요.

이때는 모든 병이 체액이 부족하거나 과다하기 때문에 발생

● 히포크라테스: 종교에서 의학을 분리해 서양에서는 '의학의 아버지'로 불리며, 고대 의사의 전형으로 알려져 있다. 환자를 어떻게 치료했는지 기록으로 남겨 의학 발달의 기초를 세웠다. 그가 쓴 〈히포크라테스 선서〉는 의학 윤리(희생, 봉사, 장인 정신)를 담은 가장 대표적인 문서 중 하나다.

한다고 생각했습니다. 체액의 불균형을 병의 원인으로 본 거죠. 그래서 사혈, 관장, 구토, 발한, 이뇨 등이 치료법으로 쓰였습니다.

그중 가장 주목받으며 중요하게 여겨진 체액은 혈액, 즉 피입니다. 왜 그랬을까요? 일단 다치면 피가 나고, 피를 많이 흘리면 죽습니다. 혈색이 좋은 사람은 건강하다는 뜻이고, 핏기가 없는 사람은 아프거나 죽을 수 있죠. 게다가 죽은 사람은 창백해지잖아요. 그때문에 피는 생명의 근원으로 여겨졌습니다.

고대인은 피를 굉장히 성스럽게 여겨서 피를 먹기도 하고 맞기도 했습니다. 지금처럼 혈관을 찾아 주입한 게 아니라 근육에 찔러넣었습니다. 이를 통해 자신이 생명을 흡수했다는 식으로 믿었죠.

혈액을 혈관에 주사하기까지

17세기에 의사이자 생리학자 윌리엄 하비William Harvey, 1578~1657가 최초로 피에 대해 과학적인 연구를 시작합니다. 그리고 '우리 몸의 심장이라는 곳에서 피를 펌프질하고, 혈관이라는 수로를 따라 피가 흐른다'는 사실을 처음으로 알아냅니다. 이 실험에 유명인이 참여했는데, 바로 '보일의 법칙'*으로 널리 알려진 로버트 보일Robert

● 보일의 법칙: 기체의 절대온도와 양이 일정하면 압력과 부피는 반비례한다는 법칙.

Boyle, 1627~1691입니다.

　하비와 보일은 개를 데리고 실험했습니다. 개의 혈관을 찾아서 약을 주사했어요. 이때까지는 '주사'의 개념이 없었습니다. 이게 바로 최초의 주사였죠. 무엇을 주사했을까요? 바로 아편입니다. 그랬더니 개가 잡니다. 구토를 일으키는 안티몬을 주사하니까 개가 토합니다. 이로써 혈액이 혈관을 타고 흐르면서 전신에 영향을 미친다는 사실을 깨달아요. 이 사실에 사람들은 흥분합니다.

　그 후로 의사들이 개의 혈관에 포도주, 우유, 맥주 등 아무거나 넣어봅니다. 다행히 리처드 로어 Richard Lower, 1631~1691라는 의사가 피를 넣어봐요. 개 두 마리의 정맥을 대롱으로 연결해요. 그런데 피가 이동하지 못합니다. 양쪽의 혈압이 같고 정맥혈의 압력이 낮기 때문이죠. 끈질긴 로어는 포기하지 않고 한쪽 혈관의 압력을 낮춰보기로 합니다. 개 한 마리의 혈관에 상처를 내 출혈성 쇼크에 빠질 정도로 피를 뽑습니다. 그리고 다시 대롱을 연결해요. 그 결과, 피가 대롱을 따라 이동하고 죽어가던 개가 살아납니다. 이 사례가 역사상 최초로 수혈을 통해 출혈성 쇼크를 처치한 시술입니다.

　이를 보고 의사들이 어떤 생각을 했을까요? 피를 사람에게 수혈하면 좋겠다고 생각합니다. 하지만 그때는 사람의 피를 뽑아서 다른 사람에게 주입하는 일은 금기시되었습니다. 그건 흡혈귀나 할 짓이라는 생각에 동물의 피를 수혈하기로 하죠.

　그중에서도 기독교는 제물로 쓰이던 양, 송아지의 피를 사용합니다. 이 방법은 프랑스 왕 루이 14세의 주치의이던 장바티스트 드니Jean-Baptiste Denis, 1635~1704가 주로 시도했습니다. 어떻게 되었을까요? 부작용 없이 살아난 사람도 있고, 용혈성 부작용으로 까만 오줌을 누는 사람도 있었습니다. 하지만 대부분 죽었죠. 수혈 직후 항원항체반응으로 혈액 세포가 전부 파괴되면서 쇼크에 빠져 죽었습니다. 이런 일이 비일비재하자 의학계와 종교계가 합심해서 수혈을 불경한 일로 규정하고, 유럽 전역에서 수혈을 금지합니다.

드디어 사람의 피를 사람에게

그대로 시간이 흘러 19세기 초에 다시 수혈이 시작됩니다. 영국 산부인과 의사 제임스 블런델James Blundell, 1790~1878은 많은 사람의 죽음을 목격합니다. 산모들이 분만한 후 산후 출혈로 계속 사망하자 안타까움을 느낀 그는 '출혈된 만큼 피를 수혈해주면 어떻게 될까?' 생각합니다.

블런델은 1818년에 출혈로 죽어가는 환자에게 여러 사람에게서 뽑은 피를 섞어 수혈합니다. 혈액형이 있는지도 몰랐기 때문에 임의로 한꺼번에 주사했어요. 그런데 놀랍게도 환자가 즉시 호전되는 양상을 보이다가 사흘 뒤에 죽습니다. 블런델은 그 환자는 어차피 죽었을 거라는 생각에 수혈을 포기하지 않았고 계속 시도

합니다. 오히려 '아, 될 것 같은데'라고 생각했죠.

그러다가 자궁 출혈로 죽어가는 환자에게 180밀리리터의 피를 수혈해 그를 살려내는 데 성공합니다. 이후 10년 동안 11명에게 시도해 5명을 살려냈죠. 혈액형이 AB형인 환자만 살았을 거예요. 정말로 죽을 것 같은 환자들에게만 수혈했기 때문에 시도 자체가 많지는 않았습니다. 그래도 치사율 100퍼센트를 사망률 56퍼센트로 낮춘 거예요. 이 여파로 수혈이 다시 유행하지만, 혈액형을 몰랐기 때문에 러시안룰렛 돌리듯 누구는 살고, 누구는 죽었어요. 그래서 당시 수혈을 시도하는 의사들을 쇼닥터, 사기꾼이라고 불렀답니다. 결국 수혈은 다시 반대에 부딪혀 의술의 요법에서 흐지부지 사라집니다.

ABO식 혈액형 분류법의 탄생

시간이 흘러 20세기가 되었습니다. 오스트리아의 병리학자이자 의사 카를 란트슈타이너Karl Landsteiner, 1868~1943가 연구소에서 혈액 샘플을 섞다가 이상한 현상을 발견합니다. 아무 반응이 없을 때도 있는데, 어떤 경우에는 응집되는 거예요. 피가 응집된다는 사실은 이미 알고 있었지만, '건강한 사람의 피와 아픈 사람의 피를 섞으면 일정 확률로 응집된다' 정도로 생각했죠. 그런데 처음으로 건강한

카를 란트슈타이너가 발견한 ABO식 혈액형 분류법

사람과 건강한 사람의 혈액을 섞었는데 응집되는 거예요. 왜 응집
되는지 알아내기 위해 샘플을 막 더해봅니다. 그 결과 A, B, C(O)
세 가지 그룹으로 나뉩니다. 이게 바로 ABO식 혈액형 분류법입니
다. 하지만 여기서 더 발전시키지는 못했어요.

　이후 루벤 오텐버그Reuben Ottenberg, 1882~1959가 이 개념을 완
성합니다. 당시 전쟁으로 사람들이 피를 많이 흘렸기 때문에 반드
시 수혈을 해야만 했습니다. 그런데 수혈만 하면 사람들이 죽어나
가는 거예요. 오텐버그는 란트슈타이너 박사가 정립한 ABO식 혈
액형 분류법을 도입해 150명을 대상으로 수혈 전 교차 적합 시험
을 진행했고, 그 결과 아무도 죽지 않았어요. 그때 비로소 수혈로

인한 사망 사고가 없어졌습니다. 이 공로를 인정받아 란트슈타이너는 뒤늦게나마 노벨상을 받았죠.

수혈은 이후로도 계속 발전을 거듭합니다. 피를 굳지 않도록 처리하는 방법, 피를 보관할 때 가장 적정한 온도, 한 번에 수혈 가능한 피의 양 등을 실험을 통해 계속 찾습니다. 무엇보다 수혈하기 전에 교차 적합 시험이 중요하다는 사실을 깨달아요. 동물의 피를 사람에게 주사해서는 안 된다는 사실이 20세기에 밝혀졌을 만큼, 수혈이 의료 시술에 도입된 건 불과 얼마 되지 않은 일이랍니다.

남은 과제가 있다면 인공 혈액일 텐데, 아쉽게도 아직은 갈 길이 멉니다. 머지않은 미래에 "수혈하기 위해 다른 사람의 피가 필요했다고?" 하고 놀랄 수 있기를 바랍니다.

옛날에는 무엇으로 수술했을까?

의학의 발전과 함께 의료 도구 역시 계속 발전을 거듭했습니다. 하지만 초창기, 즉 19세기의 의료 도구를 살펴보면 끔찍 그 자체입니다. '어떻게 이 도구로 수술을 할 수 있지?' 하는 생각이 저절로 들 정도로 아찔해요.

당시 수술용 칼을 한번 살펴볼까요? 이름은 '살 찢는 칼'이고, 절단 수술 시 피부와 근육을 자르는 용도로 놀랍게도 사람을 살리는 데 쓰였어요. 이 칼이 반달 모양인 이유는, 환자에게 죽음의 공포를 안겨주고 의사의 피로를 경감시키기 위해서라고 알려져 있지만, 그렇지 않습니다. 여기에는 당시 수술 환경에 대한 이해가 따로 필요합니다.

이 칼은 19세기 중·후반에 주로 사용되었습니다. 내과 의사

일명 살 찢는 칼 혹은 절단용 칼. 18세기 프랑스 파리의 수술 기구 제조업체인 비그네롱Vigneron
이 만든 것으로 추정된다.

가 외과 의사보다 더 대우받던 시대였어요. 외과 의사는 기술자로
여겨졌는데, 병동의 시트를 교체해주는 사람이 외과 의사보다 월
급이 더 많았다고 합니다. 사람들이 수술을 하지 않았거든요. 마취
도 하지 않았고, 수술하면 다 죽었으니까요.

　　무엇보다 19세기 초·중반까지는 '소독' 개념이 없었습니다.
위생은 고사하고 위생에 대한 고려조차 없는 더러운 환경에서 수
술했어요. 외과 의사 중 다수가 살점과 피딱지, 머리카락 등이 잔뜩
묻은 수술 기구를 연륜의 증거랍시고 닦아내지도 않고 그냥 사용
했습니다. 딱 봐도 감염이 일어날 수밖에 없는 상황이었죠. 가뜩이
나 몸이 아파서 수술한 건데 감염까지 일어났으니, 정말 많이들 죽

었습니다. 그래서 복부 수술은 19세기 후반까지 금기시됩니다. 배는 미지의 공간으로 해부할 때만 열어볼 수 있었죠.

19세기 중·후반까지 대부분의 수술은 절단 수술이었습니다. 다리와 팔이 썩거나, 심지어 얼굴에 종기가 나서 썩으면 턱뼈도 그냥 잘랐어요. 문제는 마취제가 없어서 절단할 때 무척 아팠다는 겁니다. 차라리 죽는 게 낫다고 생각해 수술을 기피하는 사람도 많았어요. 수술 시간을 최대한 단축해 환자의 고통을 줄여주는 것이 최선이었습니다. 이 절단 수술을 사람이 많이 모여 있는 광장에서 진행했습니다. 당시 외과 의사는 먹고살려면 자신의 수술 실력을 대중에게 어필해야만 했어요. 즐길 거리가 많지 않던 시대라는 것도 하나의 이유였죠.

칼이 크고 무거웠기 때문에 아무나 휘두를 수 없었습니다. 또 마취하지 않고 몸의 일부를 절단해야 했기 때문에 환자가 가만히 있을 리도 없었죠. 그래서 외과 의사는 힘이 정말 세야 했어요. 영국의 외과 의사 로버트 리스턴이 이 분야의 대가였습니다. 당시 영국 남성의 평균 키가 165센티미터였는데 리스턴은 185센티미터였으니 정말 힘이 셌겠죠. 그는 야수 같은 힘과 속도로 30초 안에 다리를 절단했습니다. 이 광경을 목격한 동료들은 이렇게 말했죠.

"칼의 번뜩임에 이어 썰리는 소리가 들려 두 행동이 마치 동시에 이루어지는 듯하다."

단순히 힘만 세다고 되는 일은 아니었습니다. 남다른 노력이

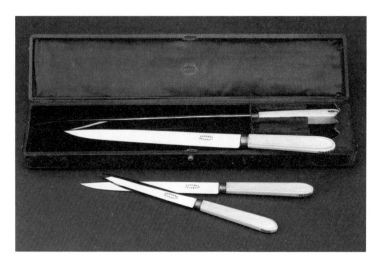

리스턴의 절단용 칼. 그의 이름을 따서 '리스턴 칼'이라고 불린다.

있기에 가능한 일이었죠. 우선 리스턴은 자기 칼을 직접 디자인했습니다. 칼날의 길이가 35.6센티미터, 폭은 3.2센티미터, 칼끝은 면도날처럼 날카롭게 만들었어요. 허벅지의 피부, 근육, 힘줄 등을 단번에 절단할 수 있도록 말이죠. 의사의 편리를 위해서가 아니라 환자의 고통을 최대한 줄이기 위해 그렇게 만든 거예요.

리스턴은 왼팔을 지혈대와 압박대로 삼고 오른손으로 칼을 휘둘러 절단한 후에 칼을 이에 물고 붕대를 동여맸다고 합니다. 그러다 보니 의료 사고가 정말 많이 일어났습니다. 환자의 다리와 함께 고환이 절단됩니다. 또 수술을 너무 빨리 진행되다 보니 조수가 제때 손을 빼지 못해 손가락이 세 개가 잘리고, 칼날을 교체하던 중에 관객의 코트가 베이는 사고가 발생합니다. 그 결과, 환자는 감염(패혈증)으로, 조수는 파상풍으로, 관객은 심장마비로 사망합니다. 일타삼피, 치사율 300퍼센트에 이른 외과 역사상 유일무이한 수술이죠. 그럼에도 로버트 리스턴은 영국 런던의 최고 명의였습니다. 딱 30초만 아프면 되니까요. 하지만 '리스턴 칼'은 영국의 살인마 '잭 더 리퍼'의 도구로 이용된 안타까운 역사도 지니고 있습니다.

팔다리의 살과 근육을 리스턴 칼로 잘라낸 후에 남은 뼈는 톱으로 절단했습니다. 이렇게 뼈까지 절단하고 나면 4명 중 3명은 죽었습니다. 사망률이 75퍼센트였어요. 물론 감염의 위험과 수술 시 통증으로 인한 쇼크 가능성을 생각하면 25퍼센트의 생존율도 매우 높습니다. 면역력이 정말 강한 사람만 살아남은 거예요. 항생제도 없던 시절이기 때문에 무조건 버텨야 했습니다. 몸 안의 백혈구와 항체가 감염을 온전히 이겨내야 했으니, 정말 살기 어려운 시대였죠.

마취제와 항생제의 개발이 수술의 비약적인 발전을 가져왔다고 해도 과언이 아닙니다. 마취를 통해 비로소 해부학적 인체 구조를 생각하면서 수술할 수 있게 됩니다. 하지만 마취제가 없던 때에는 술을 먹였습니다. 아편은 진통 작용에는 뛰어났지만, 환자의 몸 컨디션이 가라앉은 상태에서 먹이면 자칫 호흡곤란으로 죽을 수도 있었어요. 어떤 사기꾼 같은 의사는 최면이 가능하다고 주장했는데, 눈앞에 칼을 들고 서 있는데 최면에 걸릴 리 없죠. 하지만 얼마

뼈를 절단하는 톱. 19세기 후반까지도 대부분의 수술이 절단 수술이었고, 절단용 칼로 피부와 근육을 자른 후에는 톱으로 뼈를 잘라냈다.

나 절박했으면 그랬겠어요.

배에 총상을 입으면 적출기라는 도구를 사용했습니다. 배를 열어 수술할 수도 없고, 소독에 대한 개념도 없었기 때문에 적출기의 날카로운 부분을 피부에 갖다 대고 찌르고 돌려 탄환이 걸리면 살점과 함께 뜯어냈습니다. 이런 시술이 복부에 칼을 대는 것보다 생존율이 더 높았어요. 물론 총알을 뽑는 과정에서 살이 도려내지고 파이면서 많이 다쳤겠죠. 그래도 사람이 살기는 했습니다.

또 하나의 놀라운 사실은, 19세기에 의료 도구를 활용해 개두술을 시행했다는 겁니다. 두개골에 구멍을 내 압력을 낮추기도 했어요. 현대 의학에서는 꼭 필요할 때만 몸에 구멍을 내지만 19세기에는 그러지 못했습니다. CT나 MRI같이 인체 내부를 들여다보는 기기가 없었기 때문에 외상으로 인한 뇌출혈을 의심하고 두개골을 열어도 뭔가가 없는 경우가 빈번했어요. 엉뚱한 방향으로 열고 들어가서 확인하지 못했을 수도 있겠죠.

사실 인류가 개두술을 시행한 것은 기원전부터이니 19세기 정도면 양반이었다고 할 수 있습니다. 그때는 귀신에 들린 것 같다든지 하는 주술적인 이유로 머리를 열었거든요. 사망률이야 아무래도 지금에 비할 수 없을 만큼 높았겠죠.

21세기 수술 도구는 초미세 수술인 혈관 접합이나 신경 접합이 가능할 만큼 작은 것에서부터 절단술같이 큰 수술을 위한 전기톱까지 아주 다양하게 구비되어 있습니다. 전기톱이라고 해서 여러분이 생각하는 톱은 아니고요, 딱 원하는 곳만 자를 수 있도록 안전하게 디자인되어 있습니다. 물론 소독과 마취가 없었다면, 아무리 좋은 도구가 있다고 해도 섬세한 수술은 불가능했겠죠.

다소 잔인해 보이는 기구들이었지만 당시로서는 최선을 다한 결과물이었습니다. 이제는 소독과 마취, 그외 다양한 수술 기법의 발전으로 훨씬 더 안전해 보이는 기구들이 쓰이고 있습니다. 의사에게나 환자에게나 참 다행한 일이라 할 수 있겠습니다.

19세기 상하수도가
진짜 지옥인 이유

설사병에 걸려본 적 있나요? 설사는 21세기 대한민국에서도 흔한 질병입니다. 하지만 설사로 사망했다는 뉴스는 없어요. 겨울철에 노로바이러스*가 돌기도 하지만, 그로 인해 많은 사람이 사망했다는 뉴스는 거의 들리지 않습니다. 대증 치료**를 하고 수액을 보충하면 충분히 낫기 때문에 설사를 치료하는 것은 그렇게 어려운 일이 아닙니다.

그러나 200년 전만 해도 설사병은 굉장히 무서운 병이었습니다. 그중에서도 콜레라가 진짜로 무서운 병이었죠. 사실 콜레라

● 　노로바이러스: 비세균 급성 위장염을 일으키는 바이러스의 한 종류.
●● 대증 치료: 환자의 증상에 따라 대처하는 치료법. 통증이 심한 경우 진통제나 소염제
　　등을 처방하는 식이다.

는 지금도 2급 법정 감염병으로 지정되어 있어요. 하지만 항생제도 있고 치사율도 1퍼센트 이하로 떨어진 데다 손만 잘 닦으면 전염되지 않습니다. 그런데 적절한 치료를 하지 않으면 치사율이 50퍼센트를 넘어갑니다.

19세기에는 어땠을까요? 의학의 역사에서 그 당시는 '지옥'이지만, 주류 학계 관점에서는 유럽의 전성기입니다. 특히 서유럽의 최전성기예요. 정말 용감하던 시절로, 산업혁명 이후 도시화가 진행되면서 자신감이 그야말로 하늘을 찌르던 때죠. 산업혁명의 꽃이라고 할 수 있는 증기기관이 가동되고, 나폴레옹을 시작으로 법치주의, 자유주의, 평등사상이 번져나갑니다.

19세기부터 본격적인 근대화가 유럽에서 이루어지면서 물질적인 발달과 정신적인 변화가 맞물려 일어납니다. 다른 대륙은 상대적으로 그러지 못했기 때문에, 유럽 국가들을 중심으로 한 제국주의 시대가 열립니다. 정복 전쟁이 활발하던 때라서 유럽에서는 전쟁이 거의 일어나지 않았어요. 1815년 나폴레옹의 워털루 전투* 가 끝난 후 1914년 제1차 세계대전이 발발할 때까지 100년 간 평화가 유지됩니다. 나폴레옹 3세의 도발 등 잠깐의 전쟁이 있던 44개월을 제외하면 전쟁이 없었어요. 완전한 '리즈 시절'입니다. 그런데 이때 정말 끔찍한 역사가 펼쳐져요.

● 워털루 전투: 영국과 프로이센 군대가 백일천하를 수립한 나폴레옹 1세의 프랑스 군대
 를 격파한 큰 싸움.

화려한 대영제국의 이면

영국과 프랑스는 세계를 경영해요. 두 나라는 세계지도를 펼쳐놓고 줄을 그어가며 '여기는 나, 저기는 너' 하는 식으로 땅을 나눠 가집니다. 그에 따라 두 나라의 수도, 런던과 파리는 급속도로 발전하고, 인구 역시 어마어마하게 증가합니다. 문제는 인구만 늘어나고 도시 인프라는 전혀 개선되지 않았다는 거예요. 도로, 수도, 주택 등이 전혀 준비되지 않았어요. 이 때문에 여러 문제가 발생하는데, 여기서는 물에 집중해보겠습니다.

19세기 초 런던의 인구는 100만 명에 달합니다. 이때도 과밀화로 문제가 많았어요. 그런데 1851년에 268만 명으로 2배가 넘고, 1901년에는 658만 명으로 6배 이상이 되면서 인구가 계속 팽창합니다. 현재 고도로 발전한 대한민국에도 서울을 제외하면 인구가 600만 명이 넘는 도시가 없거든요. 얼마나 많았는지 감이 오나요? 파리도 비슷했습니다. 1801년에 55만 명이던 인구가 1851년 100만 명, 1901년 270만 명으로 급속히 증가합니다. 파리는 런던보다 크기가 훨씬 작았기 때문에 인구 밀도는 오히려 더 높았습니다.

19세기 후반은 영국의 최전성기였어요. "대영제국은 해 질 날이 없다Great Britain no time to lose"라고 말한 빅토리아 여왕이 다스리던 때입니다. 런던의 랜드마크 수정궁, 트래펄가 광장 모두 이 시대의 건축물이에요. 그런데 그 뒷골목으로 가면 '지옥'이 펼쳐집니다.

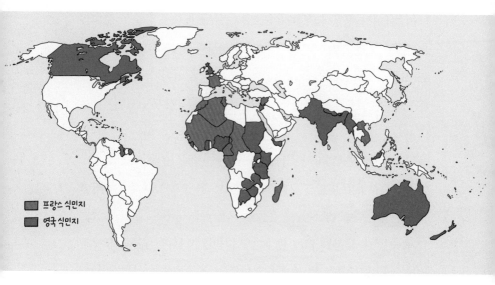

1920년대 영국과 프랑스의 식민지 지도. 전 세계에 걸쳐 식민지를 '경영'하던 두 나라의 수도 런던과 파리는 과밀화로 인해 범죄와 오염 등 심각한 문제에 노출됐다.

도시 빈민들이 어마어마하게 몰려 있었어요. 그로 인해 여러 문제가 발생해요. 이 광경을 묘사한 문구가 있습니다.

"좁은 도로 양측으로 도랑이 나 있고, 도랑에는 물이 흐르고 있었는데…."

이 도랑에 흐르는 물은 어떤 물이었을까요? 일단 가정에서 배출하는 오수가 있고, 도랑 위로 줄지어 있는 변소에서 나오는 똥오줌이 있습니다. 철없는 아이들은 그 도랑에서 수영하고 물도 길어요. 한참 놀다가 그 물을 떠서 집에 가져갑니다. 바로 마시지는 못해

연어잡이 배들이 늘어선 템스강의 모습. 단 한 세기 만에 거대 도시 런던은 오물이 흘러넘치는 죽음의 강이 됐다.

요. 물에 덩어리가 많으니까요. 그래서 하루이틀 정도 가만히 둡니다. 그렇게 침전물이 가라앉아 걸러진 물이 식수가 되는 거예요. 균을 죽인다는 개념도 없던 때라서 물을 끓여서 먹지도 않았습니다.

　수세식 변기가 보급되면서 문제는 점점 더 심각해집니다. 놀랍게도 수세식 변기는 16세기 후반부터 왕족과 귀족이 사용했는데, 18세기에 이르러 널리 보급되고, 19세기에 대량생산됩니다. 1824년 대비 1844년에 10배 이상 늘었어요. 그런데 중세 시절에 만들어진 하수도 시스템이 전혀 개선되지 않은 상태였기 때문에,

템스강의 오염은 언제부터 시작됐을까?

놀랍게도 템스강은 1800년까지만 해도 연어가 연간 3,000만 마리나 잡히는 아주 풍요로운 강이었다. 중세까지는 런던에서 템스강을 오염시키는 행위에 대해 굉장히 엄격하게 관리했다. 그때는 어업이 주된 수익원이었기 때문이다. 하지만 영국이 세계를 경영하면서부터 어마어마한 부가 런던으로 몰려들었고, 템스강의 오염에 전혀 신경을 쓰지 않게 되었다. 결국 1833년에 템스강으로 돌아오는 연어가 모두 사라졌다. 1856년에는 "템스강의 물고기가 멸종했다"라고 공식적으로 선언했다.

엄청난 오물이 수세식 변기를 통해 도랑으로 유입되고, 템스강으로 곧장 흘러갑니다.

템스강에 오물만 흘러들어갔을까요? 인구 팽창으로 빈민층이 늘고 폭력과 살인 등의 중범죄가 폭발적으로 증가합니다. 그런데 죽는 사람들이 대개 빈민이었어요. 당시의 표현을 빌리면 "빈민의 시체는 동물의 사체와 같다"고 여겨 관에 넣지도 않고 장례식도 하지 않은 채 그냥 버려졌습니다. 금방 발견된 시체의 경우에는 해부 실습을 위해 의과대학으로 바로 공급되었지만, 그렇지 않은 변사체들은 모아서 일주일에 한 번씩 구덩이에 넣고 한꺼번에 덮어버렸습니다. 시체가 썩으면서 오수가 발생하고, 지하수는 계속 오염됐죠. 또 사람들이 어려우니까 자살률이 크게 증가했어요. 오물에, 사체에… 템스강의 오염이 정말 어마어마했습니다.

템스강이 얼마나 더러웠는가 하면, 1878년 템스강을 왔다갔다 하던 프린세스 앨리스호가 침몰합니다. 사실 템스강은 한강처럼 강폭이 넓지 않습니다. 빠지면 헤엄쳐서 나올 수 있을 정도인데, 강에 빠진 800여 명의 승객 중 600여 명이 사망해요. 사인은 익사가 아니라 유독가스에 의한 질식사, 물의 독성 물질로 인한 사망이었죠. 심지어 왕자 중 하나가 장난치다가 템스강 물을 한 번 먹었는데, 사망해요.

인구 팽창이 낳은 도시 지옥

파리는 좀 나았을까요? 똑같았습니다. 파리의 센강은 런던의 템스강보다 강폭이 더 좁아요. 아니나 다를까, 1832년 파리에 대재앙이 불어닥칩니다. 겨울이 지나고 날씨가 본격적으로 따뜻해지면서 3월 말에 두통, 구토, 설사로 고통받는 환자가 대거 발생합니다. 콜레라가 번지기 시작한 거죠. 묘사에 따르면 "강물 색이 바뀌었다"고 해요. 그렇게 단 2주 만에 7,000명이 사망하고 6개월이 지나자 사망자는 19,000명 이상으로 불어납니다. 당시 파리 인구가 60만 명이었는데 말이죠.

콜레라는 런던까지 집어삼킵니다. 1831~1832년에 런던에서만 대략 6,000명이 사망해요. 1848~1849년에 14,000명, 1853~1854년에 1만 명이 넘게 사망합니다. 물이 더럽기도 했지만, 당시 의학에도 문제가 있었어요. 의사들이 미생물의 존재를 인지하지 못했습니다. 현미경으로 보면 무엇이 있다 정도만 알았어요.

사람들이 계속 죽어나가니까 파리 몽펠리에 의과대학의 아다만티오스 코라이스Adamantios Corais, 1748~1833 박사는 물을 마시면 안 된다고 주장해요. 그는 히포크라테스학의 대가로 히포크라테스의 사체액설을 신봉했습니다. 그래서 물을 주지 않고 사람들을 탈수시킵니다. 그 결과, 치사율이 50퍼센트에서 100퍼센트가 돼요.

'빠져나간 만큼 채워줘야 할 텐데'라고 생각한 사람도 있었어요. 그래서 물을 줍니다. 센강의 물을 줘요. 그리고 '물을 먹여도 안 낫네?'라고 생각해요. 이번에는 물 대신 술을 줍니다. 어떻게 될까요? 몸에 탈수가 일어나지, 간에 부담을 주지… 도무지 살 수가 없는 거예요. 이래저래 물을 안 줘도 죽고, 강물을 줘도 죽고, 술을 줘도 죽고 하니까 어떻게 해서든 예방이 최선이라고 여겼죠.

그런데 예방하려면 병의 원인을 알아야겠죠? 당시 콜레라의 원인이 무엇이라고 생각했을까요? 놀랍게도 악취라고 믿었어요. 그때는 냄새나 공기, 땅의 기운 때문에 병이 생긴다고 생각했습니다. 냄새라고 생각할 만두 한 게, 냄새가 너무 고약했어요. 린던과 파리에서는 사람들이 맨날 죽어나가는데, 시골에 가면 냄새도 나지 않고 사람도 죽지 않으니 악취 때문에 병에 걸린다고 생각한 거죠. 그래서 당시 널리 쓰이던 인기 치료제가 손더스 향수 회사의 악취 제거제였습니다. 콜레라에 걸리면 사람들이 그 악취 제거제를 막 뿌렸어요. 나았을까요? 당연히 안 낫죠.

조금 더 실험적인 사람은 아편을 씁니다. 아편이 장운동을 정지시키니까 설사가 잠깐 멎는 듯 보여요. 그러나 호흡도 멎습니다. 콜레라균이 장속에 있는데 설사를 못하게 막으면, 균이 장속에서 증식하기 때문에 배에 가스가 차고 무척 아픕니다. 그래서 균으로 인한 설사를 치료할 때는 지사제를 쓰지 않아요. 어떤 의사는 사람들이 너무 아파하니까 차라리 재우는 게 낫다고 생각해 에테르(마취제)를 사용합니다. 또 어떤 의사는 설사를 다 빼내면 나을 거라고 생각해 설사제를 씁니다. 어쨌든 갖은 노력에도 콜레라를 치료하지 못합니다. 이렇게 심각한 상황임에도 대다수 사람들은 '왜 이러지?' 하고 말아요.

콜레라 추적에 성공한 존 스노

이때 영국 런던에서 영웅이 한 명 등장합니다. 바로 존 스노 John Snow, 1813~1858입니다. 그는 미국에서 먼저 사용하고 있던 에테르라는 마취제를 영국에 최초로 도입한 사람입니다. 당시 마취 시스템이 불안정해서 의사마다 에테르 사용량이 달랐어요. 그래서 누구는 마취가 되고, 누구는 안 되고 그러니까 의사들이 "에테르는 믿을 만하지 않다"라고 주장합니다. 이에 존 스노는 "아니다, 용량이 달라서 그렇다"라고 말하며 마취제로서의 에테르 용량을 정립해줍니다. 정말 천재 아닌가요? 그런 존 스노가 독기론*에 의문을 품습니다. 그리고 다르게 접근해요.

1848년에 독일의 함부르크에 콜레라가 번집니다. 이를 시작으로 서유럽이 박살이 나요. 여기에 대해 다른 의사들은 문제의식이 전혀 없었어요. 하지만 존 스노는 달랐습니다. 그는 이상하다고 생각해요. 런던의 공기, 템스강의 냄새는 사시사철 안 좋았거든요. 그런데 어느 해에는 콜레라가 번지고 어떤 해에는 괜찮다는 말이죠. 그래서 탐정처럼 탐문하기 시작합니다. 런던에서 처음으로 콜레라가 발생한 곳을 찾아가요. 역학조사**를 최초로 시도한 거죠. 이때는 그런 개념조차 없었는데 말입니다.

런던에 콜레라가 번진 때는 9월이었어요. 그래서 보니까 함부르크에서 떠난 배가 9월 말 런던에 도착했는데, 엘베라는 배에 타고 있던 존 하널드라는 선원이 9월 22일 콜레라 증상을 보이고 그날 사망합니다. 콜레라니까 의사가 사형시켜요. 그해 런던에서 발생한 첫 콜레라 환자였습니다. 며칠 후 존 하널드의 방에서 묵게 된 블렌킨소프가 9월 30일 콜레라에 걸려 사망합니다. 당시에는

- ● 독기론: 질병이 유해한 공기에 의해 발생한다는 구시대적 믿음.
- ●● 역학조사: 감염병의 차단과 확산 방지 등을 위해 감염병 환자 발생 규모를 파악하고 감염원을 추적하는 등의 활동을 하는 일.

감염된 사람의 방을 소독하는 개념이 없었으니, 운이 나빴던 거죠. 이날 이후 런던 전역, 그리고 전국으로 콜레라가 퍼지고 영국 전역에서 이듬해까지 5만 명이 사망합니다.

존 스노는 이날을 기점으로 콜레라가 런던에 번졌음을 알게 됩니다. 그리고 콜레라는 공기가 아니라 사람이 퍼뜨리고 있다고 생각해요. 그런데 한 가지 문제가 있었죠. 두 환자를 진찰한 의사들이 콜레라에 걸리지 않은 거예요. 그리고 번진 양상을 보니까 어떤 집은 걸리고, 어떤 집은 안 걸렸어요.

대체 왜 이럴까 생각하는 와중에, 1849년 어느 빈민가에서 콜레라가 번졌는데, 도로 하나를 사이에 두고 오른쪽 라인의 사람들은 많이 죽고, 왼쪽 라인의 사람들은 10퍼센트도 안 죽었어요. 교류가 잦을 수밖에 없는 이웃인데 이상하잖아요. 그래서 보니까 한쪽은 뒷골목에서 물을 푸고, 다른 한쪽은 바로 옆 골목에서 물을 퍼요. 식수원이 달랐던 거예요. 존 스노는 '아! 이거 호흡기로 번지는 게 아니다! 페스트*와는 다르다. 뭔가 먹어야 생기는 거다!' 하고 깨달아요. 즉, 수인성 전염병**이라는 완전히 새로운 개념을, 아직 미생물에 대한 인식도 제대로 없던 상황에서 혼자 정립한 거예요.

- 페스트: 페스트균이 일으키는 급성 전염병. 감염된 쥐벼룩 또는 설치류에 물리거나, 감염성 체액 또는 조직과의 직접 접촉, 폐렴형 페스트 환자의 비말을 통해 전파된다. '흑사병'이라고도 한다.
- 수인성 전염병: 독성 물질에 오염된 물 등을 섭취해 설사, 복통, 구토 등의 위장관 증상이 발생하는 질환.

그래서 존 스노가 영국 의회에 가서 템스강을 깨끗이 하는 것도 중요하지만, 손 닦고 물 끓여서 먹으면 될 거 같다고 말해요. 그런데 영국인들 고집이 진짜 세죠. 여러 연구를 통해 입증됐음에도 받아들이지 않아요. 악취가 원인이라고 결론을 내리고 그대로 믿습니다.

하수도 고치는 데 돈이 많이 들잖아요. 상류층이 사는 곳에는 하수도 냄새가 나지 않으니까 고칠 필요성을 느끼지 못하다가 오염이 점점 심해지면서 1858년에 상류층이 사는 곳까지 냄새가 나기 시작합니다. 독기론을 믿었기 때문에 병에 걸릴 수 있다는 두려움과 위기감에 드디어 하수도를 교체하기 시작합니다. 그렇게 템스강의 수질이 굉장히 좋아져요. 1875년에 모든 공사가 마무리되면서 악취가 사라집니다. 그리고 "이제 콜레라는 없다"고 공언해요. 냄새만 없앤 거예요. 그러니까 콜레라가 또 번집니다. 그제야 의회에서 "존 스노가 맞다. 물을 끓여서 마시자"라고 인정해요.

존 스노는 45세라는 젊은 나이에 사망합니다. 의회에서 하수도 정비법이 통과된 그해에 세상을 떠났어요. 제 생각에는 화병이 나서 죽은 게 아닐까 싶습니다. 열심히 조사했는데 의회에서 독기론을 믿으니까 울화통이 터지지 않았을까요. 뒤늦게나마 존 스노의 역학조사가 빛을 보고 그때 비로소 콜레라가 효과적으로 예방됩니다.

사실 존 스노는 예방의학에서 역학조사의 시초를 닦은 사람으로도 유명해요. 시대마다 이렇게 탁 튀는 천재가 있어서 이런 멋진 역사도 살펴볼 수 있었습니다.

설사가 그렇게 무서운 병이야?

설사가 무서운 이유는 잘 먹지 못하는데, 설사로 체내의 물이 빠져 탈수가 유발되기 때문입니다. 성인의 경우 설사가 심하지 않으면, 스스로 물을 섭취할 수 있기 때문에 치명적인 상태로까지 발전하는 일은 드뭅니다. 물론 설사가 심할 경우에는 그만큼 빠른 속도로 수분을 보충해줘야 합니다. 이 때에는 단순히 입으로 마시는 것으로는 장에 발생한 염증 때문에 수분 보충이 제대로 이루어지지 않을 수 있습니다. 즉, 아무리 열심히 물을 먹어도 사망에 이를 수 있다는 말입니다. 아이들 같은 경우에는 어른에 비해 수분 섭취에 대한 저항감이 크기 때문에 더 위험합니다. 이조차 깨끗한 물이 충분히 있다는 전제하에 가능한 일입니다.

청동기시대부터
제모 크림으로
털을 관리한 인류

최초의 면도는 언제 이루어졌을까요? 놀랍게도 기원전 3만 년, 마지막 빙하기가 끝나기 전에 시작된 것으로 보입니다. 어떤 학자들은 동굴벽화에 그려진 사람들의 매끈한 얼굴을 근거로 기원전 10만 년부터 면도가 행해졌다고 주장하는데, 이는 억측에 가깝습니다. 인간의 형상을 단순화해서 그렸을 수 있고, 그 인간이 여성인지 남성인지 알 수 없으니까요.

기원전 10만 년이든, 3만 년이든 공통된 특징이 있습니다. 바로 빙하기입니다. 왜 빙하기에 수염을 밀었을까요? 수염에 물이 묻으면 얼기 때문입니다. 빙하기라고 하면 다 얼어붙을 것 같지만, 당시 지구의 평균기온은 섭씨 4~6도였던 것으로 추정됩니다. 겨울이 오면 지금보다 훨씬 긴 기간 동안, 훨씬 넓은 지역에서 영하 20~30도의 날씨를 경험했습니다.

혹독하게 추운 겨울날에 턱수염과 콧수염이 젖었다고 생각
해보세요. 그대로 얼겠죠. 동상에 걸려 죽는 겁니다. 그때는 난방도
되지 않았어요. 그래서 당시 고대인들은 돌이나 조개껍질, 화산 근
처에서 발견한 유리 같은 날카로운 도구를 이용해 수염을 짧게 잘
랐습니다. 바짝 깎지는 못했어요. 잘못하면 상처가 나서 죽을 수 있
었기 때문이죠. 작은 상처의 감염으로도 죽던 시대였으니까요. 이
래저래 추워서 많이 죽고, 상처가 나서 죽고 그러니까 타협점으로
적당히 수염을 잘랐을 거라는 추정이 일반적입니다.

기원전 12000년, 드디어 빙하기가 끝나고 간빙기가 찾아옵
니다. 얼어 죽을 위험이 적어진 거죠. 가뜩이나 성가시고 불편했는
데 죽음을 무릅쓰고 굳이 수염을 깎을 필요가 없는 거예요. 면도와
관련한 문화가 거의 사라집니다.

신분 과시에 목숨을 걸었던 이집트인

기원전 3000년, 이집트에서 면도가 다시 시작됩니다. 그런데 이집
트 사람들이 처음부터 수염을 깎은 건 아니에요. 기원전 3100년
당시 설립된 초기 왕조 시대에 왕조가 완전히 자리 잡기 전까지 전
쟁이 난무했기 때문에 오히려 긴 수염을 선호했습니다. 더 강하고

전투 경험도 많아 보였기 때문입니다. 무엇보다 공격당할 때 수염이 간단한 상처로부터 보호해주었죠.

그런데 왕조가 세워지고 문명이 자리 잡고 또 통일되면서 수염이 문제가 됩니다. 이집트가 지리적으로 굉장히 덥고 습하잖아요. 수염에서 머릿니가 자랍니다. 감염이 일어나는 거예요. 게다가 사람이 많으니 머릿니가 빠르게 번져갑니다. 그렇게 면도가 시작돼요. 머릿니를 비롯한 감염병의 원인 제거가 면도의 주된 목적이었어요. 부수적으로는 체취의 제거도 있었고요. 문명인으로서 멋있어지고 싶은데 냄새가 나니까 원인을 제거하고 싶었던 거죠. 이때부터 면도가 비약적으로 발전합니다. 그래서 이집트의 거대 도시 안에는 무조건 이발소가 있었습니다.

이집트 사람들은 수염뿐만 아니라 체모도 제거합니다. 그 시대에 왁싱을 했어요. 제모 크림을 최초로 사용했죠. 석회나 비소 같은 부식성 물질을 몸에 발라 털을 녹였어요. 위험했을 텐데, 그 정도로 제모에 진심이었습니다. 그러나 혼자서 면도하기가 어려웠어요. 청동기시대였기 때문에 거울은 흐릿해서 잘 보이지 않았고, 칼도 그렇게 날카롭지 않았습니다. 혼자 면도하다가 구리나 청동 칼에 잘못 베이면 바로 죽는 거예요. 게다가 얼굴이니까 염증이 머리로 가면 진짜로 죽는 겁니다. 그래서 전문가가 필요했죠.

결국 면도는 인건비와 연결됩니다. 처음에는 위생을 목적으로 하던 면도가 신분을 과시하는 수단으로 바뀐 거죠. 신분이 낮은

이집트 왕들의 계곡에 있는 투탕카멘 묘실 벽화. 이집트인에게 면도는 부와 권력을 상징했다.

사람은 이발할 기회조차 없었던 거예요. 매일매일 면도할 수 있는 사람은 집에 이발사가 있는 소수에 불과했습니다. 면도는 권력 그 자체를 보여주는 수단이었죠. 그래서 민머리와 수염 없는 얼굴이 지위와 부의 상징으로 여겨져 면도는 더 유행하게 됩니다.

수염의 다양한 상징성: 효, 젊음, 야만성

다른 지역은 어땠을까요? 중국에는 공자님이 계시죠. 부모에게 물려받은 몸을 소중히 여기는 것이 효의 시작이라고 여겼기 때문에 수염을 밀지 않았습니다. 우리나라에서도 마찬가지였습니다. 유교 사상을 따르는 곳은 수염을 밀지 않았어요. 그래서 면도 문화가 없습니다.

그뿐만 아니라 대다수의 문화권에서 면도보다는 기르는 것을 선호했습니다. 특히 정복자의 권위를 내세워야 하는 경우에는 더더욱 그랬어요. 대표적으로 유럽의 경우, 한 번도 통일된 적이 없죠. 야만성과 힘을 과시하기 위해 면도하지 않았습니다. 그러다가 한 번에 뒤집어지는 계기가 생겨요.

알렉산드로스 대왕BC 356~323, 그리스 문명의 위대한 왕이죠. 그의 흉상을 보면 항상 깔끔합니다. 여기에 얽힌 설화가 두 가지 있습니다. 하나는 적에게 수염을 잡히는 일을 피하기 위해 면도했다는 것입니다. 하지만 수염을 잡힐 정도로 적이 가까이 접근했다면 이미 칼에 베여 죽지 않았을까요? 다른 하나는 아킬레우스Achilleus● 같은, 고대 그리스 신화에 나오는 인물과 자신을 동일시하기 위해 수염을 밀었다는 것입니다. 오히려 신빙성이 있어요. 당시 여러 문화권에서 수염은 권위와 함께 나이 듦을 상징하기도 했습니다. 그래서 당시 신의 흉상을 보면 수염이 없습니다. 아킬레우스도 수염이 없는 이유가 소년일 때 신이 되었기 때문입니다. 알렉

● 아킬레우스: 그리스 신화에 나오는 영웅. 걸음이 몹시 빠르며 트로이전쟁 때 활약했다. 불사신이었으나 트로이 왕자 파리스에게 유일한 약점인 발뒤꿈치에 화살을 맞아 죽었다고 한다.

수염이 없는 알렉산드로스 대왕의 두상

산드로스 대왕 역시 젊은 시절에 세계를 정복했죠. 그래서 수염을 거부했습니다. 그때 병사들도 따라서 수염을 밀면서 면도가 반짝 인기를 얻습니다.

　이 열기가 고대 로마로 그대로 이어집니다. 로마공화정 말기의 뛰어난 정치가 율리우스 카이사르Julius Caesar, BC 100~44도 수염을 밀어요. 하지만 이발은 여전히 너무 위험한 행위였습니다. 그래서 계속 문제가 발생했죠. 당시 칼은 일자식이라서 잘 베였고, 상처가 나고 흉터가 생기고 재수가 없으면 죽었어요. 심지어 감염으로 턱뼈를 잘라야 하는 경우도 있었습니다. 실제로 턱뼈를 잘랐다는 기록이 중세까지 이어져요.

로마에서 개선 방안을 찾습니다. 사실 면도를 하지 않으면 되는데, 당시 북방의 게르만족이 수염이 무척 길었습니다. 야만족과 로마인은 달라야 했기 때문에 면도를 개선하는 쪽으로 발전해요. 지위가 높은 사람들이 자주 면도한 것도 한 가지 이유였습니다. 그 결과, 로마에 대중목욕탕이 정착합니다. 따뜻하고 수증기가 있을 때 수염이 부드럽게 밀리니까, 로마인들이 대중목욕탕에서 면도를 하기 시작해요. 그렇게 대중목욕탕 근처에 이발소가 생겨난 겁니다.

그러다가 로마가 멸망합니다. 수염이 긴 게르만족이 쳐들어와요. 아무리 봐도 면도의 효용성을 잘 모르겠단 말이죠. 그런데도 유행이 왔다 갔다 합니다. 이렇게 보면 쉬워요. 면도하면 문명인, 수염을 기르면 권위와 남성성을 지닌 정복자. 하지만 면도 문화가 주류를 이루지는 않습니다. 제 생각에는, 여러 이유가 있었겠지만 자꾸 죽으니까 그랬던 것 같아요. 중세의 의학을 생각해보면, 일단 상처 치료가 제대로 이루어지지 않았어요. 또 마취 없이 칼로 턱뼈 절제술을 진행하니까, 외면당할 수밖에 없었겠죠. 그래서 다시 인류가 면도하기까지 시간이 정말 오래 걸립니다.

위생에 집착하는 근대의 면도

19세기 후반에 병원균의 개념이 잡힙니다. '위생 강박'이라고 해도 좋을 정도였죠. 그 전에는 전혀 신경 쓰지 않다가 갑자기 위생의 중요성을 사방에서 강조해요. 그리고 수염에서 병원균이 굉장히 많이 관찰된다는 사실을 현미경을 통해 직접 확인합니다. 위생에 대한 개념도 생기고, 약도 소독약도 서서히 나오기 시작하니까 면도로 목숨을 잃는 일은 현저히 줄어듭니다. 이때부터 면도가 다시 유행해요.

그렇게 시작된 면도는 제1차 세계대전 중 참호전을 겪으면서 더 유행합니다. 독가스라는 무기가 최초로 등장하거든요. 그래서 방독면을 써야 하는데, 수염이 있으면 방독면이 밀착되지 않기 때문에 독가스가 새어들어오는 거죠. 그래서 군인들은 의무적으로 수염을 밉니다. 그 전까지 수염을 남성성의 상징이라고 여겼는데, 남성미 넘치는 군인들이 수염을 깔끔하게 미니까 이때 남자다움의 개념이 완전히 바뀝니다.

면도가 일상화되면서 사람들은 좀 더 깔끔하게 면도하고 싶어 합니다. 그러던 중에 1939년 필립스라는 회사가 최초로 전기면도기를 만들어요. 당시에 선풍적인 인기를 누렸습니다. 기술력은 지금보다 떨어졌어요. 하지만 발전에 발전을 거듭해 세계적인 기업으로 우뚝 섭니다. 이후로 수염 기르는 것이 면도하는 것보다 우위에 선 적은 없습니다.

　이제 면도하다가 죽는 일은 없어요. 물론 면도가 아주 쉽지만은 않아요. 저도 그렇고, 많은 사람이 면도 이후 발생하는 모낭염이나 상처로 고생하곤 하죠. 하지만 이전 같았으면 모낭염이 아니라 마취 없이 턱 절제술까지 받았을 테니까 더 고생했겠죠. 역시 의학의 역사를 공부하면 할수록 현대 의학에 감사하는 마음이 가슴에 사무칩니다.

모낭염의 원인과 예방법

모낭염은 세균(포도상구균) 감염으로 화학적·물리적 자극에 의해 모낭에 염증이 생기는 질환입니다. 모낭염은 생긴 것만 보면 여드름과 헷갈릴 수 있어요. 하지만 여드름 치료제를 바르면 오히려 악화됩니다. 여드름은 피지가 과다 분비되어 발생하는 데 반해 모낭염은 포도상구균이라는 세균에 감염되면서 발생하는 질환이기 때문이에요. 즉, 모낭염이 발생하는 이유는 세균 감염입니다. 예방을 위해서는 이 세균 감염을 피해야 한다는 뜻이죠. 다행히 그리 어려운 일은 아닙니다.

우선 세균이 침범하지 못하도록 보호막 역할을 하는 피부의 손상을 피해야 해요. 면도날이 무디면 상처가 잘 나니까 날을 자주 갈아야 합니다. 또 수염이 부드러워지면 힘을 덜 줘도 잘 깎이기 때문에, 메마른 상태에서 면도하는 것보다는 따뜻한 습기에 노출시킨 후 면도하는 것이 좋아요. 면도 방향도 중요하죠. 수동 면도기로는 수염이 난 방향대로, 전기면도기로는 역방향으로 면도를 하는 것이 좋습니다.

세균이 자라지 못하게 하는 것도 중요하겠죠? 수동 면도기의 경우에는 면도를 하고 나면 날을 흐르는 물로 닦고 잘 말려야 합니다. 오래 사용해서 날이 상하면 그 틈새에 균이 자랄 수 있으니, 주기적으로 교체하는 것도 중요해요. 전기면도기 또한 날을 분리해서 소독하고, 잘 말려서 사용하는 것이 좋습니다.

오 신이시여,
무엇이든 하겠나이다

머리카락이 빠지는 탈모, 얼마나 오래되었을까요? 아마 인간이 머리털이 난 순간부터 그 시작을 함께했겠죠. 그렇다면 인류의 첫 탈모인, '이 사람 탈모다'라고 기록에 남은 최초의 인간은 누구일까요? 기원전 12세기 이집트의 절대 권력자 파라오 메르넵타Merneptah, 재위 BC 1213~1203입니다. 수사자의 갈기와 같은 풍성한 머리카락이 곧 권력의 상징이던 시대에, 이집트를 10년 동안 다스린 절대자가 탈모인이었어요.

　기원전 16세기 고대 이집트의 의학 서적《에베르스 파피루스Ebers Papyrus》에는 약 800가지 사례의 질병에 대한 진료 지침이 쓰여 있습니다. 그중 탈모도 있는데, 탈모를 치료하기 위해 하마, 악어, 수고양이, 아이벡스(산양의 일종)의 지방을 섞어 두피에 발랐

탈모인 히포크라테스와 비탈모인 아리스토텔레스

대요. 그래도 통하지 않으면 고슴도치의 털을 그슬려서 4일간 머리에 뿌렸다는데, 흑채와 비슷해 보이죠? 그로부터 300년 후의 절대권력자도 탈모를 앓았다고 하니, 치료법이 별 효과는 없었던 것 같아요.

그리스의 위대한 의사 히포크라테스도 탈모에 관심이 많았어요. 정말 진심이었죠. 아편, 서양의 고추냉이 호스래디시, 비트의 뿌리 등을 섞어서 연고를 만듭니다. 머리에 바르면 나을 거라고 기대했지만, 보시다시피 히포크라테스도 머리카락이 없습니다. 효과가 없었던 모양이에요. 아리스토텔레스는 탈모에 시큰둥했어요. 머리카락이 풍성했거든요. 그래서 대충 양의 오줌을 머리에 발라보

월계관으로 민머리를 가린 율리우스 카이사르

라고 합니다. 놀린 거나 다름없죠.

　사실 서양에서 고대 탈모인 가운데 유명한 사람은 따로 있습니다. "왔노라, 보았노라, 이겼노라 Veni, vidi, vici"라는 말로 유명한 율리우스 카이사르입니다. 로마의 위대한 장군이죠. 카이사르는 피부가 참 좋았던 것으로 유명해요. 문명이 닿지 않은 야만의 나라 갈리아에서 10년 가까이 전쟁을 치렀는데도 피부가 하얗고 뽀얗다는 기록이 있습니다. 그런데 탈모가 심했어요. 신은 정말 공평하죠. 카이사르의 여러 석고상을 보면 항상 월계관을 쓰고 있습니다. 민머리를 가리려고 쓴 거예요.

　이른 나이부터 머리카락이 가늘어져 고민이 깊었던 카이사르는 연인이자 빼어난 미모를 자랑하던 클레오파트라에게 도움을 구합니다. 연인이 도와달라는데, 어떡해요. 클레오파트라는 쥐, 말의 이빨, 곰의 지방을 섞어 만든 로션을 카이사르의 머리에 발라줬어요. 당연히 효과는 없었죠.

이민족의 방법도 시도해봅니다. 갈리아 지역에서 잡아온 포로의 풍성한 머리를 보고 머리카락이 풍성해지는 특효약이 있는지 직접 물어봅니다. 그랬더니 당나귀의 성기를 잘라 태운 후 자기 오줌과 섞어 머리에 발라보라고 해요. 그런데 생각해보세요. 그 포로 입장에서 카이사르는 침입자잖아요. 아무래도 모욕을 준 거 같은데, 그러거나 말거나 카이사르는 밑져야 본전이에요. 알려준 그대로 해봅니다. 당연히 효과가 없죠.

이런 이유로 카이사르는 월계관이나 투구를 자주 썼습니다. 민머리로 다닌 적이 거의 없다고 해요. 카이사르가 너무 부끄러워하니까, 로마에서 가발이 등장합니다. 역사상 최초의 가발은 3,500년 전에 제사나 주술을 목적으로 만들어졌는데, 탈모를 가리기 위해 가발을 쓴 건 로마 시대가 최초입니다. 하지만 유행하지는 못했어요. 너무 티가 났거든요. 가발을 쓴 순간, "저, 머리 없습니다!"라고 선언하는 것이나 다름없었죠.

탈모로 괴로워하던 위인들

지금이야 탈모가 유전적으로 발현되는 질환이고 나이가 들면서 자연스럽게 생기는 변화라고 인식하지만, 옛날에는 머리카락을 권력 또는 권위와 연결 지어 생각했기 때문에 탈모를 저주의 일종으로 간주했어요.

《구약성경》에 보면 "네가 망하기를 바란다"라고 저주하는 구절에 탈모가 여러 차례 언급됩니다. 그 시대 사람들은 그렇게 욕을 한 거예요.

"썩은 냄새가 향기를 대신하고 노끈이 띠를 대신하고 대머리가 숱한 머리털을 대신하고…."(《이사야》 3:24) "두려움이 그들을 덮을 것이요, 모든 얼굴에는 수치가 있고 모든 머리는 대머리가 될 것이며…."(《에스겔》 7:18) "모든 머리를 대머리가 되게 하며 독자의 죽음으로 말미암아 애통하듯 하게 하며…."(《아모스》 8:10)

위대한 예언자 엘리사를 탈모로 놀리는 구절도 있습니다.

"엘리사가 거기서 벧엘로 올라가더니 그가 길에서 올라갈 때에 작은 아이들이 성읍에서 나와 그를 조롱하여 이르되 대머리여 올라가라, 대머리여 올라가라 하는지라."(《열왕기하》 2:23)

이때 너무 화가 난 엘리사가 하나님의 이름으로 아이들을 저주합니다. 뒤이어 아이들 42명이 곰에게 찢겨 죽어요. 하나님의 성인 엘리사조차 대머리라는 놀림은 못 참은 거예요.

아이들에게 대머리로 놀림을 받은 엘리사의 초상화

《신약성경》에 등장하는 예수님의 수제자이자 초대 교황인 베드로도 대머리입니다. 베드로가 예수님 몰래 빵 한 조각을 모자 속에 감췄는데, 그 벌로 감춰둔 빵 크기만큼 머리카락이 빠졌다고 전해져요. 대머리가 과거에 얼마나 이미지가 안 좋았는지 감이 오죠?

그렇다 보니 온갖 치료법이 나옵니다. 두피에 오리 똥도 바르고, 까마귀를 태워서 그 재를 양의 지방과 섞어서도 발라요. 양파로 두피를 씻기도 합니다. 또 잇꽃의 기름과 로즈메리 향초에 동물의 고환을 잘게 다져 섞은 다음에 두피에 바르고 물구나무서서 차크

모자 속에 감춰둔 빵 크기 만큼 머리카락이 빠진 베드로, 이후 더 벗겨진 모습

라^{chakra}가 머리 쪽으로 쏠리게 합니다. 치료법이 기괴하기는 해도 끔찍하지는 않았어요.

인도나 아랍에서는 머리카락이 권위의 상징이었어요. 특히 이슬람교에서는 신의 은총으로 여겨졌습니다. 그래서 머리카락이 빠지기 시작하면 주변에서 '부정한 짓을 했네' 또는 '알라신한테 버림받은 거야'라고 생각했어요. 그래서 귀족이 탈모가 생기면 권

● 차크라: 산스크리트어로 '바퀴', '순환'을 뜻한다. 인체의 여러 곳에 존재하는 정신적 힘의 중심점을 이르는 말이다.

위가 서지를 않았습니다. 그래서 일부 귀족은 머리카락이 빠지면 거세를 했습니다. 그럼에도 가발이 유행하는 일은 별로 없었어요. 일단 가발을 만들기가 너무 어렵고, 비싸고, 티 나지 않게 만들기는 더 어려웠거든요.

효험이 없는 치료가 계속되자 탈모를 해학적으로 푸는 사람들이 등장합니다. 포기한 거죠. 셰익스피어 아십니까? 대문호죠. 이분도 머리가 좀 없었는데, "세월은 머리카락을 가져가는 대신 지혜를 주었다"라는 멋있는 말을 남깁니다.

우리나라는 다행히 머리카락이 빠진다고 해서 '불효'라고 비난하지는 않았어요. 이규보의 《동국이상국집》에서 〈대머리를 자조함〉이라는 글을 보면, "털이 빠져 머리가 온통 벗어지니 나무 없는 민둥산을 꼭 닮았네. (…) 귀밑머리와 수염조차 없다면 참으로 늙은 까까중 같으리"라고 해학적으로 풀어요. 유머가 있죠.

여기서 궁금한 점이 하나 생깁니다. 우리나라는 상투를 틀었는데, 머리가 없는 분들은 어떻게 했을까요? 극사실주의에 가까운 조선 중기 학자 명재 윤증 尹拯, 1629~1714의 초상화를 보면, 탕건을 쓰고 있지만 이마 쪽은 머리가 없고 뒷머리를 모아 상투를 틀었다는 사실을 알 수 있어요. 사실 뒷머리까지 싹 빠지는 경우는 거의 없기 때문에, 우리 조상들은 큰 문제 없이 상투를 틀었습니다. 우리나라는 갓과 상투 덕분에 탈모로부터 자유로웠던 것 같아요. 탈모에 관대했던 조선이죠.

대문호 윌리엄 셰익스피어와 조선 중기 학자 윤증의 초상화. 충남문화연구원 소장.

그러나 안타깝게도 유럽에서는 머리카락이 없는 사람들에 대한 공격이 계속됩니다. 그런 이유로 유럽의 수도승들은 머리카락을 전부 밀거나 애매하게 가운데만 밀어 세상의 권력과 권위를 탐하지 않고 속세에 미련이 없음을 보여주고자 했어요. 스님들도 비슷한 이유로 머리카락을 밀어 속세와 구별됨을 나타내려고 했죠.

가발 유행의 시작, 답이 없는 탈모

15세기에 드디어 가발의 시대가 열립니다. 콜럼버스가 신대륙을 발견하고 돌아오면서 질환을 하나 들고와요. 네, 매독입니다. 매독의 증상 중에 탈모가 있어요. 그렇다 보니 머리가 빠지면 사람들이 "재 매독에 걸렸나 봐", "성병에 걸렸대", "신의 저주를 받은 거지"라며 수군거렸어요. 그냥 머리가 빠진 건데, 아무 잘못도 저지르지 않았는데, 심지어 신실하게 살았는데… 너무 억울하잖아요. 그때부터 가발에 대한 수요가 급증합니다. 제작 기술이 전보다는 발전했지만 티는 났어요. 찝찝하죠. 썩 만족스럽지는 않았을 거예요.

이 불만을 해소해준 사람이 루이 13세1601~1643입니다. 태양왕 루이 14세의 아버지죠. 앙리 4세1533~1610의 아들인데, 아버지와 아들이 워낙 존재감이 커서 그렇지, 루이 13세도 부르봉 왕조•의 전성기를 연 훌륭한 왕입니다. 이분의 업적으로 따지자면, 아르망 장 뒤 플레시 드 리슐리외Armand Jean du Plessis de Richelieu, 1585~1642••라는 전설의 재상을 임명한 것, 오스만-합스부르크 전쟁에서 승리한 것 등이 있습니다.

루이 13세는 20대 초반부터 머리가 빠졌습니다. 왕비 안 도트리슈Anne d'Autriche, 1601~1666가 정말 미인이었는데, 자신의 탈모를 보고 왕비가 다른 사람을 만나고 싶어 하는 듯 보이니까(실제로 바람기가 있었다는 기록도 있어요) 그것만은 막고 싶어서 가발을 씁니

● 부르봉 왕조: 16세기 말에 프랑스에서 권력을 잡고 18세기 말까지 절대왕정으로 명성을 날렸다. 프랑스 혁명으로 와해되었다가 왕정복고로 19세기 전반까지 이어진 프랑스의 마지막 왕조.

●● 리슐리외: 프랑스의 정치가·추기경. 루이 13세 밑에서 재상으로 활동하여 대외적으로 30년전쟁에 간섭하고 식민 정책을 진행시켜 프랑스 절대주의의 기초를 쌓았다.

다. 그런데 혼자 쓰면 너무 티가 나잖아요. 궁정 안에 있는 사람들은 머리카락이 있든 없든 다 가발을 쓰라고 법령으로 정해버립니다. 누가 대머리인지 알아보지 못하게 말이죠. 그래서 중앙에 있는 귀족들이 다 가발을 써요.

당시 프랑스 파리는 문화의 중심지였습니다. 지방에 있는 귀족들이 파리에 놀러 왔는데, 왕과 귀족들이 다 가발을 쓰고 있는 거죠. 처음에는 어색하지만 자꾸 보니까 멋져 보여요. 그래서 17세기 프랑스에서 가발이 대유행을 합니다. 이때부터 머리가 빠지면 가발을 썼어요. 티가 나더라도 모자처럼 멋으로 쓰면 되니까, 전보다는 사정이 훨씬 나아졌죠. 하지만 치료법은 아니었어요.

그 후로도 현대에 이르기까지 이상한 치료법이 계속 나옵니다. 탈모의 원인을 몰랐으니 이해는 가요. 하지만 돈을 목적으로 한 나쁜 치료법이 등장합니다. 현악기 제작사가 현악기 연주를 들으면 탈모를 예방할 수 있다고, 말도 안 되는 논문을 써서 피아노와 바이올린을 엄청 팔아먹어요. 또 프랑스 심리학자 에밀 쿠에Émile Coué, 1857~1926는 자기 암시를 통해 '모공에서 머리가 자란다! 머리카락이 탄력을 유지한다!'고 생각하면 머리카락이 난다고 주장해요. 그런데 그분도 탈모였습니다.

심지어 크로슬리Crosley사에서는 1936년 머리에 진공을 가해서 두피에 자극을 주고 머리에 피가 쏠리게 하면 머리카락이 자란다는 원리로 기계를 만들어 팔았어요. 그런데 그 기계가 오류를 일으켜요. 진공을 가하던 중에 그 진공에 의해 머리카락이 뽑혀버린 거예요. 엄청난 항의에 부딪히고 유혈 사태까지 벌어집니다.

탈모 치료의 패러다임을 뒤바꾼 사건

1974년 도미니카공화국 남부의 작은 마을 살리나스Salinas에서 놀라운 일이 일어납니다. 그간 여자아이로 알고 자란 아이들이 사춘기를 맞으면서 몸에 남성 생식기가 나온 거예요. 원인을 분석한 결과, 이 소년들의 몸 안에 분비되는 '5알파 환원 효소5AR' 수치가 매우 낮은 것으로 나타났어요. 5AR은 남성호르몬인 테스토스테론을 디하이드로테스토스테론DHT으로 바꾸는 역할을 합니다. DHT가 수행하는 역할이 대표적으로 두 가지가 있는데, 하나는 남성 생식기를 생성하고, 다른 하나는 머리카락을 빠지게 합니다.

따라서 살리나스 소년들에게 유전적으로 5AR이 부족해서 DHT 수치가 낮아 다른 소년들보다 남성 생식기가 늦게 발달한 거예요. 그 덕분에 이 소년들은 나이가 들어서도 탈모를 겪지 않았습니다. 또 전립선이 작다는 특징이 있었어요. 이 사례로 5AR과 DHT의 역할을 인식한 과학자들은 처음에는 탈모보다 전립선비대증 치료에 더 관심을 기울입니다. 그런데 전립선비대증으로 약을 먹던 사람이 증상이 호전됐음에도 약을 계속 복용하는 거예요.

이유를 물었더니 머리카락이 안 빠진대요(다시 나기도 하고, 풍성해지기도 하고). 실제로 환자가 처음 봤을 때보다 더 회춘한 듯도 보이고, 머리숱도 많아진 거예요.

이렇게 탈모 치료의 패러다임이 완전히 바뀌어버립니다. 1970년대의 일이니까 정말 최근이에요. 이 약의 이름은 피나스테리드finasteride로, 지금은 탈모 약으로 더 유명한데, 원래는 전립선비대증 치료를 목적으로 만들어졌습니다. 5AR이 DHT를 생성하는 작용을 저해하도록 개발된 신약 성분인데, 전립선비대증 치료제에 탈모를 막아주는 '부작용'까지 확인된 거죠. 이후 함량을 달리해 탈모 치료제로 내놓습니다. 전립선비대증 치료제에는 피나스테리드를 5밀리그램, 탈모 치료제에는 1밀리그램 투입하는 식이죠.

지금의 피나스테리드가 있기까지 수천 년이 걸렸고, 탈모에 대한 쓸데없는 치료와 고통과 오해가 있었습니다. 지금은 옛날보다 탈모 치료약이 많이 개발되었어요. 하지만 피나스테리드가 지금도 메인 치료제인 걸 보면, 아주 획기적이지는 않습니다. 아직까지 탈모는 완치가 불가능한 것이죠. 여기서 다음 단계로 넘어가기가 쉽지 않지만, 지금은 모발 이식도 가능하고, 탈모를 최대한 늦출 수도 있으니까, 탈모가 완전히 정복되는 시대가 곧 오지 않을까 기대해봅니다.

FDA가 승인한 두 가지 탈모약

① 피나스테리드: 탈모 치료의 신기원을 연 약으로, 1974년 도미니카공화국의 남자아이 일부가 전립선의 크기가 작고 남성형 탈모와 여드름이 없음을 확인하고, 탈모와 전립선비대증 치료를 목적으로 연구한 결과로 탄생한 약입니다. 아이들에게서 5AR의 결핍을 확인하고, 이에 따라 DHT 농도가 낮다는 사실을 확인하고, DHT가 머리 쪽 모낭에 작용해 탈모를 일으킨다는 점까지 밝힌 연구진이, 5AR의 분비를 억제하는 약인 피나스테리드를 개발했습니다.

② 미녹시딜: 궤양 치료제로 개발되던 중 궤양에는 효과가 없고 오히려 혈관 확장을 일으킨다는 사실이 밝혀져 고혈압 치료제로 승인을 받았습니다. 승인 후 피험자들에게 임상 시험을 하던 도중 부작용으로 다모증이 발생했고, 이를 계기로 개발된 바르는 형태의 탈모약입니다.

2장

도전정신 하나로
이겨낸 질병 치료사

괴혈병

대항해시대,
건강한 선원들이
자꾸 죽어나간 이유

16세기 대항해시대를 떠올리면 느낌이 딱 오는 질환이 하나 있습니다. 바로 괴혈병이에요. 비타민 C가 부족해서 생기는 병인데, 지금은 질병이라고 부르기도 민망할 정도로 치료가 간단해요. 식습관이 극단적인 경우가 아니라면 일부러 걸리기도 힘든 병입니다. 하지만 과거에는 만연했어요. 특히 대항해시대가 도래해 배를 오래 타기 시작하면서 문제가 됩니다. 그때는 괴혈병을 어떻게 치료했을까요?

목숨을 걸고 배를 탔던 선원들

대양 항해는 신대륙을 발견한 이후 본격적으로 시작됩니다. "지구는 둥글다"고 말하며 아메리카 대륙을 발견한 이탈리아 항해가 크리스토퍼 콜럼버스Christopher Columbus, 1451~1506가 그 시작이라고 볼 수 있죠. 항해 도중에 채소 같은 신선한 음식은 언감생심 꿈도 못 꿉니다. 보관도 어려울 뿐만 아니라, 신선한 음식은 항해 필수품이 아니었어요. 그렇게 1492년 음식에 대한 특별한 준비 없이 콜럼버스는 항해를 떠납니다.

그런데 항해 도중에 일부 선원들의 잇몸에서 피가 나기 시작해요. 점점 피로해지고, 식욕도 없어지고, 혈뇨와 혈변을 보고…. 뱃일이 얼마나 힘들겠어요. 몸이 아프니까 제대로 일하기 어려워지죠. 콜럼버스는 선원들이 전염병에 걸린 줄 알고 카리브해의 작은 섬에 그들을 내려놓고 신대륙 탐험을 떠납니다. 그리고 포르투갈로 돌아가는 길에 그 섬에 다시 들려요. 놀랍게도 죽은 줄 알았던 선원들이 살아 있는 거예요. 그들이 어떻게 살아났는지는 모른 채 그 섬에 신비한 무언가가 있다고 생각해요. 그 섬을 치료의 섬, 퀴라사오Curacao*라고 부릅니다(지금도 카리브해에 퀴라소섬이 있어요).

별다른 치료 없이 회복한 선원들을 보고, 먹을 게 부족해서 괴혈병에 걸렸나 보다 생각할 법도 한데, 당시 의학적 지식으로는 알기 어려웠어요. 선장은 항해 중에 절인 채소도 먹고 신선한 음식도 섭취하니까 괴혈병에 걸리지 않은 건데, 당시 선원들은 '선장이

● Curacao: 어원은 '치료'를 뜻하는 'cure'다.

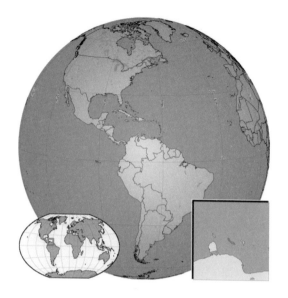

퀴라소섬의 위치를 보여주는 지도

랑 우리가 어떻게 똑같은 음식을 먹어, 말이 안 되지'라고 여겼어
요. 그래서 괴혈병이 먹는 것과 무관하다고 생각했죠.

그렇게 괴혈병은 직업병으로 인식됩니다. '뱃사람이라면 으
레 잇몸에서 피가 한두 번은 쏟아져야지' 하고 생각해요. 그러나 항
해를 책임지는 선장이나 그 항해에 돈을 대는 선주들은 생각이 달
랐어요. 어떻게든 괴혈병의 원인을 찾고 싶어 합니다. 선원들의 죽
음은 손실과 직결될 뿐만 아니라 선원들의 불만이 쌓여 폭동이 일
어날까 봐 불안했기 때문입니다.

수 세기 동안 해결되지 못한 괴혈병

일단, 고기를 살짝 익혀 먹으면 금방 낫는다는 사실을 알았어요. 하지만 항해 도중에는 불가능한 일이었죠. 오래 보관하기 좋은 소금으로 절인 고기만 먹었거든요. 소금에 얼마나 절였는지 바닷물에 고기를 씻어 먹을 정도였대요. 오죽하면 괴혈병의 원인이 소금이라고 생각했을까요.

생선을 잡아 회를 쳐서 먹는 것도 하나의 방법이었어요. 실제로 아픈 사람이 있으면 생선을 구워 먹는 게 민간요법이었는데, 어선을 타고 있는 게 아니었잖아요. 대항해시대에는 무척 큰 범선을 타고 다녔습니다. 바람을 동력으로 달리는 범선 안에서 낚시는 불가능한 일이었죠. 또 당시 유럽에서 회는 낯선 음식이었습니다. 소금에 절인 고기 외의 음식으로 비스킷도 있었는데, 비타민 C는 없었죠. 사실상 배 안에 괴혈병을 예방할 수 있는 음식이 없었어요. 특히 해군이나 상선에는 전무했습니다.

여기서 재미있는 사실은, 해적은 괴혈병에 시달리지 않았다는 겁니다. 해적은 일단 오래 이동하지 않죠. 숨어 있다가 지나가는 배를 덮치니까, 그동안 낚시도 가능하고 육지에 들러 신선한 음식도 먹어 괴혈병에 걸리지 않았어요.

그러다가 누군가 레몬을 먹고 나아집니다. 우연히 배 안에서 가장 신선한 음식인 레몬을 먹으라고 줬는데 먹고 나은 거예요. 그럼 레몬을 치료제로 먹여야 되잖아요? 하지만 당시 레몬이 비싸고 귀했어요. 그래서 대체품을 찾습니다. 레몬? 신맛? 산? 그렇게 황산을 희석해서 먹어요. 낫기는커녕 계속 죽습니다. 1740년까지 이 상황이 지속돼요. 괴혈병이 해결되지 않은 채 세월이 계속 흘러갑니다.

새콤한 라임이 건설한 대영제국

1740년 조지 앤슨George Anson, 1697~1762 제독이 1,955명의 병사와 함께 세계 일주를 떠납니다. 그로부터 4년 후 영국으로 다시 돌아왔을 때 앤슨 제독 본인을 포함해 634명만 살아 있었어요. 그중 전투로 죽은 사람이 4명, 열병과 이질로 죽은 사람이 320명, 나머지 997명은 괴혈병으로 죽었습니다.

괴혈병을 반드시 해결해야 한다는 경각심이 높아졌죠. 병사를 많이 동원해서 항해를 떠나기가 어려워졌으니까요. 당시 항해 기술은 충분했기 때문에 어떤 나라든 해양 패권을 세계적으로 운영할 수 있었어요. 그런데 괴혈병 때문에 어느 누구도 이를 실현할 수 없었습니다.

1747년, 영국 해군 군의관 제임스 린드James Lind, 1716~1794 박사가 실험을 진행합니다. 괴혈병 환자 12명을 6군으로 나눠 임상 실험을 해요. 해군의 정규 식사를 기본으로 하고, 1군은 사과술, 2군

영국 군의관 제임스 린드의 초상화와 영국 해군을 살린 라임

은 식초, 3군은 유황산 희석액, 4군은 바닷물, 5군은 마늘과 겨자씨, 호스래디시, 페루의 향유고래로 만든 향유, 의사가 처방한 몰약 반죽 등 건강해 보이는 음식, 6군은 오렌지 2개와 레몬 1개를 추가로 먹입니다. 그중 오렌지와 레몬을 먹은 6군이 6일 후에 임무에 복귀할 정도로 빠르게 회복해요. 이후 다른 환자들에게도 오렌지와 레몬을 먹입니다. 그 결과 대부분의 괴혈병 환자가 회복해요. 하지만 이 사실을 보수적인 18세기 의사들은 좀처럼 받아들이지 않았습니다.

린드 박사가 사망하고 1년 후, 1795년에야 비로소 해군에 라임lime이 공급되기 시작합니다. 비싼 레몬보다 공급과 보관이 용이한 라임을 대신 먹인 거죠. 이때부터 영국 해군이 라이머limer로 불

립니다. 당시 라임이 어린아이들이 좋아하는 과일이었대요. 그래
서 다른 나라에서 "영국은 애처럼 라임 주스 먹는다, 라이머야"라
고 놀리기만 하고 라임을 먹지 않았습니다. 그렇게 영국 해군이 단
독으로 세계를 정복하고 경영해나갑니다. 괴혈병을 극복하니까 오
래 항해할 수 있고, 아무 곳이나 갈 수 있게 된 거죠. 진짜 대항해시
대가 열립니다. 라임이 대영제국 건설에 지대한 공을 세운 겁니다.

라임 주스로 단 한 명의 선원도 잃지 않고 세계 일주에 성공
한 첫 번째 선장이 있습니다. 영국의 탐험가, 항해사, 지도 제작자
인 제임스 쿡James Cook, 1728~1779입니다. 그는 라임 주스를 거부하
는 선원이 있으면 채찍질을 해서라도 먹였대요. 그 정도로 철저하
게 관리한 거예요. 정말 훌륭한 선장입니다.

선원들이 자꾸 미쳐간 이유

대항해시대 선원들은 정말 열악한 환경에서 배를 탔어요. 일단 거
의 배에서 삽니다. 대항해시대 이전의 배는 그래도 괜찮았어요. 나
름 잔잔한 호수나 강 또는 내해 위주로 다녔으니까요. 그런데 이제
는 대서양을 가르고 인도양을 달려야 해요. 바다가 험하니까 무척
흔들렸겠죠.

또 바람의 힘으로 움직이는 범선을 타고 항해했습니다. 사람

대항해시대 바다 위 범선의 모습

이 직접 노를 젓는 것보다 범선을 타는 게 훨씬 좋을 거라고 생각하지만, 바람이 우리가 원하는 때와 방향에 맞춰 불지는 않죠. 바람이 부는 즉시 돛을 펴야 하고, 역풍이 불면 접어야 하고… 이를 계속 반복해야 합니다. 바람만 불면 밤낮 없이 무조건 일하는 거예요. 수면 부족에 시달릴 수밖에 없죠.

그리고 가까운 곳을 항해할 때는 내 고향과 비슷한 날씨와 계절이지만, 대륙을 오가다 보면 완전히 달라져요. 게다가 파도가 치면 바닷물에 온몸이 젖는 등 극한 상황의 연속이었습니다.

음식도 상선의 선장, 군함의 장교 등 높은 사람을 제외하고는 소금에 절인 고기와 말린 콩을 끓인 수프를 주로 먹었어요. 아주 큰 배에서는 동물을 키우기도 했는데, 병이 돌면 죽잖아요. 그럼 죽은 고기를 먹어야 했어요. 또 식수도 문제였죠. 배라는 한정된 공간 안에서 오래 항해하니까 물을 제한적으로 먹어야 하는데, 물이 오염되면 큰일이잖아요. 그래서 상대적으로 잘 안 썩는 액체, 즉 술을 주로 먹었습니다. 만성적인 알코올의존증에 시달릴 수밖에 없죠.

뱃일이 험해 다치는 일도 비일비재하다 보니 선의船醫가 있었는데 그때 의사들은 주로 절단을 통해 상처를 치료하려 했어요. 마취제로 럼주를 먹이고 절단하는 거예요. 정말 배를 한번 타면 살아서 돌아오기 힘든 환경이었습니다.

이에 더해 규율도 엄격했죠. 잘못하면 채찍질을 했대요. 큰 잘못을 하면 가차 없이 죽였는데, 쉽게 죽이지 않았습니다. 갇힌 공간에서는 본보기가 필요하죠. 주로 식량이나 식수를 훔친 사람이 그 대상이었는데, 돛대에 손을 못으로 박아 굶겨 죽였어요. 더 큰 잘못, 즉 살인을 저지르면 배 아래에 묶어서 배가 흔들릴 때마다 짐 통에 맞아 죽게 했대요. 게다가 불이 나면 안 되니까 흡연도 금지했고요.

이런 상황이다 보니 온갖 잡다한 미신이 창궐할 수밖에 없었습니다. 사람들에게 두려움이 생기니까 더욱 잘 전파됐겠죠. 크라켄, 바다뱀, 세이렌 같은 설화가 괜히 생긴 게 아닙니다. 너무 힘드니까요. 바다에 떠도는 물결, 부자연스러운 파도 등을 보면 '어! 크라켄 아냐?'라고 생각하는 거예요. 또 바람 소리가 노래로 들리기

세이렌은 그리스 신화에 나오는 바다의 님프로, 신비로운 노래로 선원들을 유혹한다. 이에 선원들이 뱃머리를 세이렌의 섬 쪽으로 돌렸다가 배가 난파되어 목숨을 잃거나 스스로 물에 뛰어들어 죽음에 이르렀다고 전해진다.

도 했겠죠. 불면증에 스트레스가 쌓이면 이명도 있었을 테고, 환청을 듣는 사람도 있었을 거예요. 이 증상이 그리스 신화에 등장하는 세이렌의 근원이 되지 않았을까 싶습니다.

그 때문에 이 같은 재해를 막아주는 부적이나 비방 등도 성행합니다. 종교개혁 이후에 종교의 자유를 찾아 미국에 간 선원들조차 미신을 믿었다고 해요. 대항해시대에는 그야말로 재해가 발생할 수밖에 없는 상황이었어요. 정말이지 야만의 시대로, 강한 사람조차 살아남기 어려운 시기였습니다.

대항해시대에 괴혈병만큼이나 만연했던 정신 질환

욕구불만, 향수병, 알코올의존증, 불면증, 분노조절장애, 공황장애 등 지금 생각해보면 대항해시대의 세이렌 소리는 알코올 금단증상인 섬망*일 것 같습니다. 술에 중독되면 알코올을 섭취하지 않을 경우 금단증상이 발생할 수 있습니다. 더군다나 주변은 망망대해이고 먹을 것도 변변찮은 상태이니 일반적인 금단증상에서 그치지 않고 섬망으로까지 이어진 것이죠.

반드시 알코올 금단 섬망이 아니더라도 배라는 한정된 공간에 오래 있는데 주변은 망망대해라면 그것만으로도 섬망이 올 수 있습니다. 한데 식욕, 수면욕 등이 충족되지 않는 욕구불만에 더해 고향을 떠나온 지 오래되어 향수병까지 겪고 있다면 더더욱 취약해질 수밖에 없습니다. 이처럼 여러 이유로 섬망이 발생한 상태에서 바람이 세게 불고, 파도가 치면 뭐가 보이는 것 같고, 그러면 너무 힘드니 여기만 아니면 된다고 생각해 바다에 뛰어들게 되는 거죠. 그걸 보고 있는 다른 선원들 또한 정도의 차이가 있을 뿐 너무 힘든 상태이다 보니 '어, 쟤 혹시 세이렌이 유혹해서 데려 간 건가?' 하고 생각하기 십상일 겁니다. 올란자핀이나 쿠에타핀** 같은 약이 있었다면 모르겠지만요.

선상에서의 싸움도 마찬가지죠. 다 짜증 나 있는데, 술도 먹었으니까 더 그랬겠죠. 항해를 갔다 왔는데 금세 또 나가야 할 경우 공포가 배가되겠죠. 이런 이유로 당시 유럽은 기독교 신앙이 지배하고 있었지만 각종 미신과 부적이 성행했습니다.

- ● 섬망: 의식과 지남력(날짜, 장소, 사람에 대한 정확한 인식)의 기복을 주된 특징으로 하는 질환.
- ●● 올란자핀·쿠에타핀: 조현병, 조울증에 사용되는 비정형적 항정신병 제제.

로마제국이 망할 듯
망하지 않은 이유

모기에 물려본 적 있죠? 모기와 연관된 정말 어마어마한 질환이 하나 있습니다. 바로 말라리아입니다. 황열과 뎅기열도 모기와 관련된 질환이지만 말라리아에 비하면 빛이 바래는 감이 있습니다. 우리나라에도 말라리아가 있지만 일부 지역(강화도나 파주)에 국한되어 있고 대부분의 국토에서는 말라리아가 호발성 질환이 아니기 때문에 경각심이 높지 않습니다.

그런데 전 세계적으로 보면 매년 3억~5억 명이 말라리아에 감염되고 있습니다. 지금은 말라리아 약이 있는데도, 그중 150만~270만 명이 사망하고, 5세 이하의 유아가 약 100만 명 정도 됩니다. 코로나19로 현재까지 약 700만 명이 사망했다고 알려져 있으니, 말라리아가 얼마나 무서운 병인지 실감이 되죠. 어떤 학자는

"말라리아가 지금까지 인류의 약 절반을 죽였다"고 주장합니다.

3일 간격으로 찾아오는 열병

과거의 말라리아는 어땠을까요? 역사를 거슬러 올라가봅시다. 열병에 대한 기록을 찾아보면, 병원균을 직접 확인할 수 없기 때문에 기록의 의미가 없는 경우가 많은데 말라리아는 주기열이라는 상당히 특이한 증상이 있죠. 3일마다 또는 4일마다 열이 난단 말이에요. 그래서 수많은 열병 중에서도 말라리아는 확실히 구분이 가능합니다. 그때는 몰랐지만 추정할 수 있는 거예요.

메소포타미아의 상형문자 점토판에 "3일마다 열이 나는 병이 있는데, 이 병에 걸리면 대개 죽는다"라는 기록이 있습니다. 인도의 베다 시대BC 1500~500경에 새겨진 기록에도 3일마다 또는 4일마다 반복해서 열이 나는 병을 질병의 왕이라고 언급했어요.

역사 이야기에 빠지지 않고 등장하는, 이집트에서 발굴된 기원전 3200년 유물에서 말라리아의 항원이 검출되었습니다. 백문이 불여일견, 말로 하지 않고 그냥 보여줘요. 그리고 투탕카멘 아시죠? 그 역시 말라리아로 사망했다는 주장이 있습니다.

말라리아는 비단 서양의 일만은 아니었어요. 중국의 기원전 270년경 기록을 보면, 웬 악마 셋이 그려진 그림이 있는데 하나는 망치, 하나는 물통, 하나는 난로를 들고 있어요. 말라리아의 주된 증상인 3일, 두통, 오한, 발열을 그렇게 표현한 것이죠.

그럼 말라리아는 어떻게 치료했을까요? 사실 인류는 그 시작부터 의약품을 사용했다고 추정됩니다. 사람이 언어와 문자를 개발한 것도 의약품을 기록하기 위해서라고 주장하는 이도 있어요. 생존에 너무 필수적이니까요. 심지어 원숭이들도 약을 씁니다. 방부제 혹은 항염증 효과를 내기 위해 곤충을 잡아 상처에 바른다는 증거가 있어요. 인간이라면, 더더욱 영리한 방식을 활용했겠죠. 어지간하면 약을 써볼 텐데 말라리아에 걸리면 3~4일마다 열이 난단 말이에요. 옛날 사람들은 이를 보고 우리가 뭔가와 싸우고 있는데 이기다가 지는 거 같고, 응원이라도 해야 할 거 같다고 생각해요. 그래서 고대에는 옆에서 응원을 합니다. "힘내라, 힘!" 힘이 날까요? 아뇨, 그냥 다 죽어요.

똥까지 먹었으면 나아야지!

그러다 종교적으로 발상해요. 보니까 악령하고 싸우는 거 같단 말이죠. 그럼 그 악령을 내쫓아야 할 거 아니에요. 이놈이 싫어하는 걸 줘야 할 거 같아요. 무엇을 생각했을까요? 소똥, 말똥, 썩은 고기, 기름, 돼지의 귀지 등 더러운 걸 막 먹여요. 그럼 사람도 싫지만 악령도 싫을 테니 떠나갈 거라고 믿은 거죠.

심지어 고대 이집트에서는 곰팡이 핀 빵을 먹입니다. 말라리아를 치료할 수 있는 약이 없었어요. 이집트 《에베르스 파피루스》에 경미한 열은 버드나무 잎을 달여서 먹였다는 기록도 있습니다. 여기서 살리실산*의 원료가 발견되었으니까 일리 있는 치료인데, 말라리아에는 전혀 영향을 주지 못해요. 그렇게 말도 안 되는 치료가 지속됩니다.

그리스 시대가 찾아옵니다. 그리스의 위대한 의사 히포크라테스가 등장해요. 이분이 이상한 것도 많이 만들었지만, 잘한 것도 많습니다. 히포크라테스는 "질병은 악마의 소행이 아니라 단지 자연현상일 뿐이다"라고 주장해요. 똥 같은 거 먹이지 말고, 제대로 된 치료를 해야 한다며 허브를 모아 연구합니다. 하지만 환자는 여전히 아프고, 열이 나고, 죽어요. 히포크라테스가 이런저런 약초를 배합해서 먹이는데, 기록에 따르면 향이 좋으면 먹이고 아니면 안 먹였기 때문에 효과가 없었습니다. 여기서 또 히포크라테스가 유명한 말을 하나 남깁니다.

"약으로 고칠 수 없는 병은 쇠로, 쇠로 고칠 수 없는 병은 불로! 불로 고칠 수 없는 병은 고칠 수 없다."

그렇게 열이 나는 환자에게 약을 먹여 효과가 없으면 발목을

● 살리실산: 식물호르몬으로 작용하며 소염·진통제로 쓰인다.

그어 피를 빼요. 피를 빼면 일시적으로 열이 떨어지죠. 그리고 사망해요. 당시에는 사망으로 체온이 떨어지는 것과 발열이 가라앉는 것을 구분하지 못했어요. 사체액설에 기인해 피가 너무 많으니까 열이 난다고 생각한 거죠. 좋아지겠어요? 이제 불로 지집니다. 그런데 불로 지지니까 더 아프단 말이에요. 그래서 칼로 발목을 쨰는 정도로만 합의를 봅니다. 치료될 리가 없죠.

말라리아가 로마제국을 지켰다고?

그리스가 망하고 로마제국 시대가 열립니다. 알렉산드로스 대왕이 말라리아로 죽어요. 이탈리아 로마는 말라리아의 온상지로, 그 주변이 거의 늪지대입니다. 로마가 강성해지고 많은 사람이 로마로 모이면서 문제가 생겨요. 원래 로마에 살던 사람들은 유전적으로 말라리아에 적응해서 괜찮은데, 외부인들이 자꾸 죽는 거예요. 원인을 찾다가, 비가 오고 웅덩이가 고인 다음에 사람들이 열이 나서 죽는다는 사실을 발견합니다. 그래서 웅덩이를 메웠더니 사망률이 떨어져요. 웅덩이와 모기의 관계는 모르고, 그저 웅덩이 때문에 발생한 병이라고만 인식합니다.

지금은 포클레인으로 웅덩이를 메우지만, 이때는 사람들이 말을 타고 다니면서 직접 삽으로 웅덩이를 메웠어요. 로마제국이

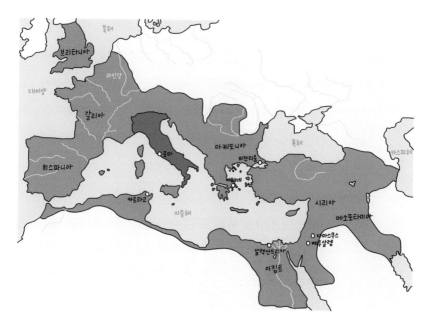

로마제국 최전성기 시절의 영토

아주 강성할 때는 가능한 작업이었지만, 쇠퇴하면서부터는 관리가 전혀 안 됩니다. 점점 관리를 포기해요. 그런데 로마가 망할 듯 말 듯, 망할 듯 말 듯하면서 버티거든요. 훈족, 북방의 게르만족이 계속 쳐들어오는데, 모기에 물려 죽고 도망가고 다시 오고를 반복해요. 자연 방어가 된 거예요. 이렇게 로마 입장에서 말라리아가 피해만 끼친 존재는 아닙니다. 말라리아 덕분에 로마가 어느 정도 존속했다고 볼 수 있어요.

그렇다고 말라리아가 로마 입장에서 무조건 좋기만 했느냐,

물론 그건 아닙니다. 가톨릭의 수도 바티칸에서 유구한 전통 콘클라베(가톨릭의 교황을 선출하는 추기경의 모임)가 시행되는데, 이를 위해 전 세계 각지에서 추기경이 모여요. 교황은 로마 출신만 되느냐? 아닙니다. 만장일치로 합의가 될 때까지 무기한으로 투표를 반복해요. 그런데 투표하는 사이에 선출된 교황이 자꾸 사망합니다. 1048년에 선출된 교황 다마소 2세는 교황이 되고 불과 23일 만에 말라리아로 세상을 떠납니다. 1590년 우르바누스 7세는 2주도 되지 않아 사망합니다. 1623년에는 선거를 위해 모인 추기경 10명이 말라리아에 걸리고 8명이 사망하면서 대혼란에 빠집니다. 언급한 사람 외에도 인노켄티우스 3세, 알렉산데르 6세, 율리우스 2세, 레오 10세같이 유명한 교황들도 말라리아로 죽었습니다. 10세기 이후 약 130명 중 22명의 교황이 말라리아로 사망했다는 기록이 있어요.

누군가의 행복은, 누군가의 불행

15세기 유럽은 대항해시대를 맞아 식민지 개척에 돌입합니다. 그런데 말라리아 때문에 밀림 지대에 들어가질 못해요. 실제로 아프리카 사하라 이남과 케이프타운 이북 그러니까 중앙아프리카는 미개척 지대였습니다. 들어갔다 하면 모기 때문에 다 죽었거든요. 인도 역시 밀림으로 이루어진 지대 너머로는 영국이든 누구든 들어가질 못했습니다.

17세기에 이르러 군인들을 따라 신대륙에 들어간 선교사가 전설을 하나 듣습니다. 페드로 레이바라는 페루 사람이 열이 났는데, 이왕 이렇게 된 거 안데스산에서 죽겠다는 생각으로 산에 올라가다가 너무 목이 말라 한 연못에서 물을 마셨는데, 물이 쓴 거예요. 보니까 신코나 cinchona calisaya 나무의 껍질이 연못에 떨어져 색이 우러나 있었고, 놀랍게도 그 물을 마시고 말라리아가 나았다는 이야기였죠.

헛소리라고 생각할 수도 있지만, 실제로 신대륙은 밀림이 많아 모기가 살기 좋은 환경이었어요. 아무것도 하지 않다가는 다 죽게 생겼으니까 전설을 따라서 신코나 나무껍질을 가지고 실험을 해봅니다. 그런데 나아요. 곧장 신코나 나무껍질을 가루로 만들어서 유럽으로 가져갑니다. 이 가루에 '예수회가루'라는 이름이 붙여지는데, 그 유명한 최초의 말라리아 치료제인 퀴닌quinine•의 원재료가 이 신코나 나무예요.

실제로 당시, 1655년 콘클라베가 장장 3개월 동안 이루어지는데 이때 아무도 죽지 않습니다. 기적의 가루가 된 거예요. 이 약으로 목숨을 건진 사람 중 하나가 루이 14세입니다. 퀴닌의 약효는 의심의 여지가 없었어요. 그래서 막 번져나갔죠. 제일 먼저 도입하

• 퀴닌: 말라리아 치료의 특효약. 해열제, 건위제, 강장제로 쓰인다.

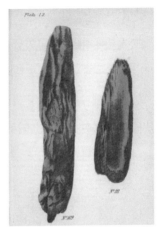

신코나 나무 꽃과 잎 그리고 껍질의 그림. 신코나 나무는 페루와 볼리비아의 해발 200~3,300미터에서 서식한다. 열대 지역에서 자라며 꽃은 라일락을 닮았다.

곳은 역시 군대입니다. 퀴닌을 진토닉에 넣어버려요. 노상 마시면서 치료가 되겠죠. 토닉워터에서 쌉쌀한 맛이 난다면, 퀴닌 때문입니다.

이후로 제국주의의 군사들은 더 이상 말라리아로 죽지 않았습니다. 치료의 효과로 17세기 중반부터 식민지가 점차 늘어납니다. 다만 이 퀴닌에 대한 수요가 폭발하는 데 비해 공급은 적었어요. 그래서 아주 빠르게 정복되진 않았지만, 불과 한 세기 만에, 그러니까 18세기 중반에 중부 아프리카와 인도가 제국주의 열강의 식민지가 됩니다. 이외에도 말라리아 때문에 들어가지 못해 남아 있던 나라들이 식민지화되어버렸죠.

WHO도 정복할 수 없다고 선언한 병

이후로 말라리아에서 해방되지 않았을까 싶겠지만, 아쉽게도 내성이 생깁니다. 퀴닌 이후로도 클로로퀸chloroquine이 나오고, 설파독신-피리메타민sulfadoxine-pyrimethamine도 나오고, 메플로퀸mefloquine도 나왔지만 현재 모두 내성이 관찰됐습니다. 그 외에 아르테미시닌artemisinin이라는 약이 나오는데, 2,000년 전 중국에서 사용하던 아르테미시아 아누아artemisia annua라는 약초인 개똥쑥에서 추출한 성분입니다. 2015년에 이 약을 개발한 중국의 약리학자 투유유屠呦呦가 노벨상을 받았어요. 그러니까 굉장히 최근에 나온 약이죠. 현재 말라리아와의 전쟁에 있어 가장 주요한 약입니다. 아직까지 임상적으로는 내성이 발견되지 않았는데, 실험실에서는 내성이 생길 수 있는 것으로 확인됐어요. 그러니 또 다른 약을 개발해야 할 수도 있겠죠.

이제 WHO(세계보건기구)도 말라리아를 박멸하겠다는 목표를 수정했습니다. 관리하고 조절하겠다고 발표해요. 세계 인구의 약 40퍼센트에 달하는 24억 인구가 말라리아 유행 지역에 살고 있는데, 대부분 GDP(국내총생산)가 낮은 나라들입니다. 부디 하루빨리 말라리아가 정복되길 바랍니다.

인간을 위협하는 말라리아 원충들

말라리아와 모기의 연관성을 알게 된 건 최근입니다. 100년도 안 됐어요. 말라리아는 원충*으로, 기생충의 일종입니다. 종류가 상당히 다양한데, 그중에서 사람에게도 감염을 일으킨다고 알려진 것은 삼일열말라리아원충Plasmodium vivax, 사일열말라리아원충Plasmodium malariae, 난형말라리아원충Plasmodium ovale, 열대열원충Plasmodium falciparum, 원숭이열말라리아Plasmodium knowlesi 등 다섯 가지입니다.

다행히 우리나라에는 그중에서 독성이 가장 약하고 내성이 드문 삼일열말라리아원충 하나뿐입니다. 하지만 말라리아가 창궐하는 나라에서는 이보다 훨씬 독성이 강한 원충인 열대열원충이 도사리고 있습니다. 이 경우에는 제대로 된 치료가 안 될 경우 죽을 확률이 50퍼센트가 넘기 때문에, 말라리아가 발생하는 곳에 여행 계획이 있다면 반드시 예방약을 먹어야 합니다.

● 　원충: 단세포성의 구조가 단순한 기생충.

치질

혀로 핥아도 보고
불로 지져도 봤지만

치질은 개도 안 걸린다는 말 혹시 들어보셨나요? 사족보행을 하는 동물은 치질에 걸리지 않습니다. 사족보행을 하면 엉덩이가 심장보다 위에 있기 때문에 엉덩이 쪽으로 압력이 가해질 일이 없어요. 하지만 사람은 어떻죠? 두 발로 딛고 서서 다니죠. 또 앉으면 압력이 더 심해집니다. 동물은 앉아 있을 때 앞발로 지탱하고 있기 때문에 압력을 분산시키지만, 인간은 그냥 앉아요. 팔로 몸을 지탱하지 않기 때문에 압력이 계속 가해지죠. 대변을 서서 누는 사람은 없잖아요.

치질이 얼마나 흔한 질환인가 하면, 대한민국에서 단일 수술 건수 2위입니다. 엄청 흔해요. 1등이 백내장, 2등이 치질입니다. 그런데 치질이라고 무조건 수술하지는 않잖아요. 심해져야 수술해요. 그러니까 실제로 대한민국 인구 3분의 1이 치질이라고 봐도 무방합니다. 주변에 말을 하지 않아서 그렇지, 알고 보면 치질로 고통받는 사람이 무척 많습니다. 또 변비가 현대인의 질환처럼 보이지만, 과거에 먹거리가 변변치 않고 원 푸드 식생활을 했기 때문에 변비가 오히려 더 많이 생겼어요. 치질의 고통 역시 과거에 더 심했습니다.

역사 속에서의 치질

사실 저는 치질을 앓아본 적은 없는데, 무척 아픈 모양이에요. 어찌나 아픈지 《성경》에서도 치질로 저주를 해요. 《구약성경》에 성궤가 나옵니다. 하나님의 말씀을 담은, 말로 형용할 수 없는 보물인데 이걸 블레셋 사람들이 빼앗아요. 그랬더니 〈사무엘상〉에 블레셋 사람들이 "독종으로 치심을 받아 성읍의 부르짖음이 하늘에 사무쳤다"는 내용이 나옵니다. 독종은 히브리어로 오펠인데, 이게 치질입니다.

비단 서양에서만 치질로 고통스러워한 건 아니었어요. 제자백가 시절, 그러니까 엄청 옛날 중국이죠. 당시 진나라 왕은 종기를 터뜨려 고름을 짜면 수레 한 대를 주고, 치질을 핥아주면 수레 다섯 대를 주었다고 합니다. 여기서 유래한 한자 성어도 있어요. 지

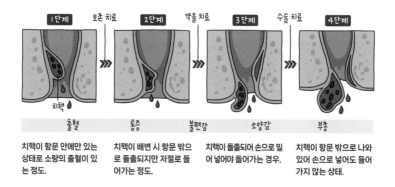

1단계	보존 치료	2단계	약물 치료	3단계	수술 치료	4단계

출혈	통증	불편감	소양감	부종

치핵이 항문 안에만 있는 상태로 소량의 출혈이 있는 정도.

치핵이 배변 시 항문 밖으로 돌출되지만 저절로 들어가는 정도.

치핵이 돌출되어 손으로 밀어 넣어야 들어가는 경우.

치핵이 항문 밖으로 나와 있어 손으로 넣어도 들어가지 않는 상태.

4단계로 구분되는 단계별 치질 증상

치득거舐痔得車, '똥구멍을 핥아 수레를 얻는다'는 말로 자기 목적을 위해 수단과 방법을 가리지 않는다는 뜻입니다.

아프니까 치료를 해야겠죠. 요로결석처럼 의사들이 필사적으로 꽤 오래전부터 치료를 시도한 흔적이 있어요.《함무라비법전》에 치질의 증상에 대한 기록이 있습니다. 치료와 관련된 첫 기록은 기원전 1550년경 이집트의《에베르스 파피루스》에 나옵니다. 아카시아 잎을 갈아서 끓이고 아마포 조각과 함께 항문에 넣으라고 해요. 초기 치질은 이 정도로 처치할 수 있었습니다. 사실 좌욕만으로 호전되기도 하잖아요. 하지만 수술이 필요한 경우가 많았을 텐데, 이것만으로는 부족했겠죠.

시간이 흘러 그리스의 위대한 의사 히포크라테스는 사체액설의 기원자답게 "치질은 담즙이나 가래(점액)가 직장의 정맥으로 몰려 그 정맥의 혈액이 부풀어올라 생기는 것이다"라고 주장합니다. 담즙이나 가래가 많으면 어떻게 해야 할까요? 그걸 줄여야죠. 구토를 유발합니다. 당연히 더 악화되겠죠. 구토를 하면 복압이 올라가기 때문에 더 안 좋아질 수밖에 없어요. 그럼 이제 피를 내봐요. 사실 치질이 심하면 혈변을 봅니다. 안 그래도 힘든데 피까지 내니까 죽기도 했겠죠. 하지만 당시에는 몸에 피가 많아서 피가 나온다고 여겼기 때문에, 환자가 치질로 피가 날 경우 오히려 피를 멈추면 안 된다고 주장했어요.

여기서 멈추면 히포크라테스가 아니죠. 위대한 발명을 하나 합니다. 치질이 심해지면 치핵이 항문 밖으로 나오잖아요. 그걸 알았던 히포크라테스가 그 안을 보고 싶어서 최초의 직장경(고대 그리스 항문경으로, 항문에 넣고 벌려서 안을 보는 도구)을 만듭니다. 하지만 지금이야 빛을 비추는 전등이 있지만 당시에는 없었어요. 그래서 뭘 보는 용도로 사용하지는 못합니다. 단순히 손가락을 활용해 치핵을 최대한 밖으로 빼낸 다음에 제거했어요. 어떻게 제거했을까요? 태웠습니다. 불로 지져요. 효과가 얼마나 있었을까요? 아마 죽는 사람이 더 많았을 거예요.

로마 시대의 위대한 의사이자 비교해부학의 창시자, 해부학의 아버지 갈레노스가 새로운 방법을 창안합니다. 그 역시 히포크라테스의 말대로 치질은 피가 많아져 발생하는 질환 같다고 생각해요. 그래서 거머리를 치료에 도입합니다. 거머리를 항문, 특히

지금도 여전히 거머리를 치료에 활용하는 이유

거머리는 흡혈 시에 히루딘이라는 물질을 분비한다. 히루딘은 혈액 응고를 억제해 피를 묽게 만드는데, 이를 활용하기 위해 현대 의학에서도 거머리를 치료에 이용하는 경우가 있다. 대개 독소 제거 또는 괴사 조직 제거 등에 쓰인다. 히루딘은 헤파린과 비슷한 작용을 일으키지만 명백히 다른 물질이다. 헤파린은 응고 억제 작용을 억제할 수 있는 약이 존재하는데 히루딘은 아직까지 중화제가 나와 있지 않아 거머리를 이용한 치료 시 한 번에 너무 많은 양이 주입되지 않도록 주의해야 한다.

치핵에 붙여서 피를 빨게 해요. 그다음에 불로 지지기 전에, 그냥 지지면 막 터지면서 피가 너무 많이 나니까, 한 번 실로 묶고 기다렸다가 지집니다. 그럼 안에서 피가 굳을 거 아니에요. 10분, 20분, 40분 기다려요. 최종적으로 한두 시간 정도 기다렸다가 지지니까 사망률이 조금 줄어듭니다. 하지만 항생제도 없고, 손도 안 씻고, 항문도 씻지 않고 수술했기 때문에 감염으로 많이들 죽었습니다.

인도는 항문 위생이 아주 철저하지 않습니까? 인도의 위대한 의사 수슈루타는 항문을 닦아내고 불로 지졌어요. 인도는 지금도 물로 닦습니다. 과거에는 아무래도 이파리 같은 걸로 닦거나 대충 문대거나 세게 닦으니까 상처도 나고 그랬을 텐데, 인도는 손으로 닦는 문화가 있으니 치핵을 뺀 다음에 물로 닦아내고 불로 지지지

이발소 삼색등의 유래

중세에 삼색등은 외과의 상징이었다. 빨간색은 동맥을, 파란색은 정맥을, 흰색은 붕대를 의미한다. 긴급 환자가 쉽고 빨리 알아볼 수 있도록 이발소 문 앞에 내건 것이 시초가 되어 지금까지 전해진다. 이렇게만 보면 이발소에서 제대로 된 외과적 처치를 했을 것 같지만, 사실 푸른 정맥에서 붉은 피를 뽑는 사혈을 시행한 후 하얀 붕대를 감는 것이 당시 이발소의 전형적인 풍경이었다고 한다.

않았을까 생각됩니다. 그래서 그런지 사망률이 약간 더 낮았어요.

이후 시대가 많이 흘러요. 하지만 발전이 더딥니다. 환자가 없어서는 아닙니다. 왕들도 치질에 걸려요. 그럼 증상이 가벼운 질환인가요? 정말 아픈 질환입니다. 당연히 성심성의껏 치료를 해야 하는데, 부위가 부위다 보니까 손대기도 싫고 환자도 어지간하면 참아요. 심지어 당시에는 외과라는 학문 자체가 경시됐어요. 13세기경 파리의 의과대학에서도 외과를 제외했으니 말 다 했죠. 그래서 외과 치료를 이발사들이 대신 해요. 치질은 정말로 힘든 사람들만 치료하는 병이 돼버립니다. 그렇게 발전이 없다시피 했어요.

똥에 진심인 왕, 루이 14세

프랑스의 태양왕 루이 14세는 천연두부터 성홍열, 옹열, 곰보, 충치, 탈모, 치질까지 온갖 병을 앓은 왕이에요. 일단 과식으로 이가 안 좋았고 당뇨도 있는데, 너무 많이 먹으니까 정말 많이 쌌대요. 또 자꾸 단것을 먹으니 변비가 있었어요. 변의가 느껴지면 바로 눠야 하는데, 신하들을 접견하는 동안에는 체면이 있잖아요. 또 화장실에 왔다 갔다 하는 사이에 변의가 사라지니까 너무 짜증이 나는 거예요. 그래서 왕좌에 구멍을 뚫고 밑에다가 바구니를 갖다 놔요. 그래서 신호가 오면, 바지만 내리고 바로 눴대요. 심지어 외교관이 와 있는데도 눴다고 합니다. 치질도 앓았으니, 얼마나 고통스러웠겠어요.

　루이 14세는 자신의 치질을 고쳐줄 사람을 찾기 위해 유럽 전역에 수배령을 내립니다. 그렇게 해서 불려온 사람이 이발사 샤를 프랑수아 펠릭스Charles-François Felix, 1635~1703였어요. 펠릭스에게

태양왕 루이 14세의 초상화

치질 수술을 많이 해봤냐고 물어봅니다. 그런데 태양왕이 덩치가 어마어마하거든요. 게다가 왕이고, 왕권도 세고 무섭잖아요. 펠릭스가 솔직하게 말해요. "아니요, 못해봤습니다. 연습을 좀 하고 수술하면 어떨까요?" 태양왕이 답하죠. "좋다. 내가 너에게 전권을 줄 테니 일반인 대상으로 연습을 해라. 치료 대상은 누구라도 상관없다. 문제가 생기면 내가 덮어주겠다."

당시 루이 14세의 치질은 손으로 밀어넣어도 들어가지 않는 4단계라 무조건 수술이 필요했어요. 그런데 잘 몰랐기 때문에 그와 관련 없는 실험들이 이어집니다. 펠릭스는 왕권을 등에 업고 가난한 사람들 위주로 치료를 해봅니다. 설사약도 먹여보고, 거머리도 써보고, 발목에 피도 내보지만, 다 죽어요. 허리에 부항도 떠봐요. 죽지는 않았는데 악화됩니다. 다 안 될 거 같아요. 그래서 수술로 눈길을 돌립니다. 마취도 없고, 소독 개념도 없고, 맨손으로 치료해야 하니까 너무 하기 싫은데, 수술 말고는 방도가 없을 것 같은 거예요. 15세기 독일에서 나온 목판화를 보면 풀무로 항문에 바람을 불어줍니다. 온도를 최대한 올려서 뜨겁게 달군 석탄으로 치핵을 확 지져요. 다 타버렸겠죠. 항문이 없어졌다는 기록도 있습니다.

갈레노스의 아이디어를 기반으로 처음에는 치핵을 묶고 지져봐요. 그랬더니 처치 후 마무리가 깨끗하지 않으니까 자꾸 죽어요. 그래서 치핵을 묶고 오래 기다렸다가 가위로 툭 잘라봐요. 그랬더니 제일 깔끔해요. 펠릭스는 이를 숙달한 다음 태양왕한테 갑니다. 이 치질 수술법을 습득하기까지 75명의 가난한 사람이 사망했어요. 의학은 정말로 생명을 먹고 발전합니다.

루이 14세는 펠릭스의 수술을 받고 죽지 않습니다. 이게 얼마나 대단한 위업이었는지, 파리 의과대학에서는 외과를 다시 정규

치질 수술로 명성을 얻은 이발사 겸 외과 의사 펠릭스의 초상화

과목으로 지정해요. 18세기 초 설립된 프랑스 외과 왕립 아카데미
에는 펠릭스의 초상화가 걸려 있습니다. 왕의 수술을 성공시켰기
때문에 이후 돈을 정말 많이 벌었다고 해요. 그 후로 치질은 묶고
자르는 것이 원칙이 되었어요. 수술과 치료가 완전했던 것은 아니
지만, 무작정 지질 때보다는 훨씬 나았죠.

워털루 전투의 숨은 복병

나폴레옹 보나파르트Napoléon Bonaparte, 1769~1821 아시죠? "나의 사전에 불가능이란 없다"던 그 역시 치질은 불가능했습니다. 영국과의 워털루 전투를 앞두고 나폴레옹은 하루 종일 말을 타고 돌아다니면서 사전 지휘를 합니다. 안 그래도 치핵이 약간 나와 있어서 아픈데, 말을 타니까 항문에 마찰이 생겨 아파 죽을 지경인 거예요. 그날 밤에 술을 먹고 겨우 잠들어 아침까지 자버려요. 상황이 좋지 않다는 말을 듣고 뒤늦게나마 말을 타고 전투에 나가 지휘봉을 잡았지만, 판단력이 흐려진 탓에 명령을 잘못 내려 대패했다는 이야기가 있습니다. 치질만 아니었으면 나폴레옹이 워털루 전투에서 이겼을지도 몰라요.

그 후로 마취제가 나오고 누공도 치료 가능해지면서 치질 수술은 발전에 발전을 거듭합니다. 20세기에 이르러서 현재의 치질 수술의 기원이 탄생해요. 그때까지 얼마나 많은 사람이 희생되었는지는 이루 말할 수 없겠죠. 여러분은 이 무서운 병에 걸리지 않도록 규칙적인 배변 습관을 꼭 들이세요. 변기에 오래 앉아 있지 말고, 너무 찬 곳에 앉지 말고, 술은 좀 줄이고, 물은 많이 마시고, 섬유질 또한 잘 섭취하길 바랍니다. 이런 원칙을 잘 지키면 치질로부터 해방될 수 있습니다.

신대륙에서 구대륙으로 건너온 성병

매독은 대표적인 성병 중 하나죠. 지금은 위협적이지 않지만, 세계 적으로 정말 유명한 질병 중 하나입니다. 우리가 알고 있는 위인 중 매독에 걸리지 않은 사람을 찾기가 더 어려울 정도예요.

제2차 세계대전의 영웅인 윈스턴 처칠의 아버지 랜돌프 처칠 도 매독이었고, 희대의 독재자 아돌프 히틀러 역시 매독 환자였던 것으로 추정됩니다. 그 외에도 프랑스 소설가 알퐁스 도데, 오스트 리아 작곡가 프란츠 슈베르트는 거의 확실하고, 의심되는 인물로 고야, 슈만, 베토벤, 고흐, 콜럼버스 등이 있습니다.

독신 목동과 암컷 라마, 그리고 콜럼버스

매독은 중세 이후의 인류 역사와 함께했다고 해도 과언이 아닙니다. 그럼 대체 어디서 유래된 걸까요? 여러 가지 설이 있습니다만, 가장 정설로 받아들여지는 건 신대륙 기원설입니다. 여기서 말하는 신대륙은 아메리카 대륙으로, 보통 구대륙에서 건너온 천연두와 황열병 등의 전염병이 신대륙 사람들에게 큰 피해를 입혔으나, 매독만큼은 신대륙에서 건너와 퍼진 것으로 추정됩니다.

구대륙과 신대륙 간에 질환의 차이가 발생하는 이유는 문화적 차이 때문입니다. 유럽은 가축을 사육해서 먹었어요. 이 과정에서 천연두와 결핵이 인수공통감염병*으로 변이를 일으켜 사람들 사이에 퍼진 것으로 보입니다. 하지만 신대륙에는 기를 만한 동물이 거의 없었어요. 소나 양, 돼지가 없었거든요. 소와 비슷한 동물로 버펄로가 있는데, 이를 가축으로 사육하기란 여간 힘든 일이 아니었죠. 키우려다가 죽을지도 몰라요. 그 외에 라마나 알파카 정도가 있는데, 라마는 힘이 약하고, 알파카는 너무 작아서 써먹기가 어려웠습니다. 그래서 가축을 대량으로 키우지를 않았어요. 덕분에 천연두나 결핵이 발생하지 않았습니다.

하지만 라마를 먹이려면 목동들이 아주 멀리멀리 다녀야 했

● 　인수공통감염병: 동물과 사람 간에 서로 전파되는 병원체에 의해 발생하는 감염병.

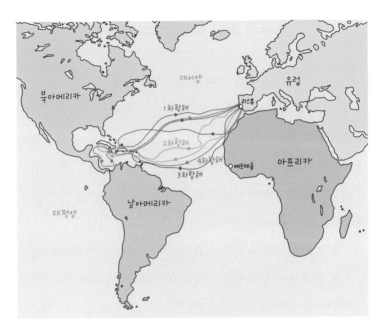

구대륙과 신대륙 사이의 콜럼버스 항로

습니다. 그러다 보니 목동은 주로 혼자 지내야 했고, 외로우니까 라마에게 욕정을 풀었대요. 이 과정에서 매독이 발생했다고 추정됩니다. 구대륙에서는 콜럼버스 이후로 매독이 발생하지만, 잉카에서는 오래전부터 매독이 커다란 문제였거든요. 이런 법도 있었대요. "독신인 목동이 암컷 라마를 소유하면 사형에 처한다!" 하지만 산이나 들로 다니는데 무슨 수로 알고 잡았겠어요.

　매독에 걸려 유럽으로 돌아간 콜럼버스는, 당시 신대륙을 발견한 그야말로 영웅 그 자체였으니, 인기가 얼마나 많았겠어요. 성병인 매독이 순식간에 번집니다. 얼마나 순식간이었을까요? 콜럼버스가 1493년에 유럽으로 귀환했고, 1495년에 매독이 대규모로 유행하기 시작합니다. 불과 2년 사이에 일어난 일이에요. 그로부터 20년도 채 되지 않아 중국, 일본, 그리고 조선으로까지 번져요. 어마어마하죠. 이게 전염력만 강했냐? 아닙니다. 임상 양상은 더욱 끔찍했습니다. 일단 궤양이 생기고 나중에 낭창이 생기고 후로는 더더욱 무서운 증상이 나타납니다.

사람들이 '매독이 대체 어디서 왔을까?' 생각하죠. 아무리 생각해도 자기 나라는 아닌 것 같으니까 싫어하는 나라의 이름을 붙여서 부릅니다. 이탈리아와 독일에서는 프랑스병, 프랑스에서는 이탈리아병, 네덜란드에서는 스페인병, 러시아에서는 폴란드병, 튀르키예에서는 기독교도병으로 부릅니다. 조선에서도 '이것이 어찌 유교에 걸맞은 질환이라 할 수 있는가'라며 중국병, 즉 당창이라고 불렀어요. 왜색병이라고도 불렀는데, 임진왜란 때 우리나라에 쳐들어온 가토 기요마사加藤清正, 1562~1611도 매독 환자였습니다. 실제로 이 루트로 옮겨왔을 가능성이 커요.

매독 치료의 시작

매독에 걸린 사람들은 몇 개월 만에 죽었습니다. 처음에는 서유럽에서 귀족들이 매독에 많이 걸립니다. 가난한 사람들은 먹고살기 바쁘니 여러 명이랑 성관계를 맺기 어려웠겠죠. 하여간 매독을 치료하기 위해 방법을 모색합니다. 일단 콜럼버스가 범인인 것 같고, 신대륙에서는 매독이 오래된 병이라고 하니까, 신대륙의 치료법에 집중합니다. 유창목이라는 나무를 우려서 마셔보는데, 효과가 있었으면 신대륙에 매독이 번지지 않았겠죠.

그래서 수은에 주목합니다. 우리는 '수은' 하면 미나마타병을 떠올리지만, 중세 유럽에서 수은에 대한 생각은 지금과는 많이 달랐습니다. 수은은 '움직이는 은'이라는 뜻을 지닌 '퀵실버'라는 아명으로 불렸어요. 또 귀하고 독을 판별할 수 있다는 이유로 수은은 수많은 연금술사에게 사랑을 받았습니다.

수은을 사람에게 먹이면 침을 막 쏟습니다. 그리고 설사를 해요. 사실 위장 관계에 이상을 일으키면서 멜레나*가 뒤섞인 설사를 하는 건데, 지금이야 끔찍한 광경 그 이상도 이하도 아니지만, 옛날 사람들이 볼 때는 '히포크라테스 선생님'의 사체액설에 기초해 알맞은 반응이었어요. 모든 병은 체액이 과다하거나 부족해서 생기는데, 수은을 먹으면 토하고 설사를 하는 거예요. 치료가 되는 기분이죠. 나쁜 성분이 몸 안에서 다 빠져나오고 있다고 잘못 생각해요.

실험실로 상황을 한정하면, 수은은 중금속이고 독성이 워낙

---

* 멜레나: 변에 피가 많이 섞여 나와 검은색 변이 되는 증상.

강하기 때문에 매독균을 죽이긴 해요. 그러나 이미 수은을 치료제로 사용한 지 수백 년이 지나고 나서 뒤늦게 확인한 실험입니다. 하여간 수은을 매독 치료제로 수백 년간 써요. 의사들은 과학자답게 수은을 여러 가지로 변주해봅니다. 먹이다가 바르기도 하고 증기를 만들어서 쐬기도 하고… 심지어 관에 환자를 넣고 수은을 채워넣기도 했습니다.

수은 치료를 받은 사람이 참 많은데,《마지막 수업》을 쓴 프랑스의 소설가 알퐁스 도데Alphonse Daudet, 1840~1897도 그중 하나입니다. 그는 결국 수은중독으로 사망한 것으로 추정돼요. 모차르트도 수은중독으로 죽었다는 설이 있습니다. 모차르트 독살설의 주인공인 살리에리가 여러모로 억울하죠. 하여간 이렇게 사람들이 죽어나가니까, 몇백 년이 지나고 비로소 '수은이 실은 해로운 거 아닐까?' 고민하기 시작해요. 자조적 표현으로 '비너스와 보낸 하룻밤, 평생 수은과 함께'라는 말이 나돌기도 했죠.

매독 정복기, 말라리아에서 페니실린까지

매독균에 걸린 환자가 말라리아에 걸리고 나서 매독이 낫는 걸 우연히 발견합니다. 매독이 고열에 약하거든요. 그래서 열을 일으키면 되겠다 싶은데, 당시에 열을 일으키는 질환은 말라리아밖에 없었어요. 말라리아도 치사율이 엄청났기 때문에 매독을 치유하기도 했지만, 반대로 그로 인해 죽기도 했습니다. 어쨌든 수은보다는 나아요. 이 공로로 포르투갈 의사 에가스 모니스Egas Moniz, 1874~1955가 1949년 노벨상을 받습니다(얼마나 치료가 어려웠으면 그랬을까요).

실제로 어느 정도 치료가 되기 시작한 때는 1905년 독일에서 트레포네마 팔리둠treponema pallidum이라는 균이 발견되고 난 이후입니다. 독일 세균학자이자 면역학자 파울 에를리히Paul Ehrlich, 1854~1915가 1910년 비소를 이용한 매독 치료제 '살바르산salvarsan 606'을 개발합니다. 왜 606일까요? 605번 실패하고 606번째 합성물을 만든 거예요. 이 화합물은 꽤 효과가 좋았지만, 애초에 비소라는 독을 이용해서 만들어 부작용이 꽤 컸습니다. 심장에 이상을 일으켰는데, 치사율이 5퍼센트 내외였죠. 이에 주의를 줬지만, 사람들이 급하니까 막 썼어요.

언제부터 '매독을 완전히 정복했다'고 표현할 수 있을까요? 페니실린이 개발되고 나서의 일입니다. 1928년 스코틀랜드 생물학자 알렉산더 플레밍Alexander Fleming, 1881~1955이 처음으로 발견했습니다. 이제 매독은 더 이상 두려움의 대상은 아니에요. 페니실린이 없었으면, 우리가 흔히 알고 있는 카사노바는 모두 매독 환자일 겁니다.

사실 페니실린 단 한 대만 맞으면 되는데, 과거에는 그 한 대가 없어서 수은 증기 뿌리고, 수은 관에 들어가고, 일부러 말라리아

최초의 항생제, 페니실린

푸른곰팡이에서 발견한 페니실린은 세균의 증식을 방해하는 항생 물질로, 인류가 세균과의 싸움에서 이길 수 있도록 도운 핵심 물질이다. 1940년 호주 병리학자 하워드 플로리와 영국 생화학자 언스트 체인이 페니실린을 정제하는 데 성공했다. 이는 세균 감염 치료약으로 개발되어 제2차 세계대전에서 수많은 병사의 목숨을 구했다. 그 공으로 두 사람은 1945년 노벨상을 수상했다. 이후 페니실린은 가장 널리 사용되는 항생제로 자리매김했다.

에 걸리고, 비소를 먹었던 거예요. 비소가 사실 암살자가 쓰는 독이거든요. 무색무취여서 물에 타도 모르기 때문에 황제가 먹고 죽기도 했어요. 그러다가 페니실린이 나오고 나서야 매독이 해결됩니다. 정말 감사해야 하는 일이에요.

21세기, 아직까지 치료가 어려운 성병은?

성병은 인류 태동기부터 발생해 아주 오랫동안 인류를 괴롭혀온 병입니다. 매독이나 임질이 대표적인데, 다행히 현대에 이르러서는 항생제로 치료할 수 있기 때문에 과거처럼 두려운 병은 아닙니다.

하지만 여전히 무서운 성병은 존재하죠. 바로 후천성면역결핍증입니다. 흔히 에이즈라고 하죠. 인간 면역 결핍 바이러스HIV가 일으키는 병으로, 이름에서 알 수 있듯 만성적인 면역 결핍이 발생합니다. 무조건 성적 접촉만으로 전염이 되는 것은 아니고, 수혈이나 주사기 공동 사용 또는 산모가 감염된 경우 아이에게 전염되는 이른바 수직감염 등도 가능한 전염 경로입니다. 다행히 발생 초기와는 달리 현재는 치료제가 있지만 완치되는 것은 아니고 지속적으로 관리해야하는 병이죠. 물론 적절한 자기 관리와 함께 약을 잘 쓰면 기대수명을 그대로 누릴 수 있습니다.

당뇨

소변에 벌레가 꼬이면
곧 죽는 병

당뇨는 영어로 '다이어비티스 멜리투스diabetes mellitus'입니다. 어원이 어떻게 되는지 혹시 아시나요? 모르시겠죠. 그럼 일단 딴소리부터 시작하겠습니다. 우선 당뇨라고 하면 19세기, 즉 산업혁명 이후에 먹을 것이 많아지면서 생긴 질환이라고 인식하기 쉬운데, 사실 그렇지는 않아요. 당뇨에 대한 언급은 의외로 굉장히 오래전부터 있었습니다.

기원전 인도의 명의 수슈루타는 당뇨를 '만후메하madhumeha'라고 불렀습니다. 우리나라의 진단명 '당뇨'도 여기서 유래했는데, 중국과 일본도 같은 말을 씁니다. '단 오줌 병sweat urine disease'이라는 뜻이에요. 당시 수슈루타는 당뇨를 어떻게 진단했을까요? 오줌을 직접 먹어봤을까요? 아닙니다. 환자의 오줌을 받아놓고 개미가 꼬이는지 여부를 관찰했대요. 정말 대단하지 않나요? 당뇨 환자의 소변이 달다는 사실을 처음에 어떻게 인지했을까요?

서양에서도 당뇨에 대한 언급은 상당히 오래전부터 있었습니다. 그 시작은 역시 이집트입니다. 《에베르스 파피루스》에 "오줌이 많이 나오는 병이 있다'는 기록이 있죠. 또 1세기경 튀르키예에서 활동하던 그리스 의사 아레타에우스Aretaeus가 '다량의 수분이 바로 빠져나오는 병'을 '다이어비티스diabetes'로 명명합니다. 당시 압력 차로 물을 옮기는 기구 이름이 '다이어비티스'였는데, 당뇨 환자가 몸을 쥐어짜듯 오줌을 싸는 것처럼 보였던 거예요. 인도와 차이가 있다면, 서양은 소변에서 단맛을 확인하지 않았다는 거예요. 기록만 없을 뿐 실제로 먹어봤을 수도 있지만, 소변에서 단맛이 난다는 기록은 17세기에 이르러서야 보입니다. 그렇게 다이어비티스에 꿀을 뜻하는 라틴어 '멜리투스mellitus'가 붙어 '다이어비티스 멜리투스'라는 진단명이 완성됩니다.

18세기 영국 의사 매슈 돕슨Matthew Dobson, 1732~1784이 소변에서 나는 단맛의 원인이 당이라는 사실을 발견합니다. 독일 의사 요한 페터 프랑크Johann Peter Frank, 1745~1821는 오줌을 많이 누지만 달지 않은 환자가 있음을 확인하고, '아무 맛도 없다'는 의미의 라틴어 '인시피두스insipidus'를 붙여 '다이어비티스 인시피두스diabetes insipidus'라고 명명합니다. 당뇨병과는 전혀 다른 병인 요붕증으로 당시에는 어떻게 조치하지 못합니다.

'다량의 수분이 빠져나오는' 다이어비티스 질병에 관하여

○ 당뇨병diabetes mellitus: 인슐린의 분비량이 부족하거나 정상적인 기능이
  이루어지지 않아 고혈당을 유발하는 질환이다. 고혈당은 그 자체로 혈
  관을 비롯한 인체 여러 부위에 손상을 초래해, 장기간 방치할 경우 뇌
  혈관 질환, 심혈관 질환, 신장 질환, 망막병증, 말초신경병증, 당뇨발
  등 심각한 부작용을 일으킨다.
○ 요붕증diabetes insipidus: 농도가 옅은 소변을 지나치게 많이 보는 질환
  이다. 대개 뇌하수체 후엽에서 항이뇨 호르몬 분비의 이상이 생기거나
  신장에서의 항이뇨 호르몬 작용에 이상이 생길 때 발생한다. 수분의
  공급이 충분하지 않은 경우 심한 탈수, 고나트륨혈증, 고혈압, 심혈관
  계 이상을 일으킬 수 있다.

19세기에는 당이 포도당이라는 사실을 확인하고 혈액에도
당이 있음을 알아냅니다. 당시 기록을 보면, 당뇨를 진단받으면
1~3년 내에 사망한다고 쓰여 있어요. 지금은 당뇨에 걸리면 약을
먹고 관리하면 되지만, 그때는 치료 방법이 없었습니다. 소변으로
당이 나왔다는 건 (평균 혈당이 180mg/dL 이상으로) 상당히 중증 상
태라는 뜻이니 낫기 어렵죠. 그리고 면역력이 떨어지니까 폐렴이
나 상치 등의 합병증으로 많이 사망했습니다. 아주 무서운 병이었
어요.

역사 속 당뇨 치료

역사적으로 당뇨를 치료하기 위한 많은 시도가 이루어집니다. 그런데 생각보다 사람들이 치료를 잘했어요. 이집트에서는 일단 맥주를 못 먹게 했죠. 술을 많이 먹는 사람이 당뇨에 걸리는 것처럼 보이고, 맥주를 마시면 소변을 많이 누니까, 건강상의 이유로 금주를 시킨 거예요.

이후 경험에 근거해 당뇨를 치료합니다. 프랑스 약리학자 아폴리네르 부샤르다Apollinaire Bouchardat, 1806~1886는 프로이센-프랑스 전쟁 기간 파리가 적에게 포위되어 먹을 것이 없던 시절, 당뇨병 환자의 오줌에서 당이 없어진 사실에 착안해 채식만 한다든지 금식하도록 권장합니다. 20세기 초에는 록펠러 재단의 앨런이 기아 요법을 만듭니다. 탄수화물을 차단하는 것입니다. 소변의 당이 줄기는 하나 혈당이 감소한 게 아니라서 부작용이 생깁니다. 이미 몸이 쇠약한 상태이고 하루이틀 굶는 게 아니니까 그냥 굶어 죽어요.

조선시대에는 당뇨를 소갈증이라고 불렀는데, 소화가 빠르고 식사가 잦고 갈증이 심해 물을 많이 마시는 병이란 뜻이었습니다. 아무래도 일반 백성들은 많이 먹을 수 없던 시절이다 보니 주로 잘 먹고 잘사는 양반이나 왕실에서 자주 걸렸어요. 그래서 '부자병'으로 불리기도 했대요. 조선에서도 당뇨는 무서운 병이었는데, 조선 후기 노론의 대부인 안동 김씨 수미가 몸이 마르고 치아가 빠지고 다리가 마비되더니 결국 정신이 온전치 못한 채 사경을 헤매다 사망했다는 기록이 있습니다.

문제는 지금도 그렇지만, 당뇨가 처음에는 증상이 없잖아요. 그래서 꾀병으로 인식되는 경우가 많았어요. 중종 31년에 허황이라는 양반이 있었는데, 일을 굉장히 잘했대요. 허황이 소갈증을 이유로 이제는 쉬고 싶다고 세 번이나 청했는데도 중종이 세 번 모두 거절합니다. 그렇게 쉬지도 못하고 일만 하다가 1년 후 중종 32년에 사망해요. 이런 일이 비일비재했다고 합니다. 양반들이 주로 걸리니까 치료가 얼마나 절박했겠어요. 성관계를 피하라고 권하기도 하고, 댓잎 우린 물이나 맥문동 또는 우렁이꽃을 삶은 물, 연뿌리를 찧어서 짠 즙을 꿀과 섞어(불에 기름을 들이붓는 격으로) 마시라는 비방도 있었다고 합니다. 아마 큰 효과는 없었을 거예요.

췌장에 답이 있어 보이는데?

앞에서 살펴보았듯, 19세기에 환자의 소변과 혈액에서 당, 그중 포도당이 있다는 사실을 확인했으니, 이유를 알아야겠죠? 그래야 치료할 수 있으니까요. 문제는 과학이 상당히 발전한 때였음에두 걸림돌이 많았다는 겁니다. 먼저 혈당은 잴 수 있지만, 언제 재야 하는지, 정상과 비정상의 기준은 어떻게 정해야 하는지 몰랐어요. 식

후에 혈당이 측정되는 건 당연해 보이는데, 공복에 혈당은 왜 측정되는지 등 알 길이 없었습니다.

1848년 생리학의 대부 클로드 베르나르Claude Bernard, 1813~1878가 간에 저장된 당분(글리코겐)이 공복에 분비되는 거라고 주장합니다. 따라서 공복 혈당은 문제가 아니고 지나치게 많이 측정되는 게 문제인데, 간이 원인 같다고 이론을 내놓았죠.

이후 많은 의학자가 간만 들여다보면서 헛수고하는 사이에, 1869년 베를린 의과대학생 파울 랑게르한스Paul Langerhans, 1847~1888가 췌장에서 소화액을 만드는 선포세포 외에 군데군데 외딴섬처럼 박힌 세포를 발견합니다. 하지만 이 세포의 역할과 기능은 알지 못했어요. 이를 계기로 많은 사람이 이 세포에 관심을 갖습니다. 사람들이 당뇨와 상관없이 췌장의 기능을 알고 싶어 해요.

1889년, 지금은 프랑스지만 당시엔 독일 영토였던 스트라스부르 대학교의 오스카 민코프스키Oskar Minkowski, 1858~1931와 요제프 폰 메링Joseph von Mering, 1849~1908이 실험을 합니다. 이때는 화끈해요. 개의 췌장을 제거합니다. 아마 지방이 흡수되지 않을 거라고 예상한 거 같아요. 그런데 개의 오줌 주위로 벌레가 들끓는 거예요. 그래서 보니 오줌에서 당이 나와요. 그래서 '어? 췌장이 당뇨랑 연관이 있나?' 하고 생각하죠. 그중에서도 소화효소를 분비하는 선포세포가 아닌, 랑게르한스가 발견한 세포에 주목해요.

1893년, 프랑스 의사 구스타브 에두아르 라귀스Gustave Édouard

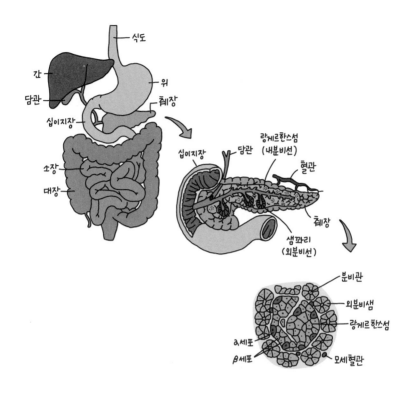

랑게르한스섬이 위치한 췌장의 위치와 구조

Laguesse, 1861~1927는 이 세포가 탄수화물 대사를 조절하는 내분비 물질을 분비한다고 주장합니다. 그리고 세포의 이름을 랑게르한스의 이름을 따 랑게르한스섬이라고 부릅니다. 이후로 췌장을 이용해 당뇨를 치료하려는 움직임이 보이기 시작해요. 마침 19세기에는 오르가노테라피organothérapie(장기증 요법)가 유행을 합니다. 몇몇 의사가 수탉의 고환을 갈아서 주사로 맞으면 건강에 좋다는 등의

췌장의 기능에 관하여

췌장(이자)은 약 15센티미터로 상복부 뒤쪽에 위치해 소화효소를 십이지장으로 분비하는 외분비 기능과 혈당 조절 관련 호르몬인 인슐린과 글루카곤 분비 기능을 동시에 관여한다. 인슐린은 혈당이 올라가면 혈당을 낮추고 반대로 글루카곤은 혈당이 떨어지면 혈당을 높이는 역할을 한다. 이 두 호르몬은 서로의 상호작용을 통해 혈당의 농도를 조절한다. 현대 사회에서는 고혈당이 문제가 되고 있다. 혈당이 높으면 미세 혈관이 망가져 다양한 질환을 일으키기 때문이다.

주장을 펼쳐요. 여기서 영향을 받았는지 대다수의 연구진이 췌장을 갈아서 환자에게 주사하고 싶어 합니다.

여러 절차를 거쳐 검증된 사항만 치료에 도입하던 때가 아니었어요. '나는 의사고 췌장을 넣어보고 싶으니까' 시키는 대로 하라는 식입니다. 하지만 별 효과가 없었어요. 왜일까요? 췌장에는 인슐린뿐만 아니라 소화효소도 함께 있죠. 췌장을 갈면 단백질과 지방을 분해하는 소화효소가 단백질 구조를 띠는 인슐린을 녹여버리는 거예요. 설령 인슐린이 녹지 않고 남아 있다 하더라도 그대로 피하에 주사하면 어떻게 되겠어요? 몸의 조직이 소화됩니다. 다시 말해, 몸이 녹는 거예요. 이런 이유로 췌장에 가능성이 있다는 정도는 알지만, 적극적으로 실험해보지는 못합니다.

췌장의 소화효소와 인슐린 분리에 성공!

여기서 연구가 더 진척되면 좋았을 텐데, 1914년 제1차 세계대전이 터져요. 연구에 참여했던 젊은 의사들이 대거 군대로 끌려갔죠. 왕립 캐나다군의 대위 프레더릭 밴팅Frederick Banting, 1891~1941도 그중 한 명이었어요. 그는 전투 도중 총에 맞아 다리를 절게 돼요. 본국으로 돌아와 병원을 개원하려 했지만 돈도 없고 몸도 불편하니까, 1918년 온타리오주의 한 대학에서 강의를 시작합니다. 외과 의사였던 그는 탄수화물 대사에 대한 강의를 요청받아 강의를 준비하며 공부하던 중에 췌장에 대해 알게 됩니다. 췌장으로 당뇨를 치료하려는 시도가 있었고 문제가 있었다는 사실도 확인해요. 그때까지 개를 데리고 실험했는데, 계속 실패했습니다. 소화효소와 미지의 인슐린을 분리하지 못했으니까요.

프레더릭 밴팅은 모지스 배런Moses Baron, 1884~1974 박사가 쓴 논문에서 췌장 결석으로 췌도가 막힌 환자의 췌장 외분비 부분이 위축되었다는 기록을 발견합니다. 이를 보고 췌도를 인위적으로 묶으면 외분비 부분을 제거할 수 있겠다고 생각해서 바로 실천해요. 그리고 자신의 생각이 옳았음을 증명합니다. 하지만 이를 치료에 도입하기엔 비용이 너무 비쌌어요, 매번 최소 열흘 전에 동물의 췌도를 미리 묶어놓고 죽인 다음에 췌장을 갈아야만 인슐린을 얻을 수 있었기 때문입니다.

더 용이한 방법을 찾기 위해 골몰하다가 동료인 제임스 버트럼 콜립James Bertram Collip, 1892~1965 교수의 도움을 받습니다. 콜립은 랑게르한스섬에서 무엇이 나오는지는 모르겠는데, 산성 용액에 녹는다는 것과 알코올에 강하다는 것을 알아냈어요. 그에 반해 소화효소는 알코올에 약합니다. 그러니까 알코올에 산성물을 섞어서 췌장을 녹이면 외분비 소화효소는 다 없어지고, 공기 중에 그대로 두면 알코올은 날아가고, 물에 녹은 인슐린만 남게 되죠. 미리 췌도를 묶을 필요가 없는 거예요. 곧바로 도살장으로 달려가 버려진 소의 췌장으로 실험해봅니다. 그리고 실제로 효과가 있음을 확인해요. 그렇게 1922년부터 인슐린 치료가 도입되었고, 이 공로로 1923년에 프레더릭 밴팅은 노벨상을 받았습니다. 1년 만에 받은 거예요. 정말 빠르죠.

인슐린이 치료에 도입되기 전에는 당뇨병을 진단받으면, 기대수명이 10세의 경우 1.3년, 30세의 경우 4.1년, 50세의 경우 8년이었어요. 경우에 따라 더 짧은 경우도 많았고요. 그런데 인슐린이 나오면서 기대수명이 10세의 경우 45년, 20세의 경우 30년, 50세의 경우 15년으로 늘어났습니다. 인슐린 하나로 걸리면 죽던 병이 관리만 잘하면 살 수 있는 병이 된 거예요. 현재는 내분비내과 전문의의 도움을 받아 관리만 잘하면 기대수명에 큰 지장이 없을 만큼 당뇨병 치료가 크게 발전했습니다.

당뇨 예방을 위한 작은 습관

많은 의사가 가장 걸리기 싫은 질환으로 당뇨를 꼽습니다. 물론 과에 따라 주로 보는 질환이 다르고 그 질환이 얼마나 무서운지에 대한 이해도가 다르긴 하겠지만, 그만큼 당뇨가 한번 걸리면 낫기도 어렵고 여러 부작용을 초래하는 질환이기에 그렇습니다.

당뇨를 잘 예방하기 위해서는 우선 췌장이 지치지 않도록, 즉 고혈당에 노출되지 않도록 주의하는 것이 중요합니다. 우선 과식하지 않는 것이 중요하겠죠. 음식의 종류도 그에 못지않게 중요합니다. 가령 액상과당을 넣은 음료는 단기간에 혈당을 올리는데, 인류가 이런 음식에 노출된 것은 불과 몇십 년 밖에 되지 않아 전혀 적응하지 못한 상태입니다. 먹을 때마다 췌장에 무리가 간다고 보면 돼요. 반대로 다양한 영양소를 조금씩 천천히 섭취한다면 혈당이 천천히 오르기 때문에 췌장에 가는 무리를 최소화할 수 있습니다.

만약 방금 참지 못하고 많이 먹었다거나, 당이 많이 든 음식을 먹었다면 어떻게 해야 할까요? 이미 늦었으니 포기할까요? 아닙니다. 빨리 소비하면 됩니다. 식사 후 20~30분간 걷거나 제자리에서 앉았다 일어났다만 10분 정도 해도 식후 혈당을 어느 정도 관리할 수 있다는 보고가 있습니다.

천연두

최악의 전염병에도
의외로 잘 대처했던 선조들

역사상 가장 많은 사람을 죽인 인물은 누구일까요? 칭기즈칸? 알렉산드로스? 히틀러? 스탈린? 이들이 죽인 모든 전쟁 희생자를 합쳐도 천연두로 인한 사망자보다는 적습니다.

하지만 천연두는 사람이 아니잖아요? 천연두에 처음 걸린 사람, 즉 최초 감염자가 이를 유발했다고 봅니다. 사실 천연두보다 말라리아로 죽은 사람이 더 많아요. 하지만 말라리아는 모기가 퍼뜨린 질병이고, 천연두는 인수공통감염병이니 최초 감염자로부터 번지기 시작했다고 봅니다.

에티오피아, 낙타, 카데시 전투

천연두의 최초 감염자는 누구일까요? 천연두 바이러스인 베리올라variola의 유전학적 정보를 역추적한 결과, 현재 '아프리카의 뿔'로 불리는 에티오피아의 지방 거주민으로 추정됩니다. 대략 4,000년 전으로, 이집트에 쿠푸의 피라미드가 건설되고 몇백 년 지나지 않은 때입니다. 당시 이집트 사람들은 현재 에티오피아 지방 거주민을 푼타이트Puntites라고 불렀어요. 푼타이트는 주로 작물과 개, 소, 당나귀를 길렀고, 낙타를 가축화했는데, 여기서 천연두가 생깁니다.

사실 낙타의 가축화는 아라비아반도에서 먼저 시작되고 홍해를 건너와 푼타이트로 이어집니다. 아라비아반도에서는 이동 수단으로, 푼타이트에서는 우유를 얻는 용도로 낙타를 이용했어요. 낙타가 수유기가 되면 하루에 19리터 정도의 우유를 생산하기 때문에 온 가족이 우유를 먹을 수 있었고, 그러다가 먹을 것이 부족해지면 잡아먹기도 했으니, 유목민족, 즉 아라비아반도보다 낙타와의 접촉이 훨씬 빈번했겠죠. 이는 낙타가 가축화된 시점으로부터 1,000년이 흐른 뒤인데, 연구자들은 아라비아반도에서도 낙타에서 유래한 천연두 감염자가 분명 있었다고 봐요. 그러나 멀리 번지지 못하고 사멸했다고 추정하는 거죠.

현재도 천연두 바이러스의 치사율은 50퍼센트에 육박하는데, 병이 처음 발생할 때 더욱 치명적이거든요. 당연히 지금보다 치사율이 훨씬 높았겠죠. 아직까지 완벽한 치료제가 없어요. 오직 예방만 가능한 질환입니다. 대신 전염력은 좀 떨어졌어요.

아무튼, 작게 무리 지어 다니는 부족에서 천연두가 번지면 바로 절멸했을 테니까 더 퍼지지 않은 거죠. 푼타이트가 사는 작은 마을도 마찬가지였어요. 마을에서 한 사람이 천연두에 걸리면 마을이 전멸하고 바이러스도 같이 사라진 겁니다.

하지만 4,000년 전 에티오피아는 좀 달랐어요. 이집트가 피라미드를 지을 정도로 융성해지고 도시도 엄청나게 거대해진 시대란 말이에요. 에티오피아는 이집트인이 홍해를 건너 아라비아반도로 건너가 중계무역이 이루어지는 위치였어요. 유동 인구가 많다 보니, 수백 년간 에티오피아 유역의 토착 질환인 천연두가 이집트로 옮겨간 것으로 추정됩니다. 여기까지는 추정인데, 이집트에는 증거가 있어요. 미라에서 천연두로 인한 고름집이 확인됩니다. 제일 오래된 것이 지금으로부터 3,600년 전 미라예요.

그로부터 200년 후 이집트와 히타이트의 카데시 전투* 이후 천연두가 번집니다. 유럽에서 이집트 교역로를 따라 인도까지 번져요. 그리고 1,000년이 채 지나지 않아 중국을 통해 한반도로까지 유입됩니다. 그렇게 구대륙 전역에 천연두가 심심하면 번졌어요. 유럽 지역에서만 18세기까지 매년 40만 명 이상이 사망했고, 시각

● 카데시 전투: 기원전 1274년. 이집트와 히타이트 역사상 최대 규모의 전차 대전.

장애인 3분의 1이 천연두로 시력을 잃은 사람들이었어요. 20세기에는 인구가 폭발적으로 증가하고 교류가 활발해지면서 대략 3억 ~5억 명이 천연두로 죽었습니다. 또 신대륙에 천연두가 번지면서 발생한 거의 절멸에 가까운 피해(스페인 군인 168명이 천연두로 잉카제국 8만 군대를 무너뜨린 사건)도 유명하죠.

거리 두기로 전염병을 예방한 조선

우리나라 역사에도 천연두에 대한 기록이 상당히 많습니다. 우리 조상들은 천연두에 굉장히 잘 대처한 편이었는데, 어떻게 했을까요? 먼저 조선시대에 천연두는 귀신보다도 무서운 병이었어요. 그래서 손님, 마마, 포창, 호역 등 여러 이름으로 불렸습니다. 그중 '손님'은 중국에서 넘어온 외래 전염병이라 그렇게 부른 것 같아요. 포창과 호역은 학술적 표현이고, 주로 '마마'라고 불렀습니다. 매독 같은 성병이 아니고 무작위로 번지는 병이다 보니 귀신의 저주가 썰다고 생각해 공손하게 부른 거죠.

　마마에 걸리면 오한, 발열, 두통과 함께 전신에 포진이 생기고, 곧 구진(부어오른 피부), 수포(물주머니), 농포(고름집), 가피(부스럼 딱지) 순서로 진행됩니다. 마마는 주로 접촉을 통해 번지지만 폐쇄된 공간에서는 공기로 전염되기도 해요. 가족은 다 걸린다고 보면 됩니

'호환마마보다 무섭다'는 표현의 의미

'호환'은 호랑이에게 화를 입는 일을, '마마'는 천연두를 말한다. 호랑이에게 해를 당하거나 천연두에 걸려 죽는 것보다 더 두렵다는 뜻이다.

다. 구진이 처음 발생하고 보통 13~14일 이내에 전염력이 상실된다고 알려져 있는데, 만약 환자가 사망하지 않고 자연 치유되면 모든 가피가 사라질 때까지 20일가량 걸려요. 대신 곰보가 될 수 있죠.

옛날 사람들의 눈에는 천연두가 어떻게 보였을까요? 단순한 병이 아니라 악한 귀신이 옮기는 병, 즉 괴력난신怪力亂神*으로 보였어요. 갑자기 온몸에 발진이 나고, 농이 생기고, 너무 끔찍하게 죽으니까 귀신이 번지게 하는 병이라고 여긴 거죠. 그래서 마마를 옮기는 귀신을 두창신이라고 불렀습니다. 두창신이 노하면 천연두가 번진다고 믿은 거예요. 그래서 두창신이 노할 만한 짓은 하지 말아야 한다고 생각했는데, 가만 보니 사람이 모이는 걸 안 좋아하는 거 같아요. 그래서 제사, 장례, 결혼 잔치, 부부간 성관계를 금지합니다. 유교의 나라 조선에서 말이에요! 이유는 좀 이상해도 결과적으로는 거리 두기를 아주 강력하게 실시한 거죠. 이를 잘 따를 수

● 괴력난신: 괴이怪異와 용력勇力과 패란悖亂과 귀신에 관한 일이라는 뜻으로, 이성적으로 설명하기 어려운 불가사의한 존재나 현상을 이르는 말.

밖에 없었던 것도 "어기면 두창신의 저주로 마마에 걸린다!" 하고 겁주면 너무 무섭잖아요. 하지만 언제까지고 못 만나게 할 수는 없죠. "이제 다 끝났습니다!" 하는 시점도 있어야죠.

진짜 신기하게도 절차가 다 있었어요. 일단 마마에 걸린 사람이 생기면, 육안으로 보기에 오한과 발열 등의 초기 증상이 나타나면, 종이 깃대를 만들어서 거기에 '강남호구별성사명기江南戶口別星司命旗'라는 글씨를 써서 답니다. 마마를 호구별성이라는 이름으로도 불렀거든요. 그래서 이 깃대로 이 집에 천연두를 앓는 사람이 있음을 표시합니다. '오지 마라'는 뜻이죠. 그로부터 5일이 지나 발진이 돋으면 마마, 즉 두창신이 오셨다 여기고 기다립니다. 그렇게 사망하면 어쩔 수 없고, 사망하지 않고 견디면 13일째 되는 날 마마배송媽媽拜送굿을 합니다. 의학적으로 천연두의 전염력은 대략 발진이 발생한 후 2주라고 알려져 있는데, 이 시일이 소름 돋을 정도로 일치하죠. 그러니까 옛 조상들은 이 천연두가 무엇 때문에 감염되는지는 몰랐지만 대충 어떤 식으로 진행된다는 정도는 알고 있었던 거예요.

한 가지 의문이 생기죠. 조선은 유교의 나라인데 굿을 하다니요? 유교 문화권에서는 이를 괴력난신으로 여겨 탄압했거든요. 하지만 미신이라는 게 두려움을 먹고 자라잖아요. 마마가 무섭기는 양반도 마찬가지였기 때문에 결국엔 양반들두 다 굿을 했습니다. 조선 전기에 이조좌랑까지 지낸 묵재 이문건李文楗, 1494~1567이라는 양반 역시 손자가 천연두에 걸려 13일이 지났을 무렵 마마배송굿

조선 후기 풍속화가 김준근의 〈기산풍속도첩〉, 평양식 마마배송굿의 한 장면이다. 함부르크 민속박물관 소장.

을 했다는 기록이 있어요.

민간 차원에서의 노력 외에 왕실은 무엇을 했을까요? 일단 두창이 돈다는 말을 전해 들으면, 두창신을 달래기 위해 왕이 제사를 드렸습니다. 또 파발을 띄워 말을 타고 올라와서 상황을 알려야 했어요. 그리고 곧바로 마을을 봉쇄합니다. 사실 조선은 상업이 발달하지 않았기 때문에 고을과 고을 간의 왕래가 활발한 나라는 아니었어요. 그래서 봉쇄 조치의 피해가 덜했죠. 또 접촉을 금지하고 관혼상제를 중단시켜요. 어느 정도로 엄격했냐면, 연산군 5년의 기록을 보면, 원자가 천연두를 앓자, 당시 예종의 계비 안순왕후 한

씨가 죽고 장례를 치렀어야 했음에도 곡을 중지하고 궐문을 닫습니다. 숙종 때의 기록을 보면, 군신 관계에 있던 중국 명나라 사신이 방문해도 예외가 아니었습니다. 천연두가 왕족조차 빈번히 죽음에 이르게 하다 보니 그렇게 조심한 것도 이해가 가요.

조선은 천연두가 상당히 호발하는 국가였어요. 역사상 딱히 좋은 역할은 하지 못했는데 딱 한 번 좋은 일을 합니다. 병자호란 당시 청 태종 홍타이지가 조선에서 호발하는 천연두가 두려워 조선의 항복을 받자마자 서둘러 회군했다는 기록이 있습니다. 만주족은 유목민족으로 한곳에 정착하지 않다 보니 천연두가 드물었거든요. 면역력이 거의 없었어요. 그래서 처음에는 조선을 멸망시킬 계획이었으나 천연두 때문에 무리하지 않고 명과 조선의 관계처럼 군신 관계를 확립하는 것에 만족했다는 기록도 있습니다.

우두로 정복한 천연두

이렇게 전 세계를 공포에 떨게 한 천연두가 지금은 정복되었습니다. 인류가 정복한 첫 번째 전염병이에요. 지금은 박멸했다고 알려져 있습니다. 무엇이 기폭제가 되었을까요? 바로 백신입니다. 1796년, 에드워드 제너Edward Jenner, 1749~1823의 종두법이 시행되죠.

사실 종두법보다 훨씬 오래전부터 동양에서는 인두법 등 일종의 종두법을 시행했다는 기록이 있어요. 중국의 기록을 보면 적어도 1,000년 전부터 이루어진 것으로 보여요. 조선에서도 한강 밤섬에서 왕실의 가축을 키웠거든요. 거기 목동들은 알음알음 우두에 걸린 소의 고름을 먹으면 평생 마마에 시달리지 않는다는 지혜를 자기들끼리 공유했습니다. 다만 조선에서는 양반들이 천민들의 지혜를 받아들일 생각이 전혀 없었고, 목동들 역시 윗분들에게 감히 조언할 수조차 없었기 때문에 이를 알릴 수 없었던 것이죠.

이 같은 상황은 서양에서도 크게 다르지 않았습니다. 에드워드 제너라는 걸출한 과학자가 현상을 관찰하고 이를 과감하게 실험해본 것이 차이죠. 서양에서도 농부들은 우두에 걸린 사람, 즉 소의 두창에 걸린 사람은 천연두에 걸리지 않는다는 걸 어느 정도 알고 있었어요. 적어도 100년 이상 아무도 귀담아듣지 않았던 거예요. 그냥 그들만의 지식으로 머물러 있었습니다.

그런데 에드워드 제너가 가만 보니까 우두에 걸린 사람의 증상이 경미한 거예요. 그래서 우두에 걸린 여인의 물집에서 고름을 빼내 제임스 핍스라는 여덟 살짜리 소년의 피하에 상처를 내고 접종합니다. 그리고 2개월 후에 천연두에 걸린 환자의 수포에서 고름을 빼낸 후 소년의 팔에 주사해요. 그런데 소년이 천연두에 걸리지 않았어요. 그래도 확실히 해야 하잖아요. 그 후로도 몇 개월간 제너는 다른 천연두 환자들의 분비물이나 화농 물질을 반복적으로 소년에게 주사해요. 그럼에도 소년이 천연두에 걸리지 않는다는 사실을 확인합니다.

종두법이란?

천연두를 예방하기 위해 백신을 인체의 피부에 접종하는 방법이다. 영국 의사 에드워드 제너가 개안한 우두(소의 두창) 고름을 이용하는 우두법이 대표적이다. 물론 이전에도 경험적으로 천연두를 예방하는 방법으로 일부 농가에서 인두법과 우두법이 쓰였던 것으로 보인다. 인두법은 천연두 환자의 고름이나 딱지 등을 피부에 상처를 내고 문지르거나 코 등에 흡입해 후천 면역을 획득하는 접종법의 일종을 가리킨다. 인두법은 우두법에 비해 천연두로 이환될 가능성이 훨씬 높기에 제너가 제시한 우두법을 대체하기는 어렵다. 제너 이전의 우두법은 실험을 통해 증명된 것이 아니라 구전되는 형태로만 시행된 것으로 이전에 쓰던 방법이라 해도 제너의 업적을 부정하기는 어렵다.

이게 가능하려면 유전학적으로 인수공통감염병인 우두와 천연두가 뿌리가 같다는 사실을 입증해야 하는데, 그런 과정 없이 경험적인 추론만으로 이 위대한 백신이 탄생한 겁니다. 지금의 시각에서 보면 온전한 실험은 아니지만, 결과적으로 이를 개량한 백신을 이용해 1980년 5월 8일 공식적으로 천연두의 근절이 선언됩니다. 엄청난 업적이에요. 물론 몇몇 실험실에 천연두 바이러스가 여전히 보관되어 있다고 하는데, 무기로 쓰는 일은 절대 없어야겠죠. 이 위대한 승리의 역사가 누군가에 의해 다시 끔찍한 역사가 되지 않기를 바랍니다.

천연두는 오직 예방만이 살길이라고요?

아직 몇몇 실험실에는 천연두 바이러스가 있다고 전해집니다. WHO나 UN에서 계속 폐기하라고 권고했지만, 몰래 보관하고 있을 가능성을 고려하면 실제로는 상당히 많은 나라가 소유하고 있다고 추정됩니다. 이는 천연두 바이러스가 생화학 무기로서의 가치가 대단하기 때문입니다. 우선 천연두를 직접 치료할 수 있는 방법은 아직도 없을 뿐더러 전염력 또한 어마어마합니다. 백신으로밖에 치료 또는 예방이 되지 않는데, 백신의 드문 부작용 때문에 천연두가 근절된 이후로는 그 필요성이 없어졌다고 판단되어 전 세계적으로 1986년 이후 출생자는 천연두 백신을 접종하지 않았어요. 따라서 그 후 출생자는 천연두에 감염되면 치사율이 상당히 높을 것으로 예상되지만, 현대 의학이 많이 발전했기 때문에 이전과 같은 양상이 되진 않을 거예요. 무엇보다 당장 보유하고 있는 백신이 없다고 해도 기술은 가지고 있기 때문에 아주 빠른 시일 내에 백신의 대량 보급이 가능하니까 크게 걱정하지 않아도 됩니다.

환상통

3만 명의 팔다리가
잘려나간 후에야
입증된 고통

환상통이 뭘까요? 팔이 없는데 손가락 끝이 아픈 거예요. 다시 말해, 절단된 팔다리의 감각을 느끼는 겁니다. 주된 감각은 통증인데, 문제는 이 통증이 실체가 없는 팔다리에서 발생한다는 겁니다. 때문에 약이 잘 듣지 않을뿐더러 의사가 행하는 대부분의 치료가 사실상 효과가 없어요.

고대 사회의 환상통

환상통은 언제부터 존재했을까요? 어떤 논문에서는 "인간이 절단 사고에서 생존한 첫 사고부터 존재했을 것이다"라고 표현합니다.

절단 이후로 환상통이 발생할 확률이 높게는 90퍼센트에 이르거든요. 그나마 마취를 시행하고 절단할 경우에는 유병률이 줄어들지만, 인류사에 유의미한 마취제는 19세기 중반 이후에야 등장합니다. 그러니 고대 사회에서 마취제란 당연히 없었겠죠. 그럼 환상통을 어떻게 치료했을까요?

아무개가 있다고 해볼게요. 부족 중에서 제일 건장하고 사냥할 때 늘 앞장을 섭니다. 그런데 사냥을 하던 도중에 예기치 않은 곰의 공격으로 팔을 잃어요. 곰한테 물어뜯긴 거예요. 다행히 통증과 출혈, 온갖 감염(태어나서 한 번도 이를 닦지 않은 곰의 이빨에 있는 균 등)을 이겨내고 살아남아요. 그런데 아파요. 이상하죠? 다 나았는데, 없는 팔이 아파요. 부족 중 가장 지혜로운 족장을 찾아갑니다. 그런데 족장이 갑자기 돌칼을 갈아요. "머리를 열자. 악령에 씌었다. 곰 귀신이 들어온 것 같다!" 네, 그렇습니다. 악령의 소행이라고 생각해서 개두술을 빈번하게 시행했어요. 실제로 고대 사회에서 상당수의 개두술이 환상통 때문에 이뤄진 것으로 추정됩니다. 그 때문에 많이 죽었어요. 해결되지 않으니 더 고통스러웠을 거예요.

반대로 이집트에서는 개두술을 잘 시행하지 않았어요. 그렇다고 해서 환상통에 대한 치료가 이루어졌는가 하면, 아닙니다. 정신 질환의 일종으로 여겼어요. 남들이 볼 때 팔이 없는데 팔이 아프다고 하니까 그렇게 보였을 것도 같아요. 그렇다 보니 아편이나 술로 연명하는데, 아편이 공교롭게도 모르핀(마약성 진통제)이라서

환상통에 효과가 있었어요. 하지만 중독되기 때문에 예후가 좋지
않았죠.

고대 사회 이후에 절단 사고는 주로 전쟁에서 많이 일어났어
요. 대개 상이군인이 환상통의 피해자가 되는데, 구제가 안 됩니다.
환상통의 원인을 모르니까 해결이 안 되는 거죠. 사실 지금도 정
확히 잘 알지 못해요. 무엇보다 로마와 같은 대제국에서는 환상통
이 큰 문제가 됩니다. 로마 시민들이 전쟁에서 돌아온 군인들을 보
고, 로마제국이 군인에 대한 처우가 좋지 않다는 인상을 받는 거예
요. 전쟁에서 팔다리가 잘린 것도 힘든데, 아파서 정신 질환자가 되
고, 술과 아편에 찌들어 지내는 경우가 많았으니까요. 그렇게 전쟁
을 통해 로마제국이 건설됐지만, 로마 시민들의 군 기피가 점점 심
해져서 결국 게르만족 용병을 쓰게 됩니다. 그러다 이민족에게 멸
망당해요. 가설이지만, 환상통이 로마의 멸망에 기여했다는 견해도
있습니다.

중세시대의 환상통

중세가 옵니다. 종교의 시대죠. 과연 좋아졌을까요? 아닙니다. 괜히
중세를 암흑기라 부르는 게 아니에요. 이때는 유일신, 기독교의 시
대예요. 로마 후대에 이르러 기독교를 국교로 선언합니다. 기독교는

로마가 멸망한 후에도 유럽을 지배했다고 봐도 과언이 아니에요. 기독교의 시선에서 보면, 고통은 죄로부터 와요. 느낌이 오시나요?

만병의 원인이 감기가 아니라 죄라고 믿던 시절이에요. 나병과 같은 병을 앓는 사람이 '문둥이'라고 불리면서 박대받던 시절입니다. 환상통은 어땠을까요? "얼마나 죄를 많이 지었으면 없는 팔이 아플까? 어디서 싸우다가 팔이 잘렸다고 했지? 뻔하지, 쯧쯧" 같은 반응이 줄을 이어요. 심지어 벌도 받습니다. 어떤 환자들은 진짜 자신이 죄가 많아서 아픈 줄 알고 머리를 밀고 수도승이 되기로 해요. 하지만 환상통은 사라지지 않죠. 그래서 중세에는 환상통에 대한 기술이 거의 없습니다. 이런 인식 때문에 비밀로 한 거예요.

르네상스가 시작될 무렵인 16세기가 되어서야 비로소 인식이 개선될 기미가 보여요. 딱 한 번의 언급일 뿐이지만, 프랑스 군의관이 전투에서 팔다리를 잃은 병사들을 돌보다가 이런 내용의 저술을 하나 남깁니다.

"이해가 되지는 않지만, 이들이 아파하는 모습을 보니 정말로 아픈 것 같다."

물론 당시에는 받아들여지지 않죠. 말도 안 된다는 반응과 함께 바로 사장됩니다. 심지어 교회의 주장과도 배치되는 의견이다 보니 더 그랬어요. 갈릴레이가 지동설을 주장했다가 종교재판을 받은 때가 17세기니까 그 전에는 말할 것도 없었죠.

17세기 중엽 르네상스 시절부터 켜켜이 쌓여온 철학적 사조

르네 데카르트의 초상화

를 기반으로 한 합리주의 철학이 열리죠. 이 합리주의 철학을 연 인물이자 근대 철학의 아버지가 누구죠? "나는 생각한다. 고로 나는 존재한다." 르네 데카르트René Descartes, 1596~1650입니다. "나는 아프다. 고로 나는 존재한다." 데카르트가 볼 때 통증은 존재하는 거예요. 내가 존재해서 생각하는 것도 역으로 증명할 수 있잖아요. 존재하니까 통증도 있는 거죠. 실제로 1644년 출판된 그의 저서에서 이렇게 저술했습니다.

"환상통은 아마도 실존하는 고통일 것이고 뇌에서 그 고통을 느끼는 것일 가능성이 높다."

하지만 갈릴레이처럼 종교재판은 받고 싶지 않아서 "그 뇌는 아마도 영혼과 연관이 있을 것이고, 이것은 결국 영혼이 고통받는 것이다"라고 부연했어요. 그런데 데카르트가 사석에서 한 말을 보면, 환상통을 뇌에서 느끼는 통증이라고 생각했던 것 같아요.

하지만 이 시기가 어땠죠? 각 분야가 중구난방으로 발전하던 때였습니다. 그래서 다른 분야가 발전하건 말건 나는 내 갈 길 간다는 분위기였죠. 특히 의학이 그랬는데, 누가 하는 말이든 잘 믿지 않았어요. 마취제가 발견된 이후에도 사용하지 않고, 요지부동의 자세로 환상통을 정신 질환으로 취급했습니다.

19세기의 환상통

1861년, 미국에서 남북전쟁이 일어납니다. 이전과는 전혀 다른 양상의 전쟁이 벌어져요. 이때 인류 최초로 기관총인 개틀링 건을 사용합니다. 살상력이 엄청나서 수많은 사람의 팔다리가 잘려나갑니다. 그에 반해 의료 기술은 그렇게 발달하지 못했어요. 여전히 환상통 환자가 존재하지 않는 고통으로 아파한다고 생각했죠. 팬텀phantom, 즉 환상통phantom pain이라고 불린 이유가 있었어요.

자, 총에 맞았어요. 병원에 이송됩니다. 병원은 어땠을까요? 당시 병원 의무실 전경에 대한 묘사가 있는데, 이렇습니다.

"쓰레기와 썩은 음식, 그리고 여러 오물이 어지럽게 섞여 있으며 때로는 역겹게 부패해가고 있다. 배설물 더미와 동물 사체가 의무실 바로 옆에 쌓여 있다."

그래서 대부분의 병자는 장티푸스*를 같이 앓아요. 장티푸스가 설사를 일으킨단 말이죠. 그런데 변이 다른 사람한테 묻으면 감염되는 걸 몰라요. 그러니까 의사들이 똥 닦아주고, 똥 묻은 손으로 상처 만지고… 악순환을 격렬히 반복합니다.

여기서 놀라운 사실은, 당시 이미 유럽에서는 조지프 리스터Joseph Lister, 1827~1912가 '소독' 개념을 정립했다는 거예요. 하지만 통신 기술의 미비와 다른 지역에서 넘어오는 지식에 대한 거부감으로 인해 미군은 남군, 북군 할 것 없이 소독을 안 해요. 상황이 이렇다 보니까 다쳤다 하면 썩습니다. 의무실이 감염의 온상이 돼버려요. 절단을 엄청나게 진행하는데, 이때 무려 3만 명이 팔다리를 잃었다고 해요. 이는 한 도시의 인구에 해당하는 수니까 정말 어마어마하죠. 그런데 그중 2만 명 이상이 아파했다는 말이에요. 이제 인정해줘야죠. 그래서 이때부터 정말 실재하는 고통으로 환상통을 인정합니다.

문제는 환상통을 어떻게 치료할까 하는 것이었습니다. 마약, 즉 모르핀을 주면 나아지긴 하겠지만 계속 주면 안 되겠죠. 그래서

●　장티푸스: 살모넬라 타이피균에 감염되어 나타나는 전염병. 경구 감염에 의해 1~2주의 잠복기 후 발병한다. 오한이 있고 40도 가까운 고열이 주된 증상이다.

연구를 하는데, 어떤 의학자가 과감한 이론을 하나 제기합니다.

"환상통은 재생되는 과정에서 어설프게 말단의 신경절이 고통을 유발하는 거 같으니까 그 신경절을 잘라야 한다."

다시 말하면, 팔다리를 좀 더 잘라보자는 거예요. 그렇게 이미 절단된 부위를 또 자르는, 만행에 가까운 치료가 계속됩니다. 놀라운 사실은, 초기 리포트에 따르면 개선이 된다는 보고가 많아요. 잘 생각해보세요. 아프다고 하면 또 자를 거잖아요. 그럼 어떻게 하겠어요? 안 아프다고 거짓말했겠죠. 그래서 한동안 이 치료가 계속됩니다.

이를 두고 뇌과학자들이 인터뷰를 진행하는데, 환상통 환자가 자기도 모르는 사이에 손이 아래로 간다거나 실제로 통증이 있는 듯한 반응을 보여요. 그래서 뇌과학자들이 절단 부위를 더 자르는 수술로는 환상통을 치료할 수 없다고 지적합니다. 절단은 이제 그만하고 다른 치료 방법을 모색하기로 하지만, 환상통의 기전을 파악하지 못한 상태에서 쉬운 일이 아니었습니다.

20세기의 환상통

20세기 중반, 효과적인 치료 방법을 찾지 못한 채 마약성 진통제를 처방하는 방식으로 환상통 치료를 미루고 미루다가, 인도의 뇌과학자 빌라야누르 라마찬드란Vilayanur Ramachandran, 1951~이 거울 치료를 개발합니다. 라마찬드란이 생각하기에, 사람들이 없는 팔 때문에 아파하니까 왠지 뇌가 착각하고 있는 듯 보여요. 그래서 그 착각을 고쳐보기로 합니다.

거울을 가운데 대고 오른쪽 팔을 왼쪽으로 비춰줘요. 왼쪽 팔이 없는데, 거울을 보면 왼쪽 팔이 있는 것처럼 보이는 거예요. 오른쪽을 움직여 왼쪽 팔의 감각 훈련을 계속해요. 이렇게 계속 훈련했더니 환상통이 없어집니다. 이명처럼, 없는 감각을 뇌가 계속 보상하고 있었던 거예요. 그래서 특정 부위가 없다는 걸 완전히 인지하고 나니 환상통이 사라진 거죠. 반대편, 그러니까 멀쩡한 팔을 거울에 비춰서 잃은 팔이 마치 있는 것처럼 뇌에 착각을 일으키는 원리입니다.

고무 손을 만들어 잘린 팔 쪽에 끼우면 감각이 없잖아요? 환자가 자신의 팔을 만지고 있는데 감각이 없다는 사실을 스스로 인지하면 통증이 사라져요. 지금은 좀 더 발전해서, 이와 같은 원리로 VR(가상 현실)을 이용한 치료가 최근에 도입됐어요. 여전히 환상통의 원인을 정확하게 파악하지 못했다는 사실과는 별개로, 치료의 효과는 상당히 좋습니다. 다행히 이제는 환상통으로 인한 고통을 겪을 일은 없다고 할 수 있어요.

혈압 측정의 쓸모를
어떻게 알았을까?

고혈압과 당뇨는 만성질환계의 쌍두마차입니다. 주변에 고혈압으로 약 먹는 분 정말 많을 거예요. 고혈압의 원인으로는 가족력, 흡연, 비만, 운동 부족, 당뇨, 고지혈증, 나트륨 과다 섭취, 그리고 노화 등이 있습니다. 특히 인류의 시작부터 노화가 있었죠. 인류 역사상 늙지 않은 사람은 늙기 전에 사망한 사람뿐이라는 말이 있을 정도로 노화는 살아 있다면 누구나 마주하는 하나의 현상입니다.

고혈압은 인류의 역사와 함께 탄생했을 거예요. 혈관 탄성이 떨어지면서 혈압이 자연스레 올라가거든요. 그렇다면 고혈압에 대한 역사상 최초의 기록은 언제 이루어졌을까요? 고혈압은 겉으로 잘 티가 나지 않기도 하고, 혈압을 제대로 재고 혈압 평균치도 알아야 해서 아마 늦게 인지되지 않았을까 싶습니다.

194

실험 정신에 미쳐 있던 18세기 과학자들

대기압에 대해 먼저 알아보죠. 1643년 이탈리아 물리학자 에반젤리스타 토리첼리Evangelista Torricelli, 1608~1647는 유리관에 수은을 넣고 뒤집어 세우면 항상 760밀리미터 정도의 높이로 수은 기둥이 선다는 사실을 확인합니다. 당시 인류는 이미 기체의 존재를 알았기 때문에, 대기(공기)가 누르는 힘에 의해 수은 기둥이 서 있다고 해석합니다. 즉, 수은을 760밀리미터 기둥으로 세우는 힘을 대기 압력의 크기로 정의한 것이죠. 이때부터 대기압을 760mmHg*로 표기하기 시작한 겁니다.

수은이 아니라 물이었다면, 물은 수은보다 약 13배 가볍기 때문에 물기둥은 대략 10미터 정도 측정됐을 거예요. 생각보다 어마어마하죠. 대기압이 760mmHg인데, 우리의 혈압은 얼마일까요? 정상 혈압이 수축기에 120mmHg, 이완기에 80mmHg예요. 동맥에서 피를 뿜어내는 힘을 생각해보면 대기압이 얼마나 큰 압력인지 알 수 있습니다. 물론 우리 혈관에 돌아다니는 혈액은 수은이 아니라 대부분 물로 이루어져 있기 때문에, 동맥이 잘못 찢어지면 대략 2미터 가까이 피가 위로 튈 수 있습니다. 저는 이렇게까지 피가 튀는 걸 직접 본 적은 없지만 영화나 드라마에 나오는, 피가 천

●   mmHg: 수은주밀리미터. 혈압 측정에 사용하는 압력 단위.

장까지 튀는 장면이 불가능한 일은 아니에요.

17세기에 대기압의 존재를 확인하고 단위까지 만들었죠. 또 심장이 있고 그곳에서 펌프질을 통해 혈관이라는 수로를 따라 피를 흘려보낸다는 사실도 알게 됩니다. 그럼 의사들이 무엇을 하고 싶을까요? 혈압을 재보고 싶죠. 혈압이 무슨 의미가 있고, 어떤 쓸모가 있는지 몰랐지만 그냥 궁금해요. 당시 의사들은 실험 정신이 대단했지만, 그럼에도 사람의 혈압을 당장 측정하지는 못합니다. 혈압을 재는 방식이 너무 폭력적이었기 때문입니다.

1733년, 최초의 동맥 혈압 측정으로 보이는, 영국에서 시행한 실험을 보면 끔찍합니다. 수의사이자 목사였던 스티븐 헤일스Stephen Hales, 1677~1761는 말의 동맥에 파이프를 집어넣고, 이 파이프를 유리관과 연결한 다음 유리관으로 치솟는 피 기둥의 높이를 측정합니다. 이를 물과 치환해 말의 혈압이 200mmHg라는 사실을 확인해요. 피가 높이 솟을 테니 야외에서 진행했을 테고, 이를 모든 사람이 봤겠죠.

사람의 혈압을 측정한 건 그로부터 110여 년이 지난 후인 1847년의 일입니다. 이 정도 지났으면 방법이 많이 달라졌을 거 같죠? 아닙니다. 여전히 환자의 동맥에 관을 찔러넣고 치솟는 피 기둥의 높이를 측정합니다. 사실 대상이 환자였는지 누구였는지 기록은 불분명해요. 당시에 혈압을 환자에게서 재지는 않았을 거예요. 정상 혈압이 궁금하니까 의대생같이 문제가 되지 않을 만한 사람에게서 잰 것 같아요. 그런데 이 피험자가 후에 어떻게 됐는지에 대한 기록이 없습니다. 아마 죽었거나 많이 아팠을 것 같아요. 실제로 말 목에서 사람 팔로 바뀐 것뿐 다른 게 없어요. 팔에 있는 동맥을 찔러서 피가 어디까지 치솟는지 본 거예요. 그런데 이 사람들이 의미도, 목적도 없이 왜 혈압을 쟀는지 아무도 몰라요. 혈압을 재는 방법이 발전하지 않은 이유가 혈압의 쓸모를 모를뿐더러 쓸데가 없었거든요. 그냥 궁금하니까 찔러본 거죠.

천재들의 발견으로 더 정교해진 혈압 측정법

조금씩 개선되기 시작한 것은 1855년, 독일 의사 카를 폰 비에로트Karl von Vierordt, 1818~1884가 동맥을 세게 눌러본 다음의 일입니다. 왜 눌렀는지는 모르지만, 맥박이 사라지는 것을 확인해요. 이 사람이 똑똑해서 정말 다행인 게, 동맥의 박동이 사라지는 순간 '아, 사람이 이렇게 죽는구나' 생각하지 않고, '우리가 준 압력을 혈압이랑 치환할 수 있겠네? 동맥의 저항 압력이 바로 혈압이구나!' 하고 깨닫습니다. 그래서 그가 고안한 방법은, 한쪽 손가락을 환자의 동맥에 대고 풍선으로 그 위를 감아 압력을 주고 박동이 사라지는 걸 느끼는 방식입니다. 안전했지만 잴 때마다 다르게 나왔어요. 재는 사람이 느껴야 했거든요. 부정확할 수밖에 없죠.

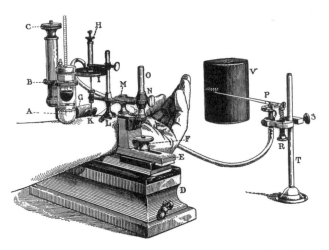

카를 폰 바슈가 발명한 현대적인 혈압계에 근접한 기구. 피부 아래의 동맥을 손가락으로 살짝 눌러 박동이 사라졌음을 확인했다.

이후 1881년, 오스트리아 의사 카를 폰 바슈Karl von Basch, 1837~ 1905가 혈압-맥박계sphygmomanometer를 개발합니다. 기압 대신 수압을 이용한 기계였는데 길이도 작고 더 정교해져요. 하지만 19세기 의사들에게 딱히 각광받지는 못했습니다. 혈압을 대체 왜 재는지 몰랐거든요. 사실 잰 사람들도 혈압을 왜 재는지 모른 채, 그냥 산이 있으니까 오르는 사람들처럼 계속 개발을 해요. 의학적으로 아무 쓸모 없는 짓이었는데 신기하게 열심히 합니다.

1896년에 이탈리아 의사 스키피오네 리바 로치Scipione Riva Rocci, 1863~1937가 오늘날 우리가 사용하는 혈압계와 비슷한 수은 혈압계를 발명합니다. 물론 이때는 수축기 혈압만 잴 수 있었어요.

> ### 정상 혈압과 고혈압 판단 기준은?
>
> ---
>
> 수축기 혈압 120mmHg, 이완기 혈압 80mmHg 미만이 정상 혈압이다.
> 이보다 올라가면 경계성 혈압으로 간주한다. 일반적으로 140mmHg에
> 90mmHg보다 높게 측정되면 고혈압으로 진단한다.

그래도 대단하죠. 그런데, 정작 이걸 활용한 사람은 이탈리아에 놀러 왔다가 자기 나라로 가져간 미국 신경외과 의사, 그 이름도 유명한 하비 쿠싱Harvey Cushing, 1869~1939입니다. 뇌 수술 분야의 선구자였던 쿠싱은 환자를 돌보면서 뇌출혈이 있거나 뇌에 이상이 생기면 혈압이 오른다는 사실을 깨달았어요. 물론 혈압이 떨어질 수도 있지만, 그때 쿠싱은 그렇게만 생각했습니다. 그래서 환자를 볼 때 혈압을 재라는 지침을 만들어요. 혈압이 높으면 위험하다는 사실을 인지하기 시작한 거죠.

그렇지만 고혈압을 바로 병으로 인식하지는 못합니다. 오히려 혈압은 높을수록 좋다는 생각이 널리 퍼져 있었어요. 루트비히 트라우베Ludwig Traube, 1818~1876라는 독일인 의사가, 고혈압이 생기면 신장으로 가는 혈관이 좁아지는데, 그곳을 지나기 위해 혈압이 올라간다고 이야기합니다. 또 고혈압이 생기면 심장이 더 커지는 것은 구석구석 피를 더 잘 보내기 위한 인간의 적응 능력의 일환이

라고 주장해요. 이때가 20세기 초인데, 쿠싱이 아무리 혈압이 높으면 안 된다고 주장해도 듣지를 않았어요. 주류 의학계에서는 혈압이 있어야 피가 통하고, 혈압이 떨어지면 사람이 죽는다고 생각해 혈압이 높을수록 좋다고 여겼죠.

이에 대한 반박은 1925년에 일어납니다. 혈압이 무려 수축기 210mmHg, 이완기 130mmHg에 이르는 33세 남자 환자가 머리가 아프다고 찾아와요. 이를 치료하기 위해 허리의 교감신경*을 잘랐어요. 지금은 이렇게 잘 하지 않는데, 그때는 약이 없었으니까요. 교감신경의 기능 중 하나가 혈관을 수축하는 것이니만큼, 교감신경을 자르면 혈관이 확 늘어나서 혈압이 떨어지거든요. 이론대로 하면 혈압이 떨어지니까 좁은 혈관에 피가 못 가야 하는데 잘 갑니다. 그래서 혈압이 낮아져도 괜찮다, 죽지 않는다고 반박해요.

보험 회사의 절규, 루스벨트, 신약

1928년에는 미국 보험회계사협회에서 고혈압 환자가 아무래도 오래 못 사는 것 같다고 주장합니다. 하지만 대부분의 의사는 요지부

---

* 교감신경: 척추의 가슴 부분과 위쪽 허리 부분에서 일어나 내장에 분포하는 신경. 심장을 강하고 빠르게 수축하게 하고 혈관 수축, 동공 확대 따위의 작용을 하며, 부교감신경과 대항 작용을 한다.

동이었어요. 전기의 전압이 높아야 전기가 잘 통하는 것처럼 혈압도 높아야 피가 잘 통한다고 말합니다. 따라서 고혈압을 꼭 치료해야 하는지에 대해서도 의견이 분분했어요.

이로 인한 가장 큰 피해자가 있습니다. 바로 제2차 세계대전에서 미국을 승전국으로 이끌고, 전후 세계 질서에서 영국과 프랑스를 최강대국의 지위에서 끌어내린 지금의 미국을 있게 한 대통령 프랭클린 루스벨트Franklin Roosevelt, 1882~1945입니다. 굉장히 유능한 사람이었지만, 제2차 세계대전을 치르면서 스트레스를 얼마나 많이 받았겠어요. 게다가 상대는 히틀러였어요. 혈압이 계속 오릅니다. 두통으로 힘들어해요. 1945년에 당시 루스벨트는 축농증도 있던 터라 심장내과도 아니고, 신경과도 아니고, 이비인후과 의사를 자신의 주치의로 모십니다.

대통령 주치의로서 이비인후과 의사는 열과 성을 다해 루스벨트를 돌봅니다. 그런데 혈압이 늘 190mmHg가 넘었어요. 루스벨트도 걱정이 되죠. 그런데 이 의사가 "혈압은 연령이 높아지면 자연스레 올라가기 마련이고, 나이가 많은데 혈압이 낮으면 오히려 문제입니다. 각하는 아주 건강하십니다"라고 말합니다. 다만 두통이 심하니까 사혈을 시행해요. 1845년 아니고 1945년의 일입니다. 후진국도 아니고 미국인데, 심지어 대통령 주치의가 내린 조치입니다. 루스벨트는 결국 뇌출혈로 사망해요. 사망 당시 혈압이 무려 300mmHg, 190mmHg였다고 합니다.

미국 제32대 대통령 프랭클린 루스벨트

사실 루스벨트는 이미 뇌출혈 증후를 보였어요. 루스벨트가 말을 정말 잘하는 달변가였거든요. 그런데 발음이 샌다든지 말을 더듬거나 단어를 떠올리는 데 시간이 많이 걸렸어요. 이는 뇌출혈 또는 뇌경색의 명백한 징후로, 지금 같았으면 치료해서 살았을 거예요. 또 뇌의 기능은 한 번에 잘못되는 게 아니라 계단식으로 진행되기 때문에, 혈관성 치매로까지 이어졌을 테니, 말년에는 업무에 지장이 꽤 있었을 겁니다.

이쯤 되면 생각을 바꿔야 하는데, 그렇지 않았죠. 1960년대에 미국과 영국의 보험 회사가 발표하는 고혈압과 뇌졸중이 통계적으로 유의미하게 연결되어 있다는 보고가 지속적으로 나온 뒤에야 비로소 주류 의학계에서 치료에 나서기로 의견을 모읍니다.

문제는 고혈압을 어떻게 치료하느냐였죠. 일단 당뇨가 고혈압보다 먼저 치료되기 시작했는데, 그때 음식 섭취를 제한하니 효과가 있었잖아요. 그래서 안 먹여봅니다. 효과가 없죠. 그래서 대개는 교감신경을 자르는 수술을 했습니다. 근데 이건 부작용이 너무 컸어요. 노인은 견디기 어려운 수술이기도 했고요.

이후에 나온 약들도 혈압은 떨어뜨리는데 입이 마르고, 눈이 침침하고, 일어설 때마다 어지러운 증세를 일으키는 등 문제가 많았습니다. 그러다 획기적인 치료제가 하나 나오는데, 바로 이뇨제* 입니다. 그 후 프로프라놀롤**이 나옵니다. 그다음으로 혈관 확장제 레닌-안지오텐신계 약물*** 등이 나왔죠. 그렇게 고혈압은 꾸준히 관리만 하면 무서운 합병증을 피할 수 있는 질환이 되었습니다.

이런 이야기를 들을 때마다 의학의 역사에 정말 감사하게 됩니다. 이 사실을 몰랐다면 어땠을까요? 현재 고혈압은 치료 방법도 있고, 약도 너무 좋아요. 지금의 진짜 문제는 약이 너무 좋은데 사람들이 약을 안 먹습니다. 꾸준히 제때 약만 제대로 먹어도 80년 전 미국 대통령보다 훨씬 좋은 치료를 받을 수 있는데 말이죠.

---

* 이뇨제: 신장을 통해 수분과 나트륨의 배설을 촉진해 소변의 양을 증가시키는 약물.

** 프로프라놀롤: 심장 박동을 조절해서 고혈압, 부정맥 치료 등에 쓰인다. 상품명은 인데놀.

*** 레닌-안지오텐신계 약물: 혈압과 체내 물의 양을 조절하는 호르몬계인 레닌-안지오텐신계를 차단해 고혈압을 조절하고 신부전증을 치료하기 위해 사용한다.

고혈압 합병증이 위험한 이유

고혈압의 90퍼센트는 원인을 알 수 없는 본태성고혈압증입니다. 하지만 고혈압을 유발하는 요인은 비교적 잘 밝혀져 있습니다. 유전, 흡연, 고지혈증, 당뇨병, 60세 이상 노년층, 폐경 이후 여성, 나트륨, 지방, 알코올 과다 섭취, 칼슘, 칼륨, 마그네슘 섭취 부족 및 일부 약물을 고혈압 유발 요인으로 꼽죠.

고혈압이란 혈관 벽에 작용하는 압력이 높은 것을 의미하는데, 이 상황이 지속되면 결국 혈관 내벽에 미세한 상처가 발생하게 됩니다. 만약 상처가 난 혈관이 뇌혈관이라면 뇌출혈이 발생하겠죠. 관상동맥이라면 관상동맥 질환이 발생할 거고요. 또 혈관 벽의 압력을 이겨내기 위해 심장이 무리하기 때문에 심장 근육이 비대해집니다. 그런데 심장은 근육이 너무 커지면 내부 공간이 줄어들고 효과적인 수축이 어려워져 기능이 떨어집니다. 즉, 심부전증이 발생할 수 있죠. 이외에도 신장 질환이나 흉부 및 복부의 동맥류를 유발할 수 있는 아주 무서운 질환입니다.

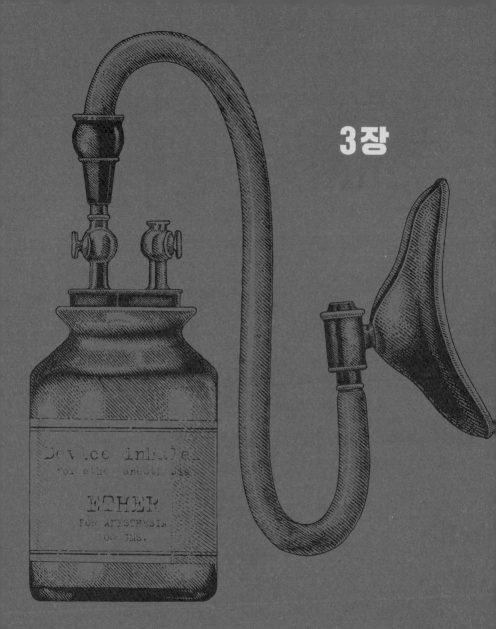

3장

남용과 무지가 낳은
약물 잔혹사

맙소사, 아이들을 재우려고 약물을 먹였다고?

의학의 역사에서 아편은 매우 중요한 부분을 차지합니다. 사실 아편을 마약의 역사로만 소개하기에는 아쉬움이 있어요. 진통제의 역사이기도 하거든요. 아편은 10퍼센트 가량의 모르핀morphine●을 함유합니다. 모르핀은 현재 진통제로 널리 사용되고 있어요. 영화 〈라이언 일병 구하기〉를 보면, 상태가 위급한 병사에게 편안히 가라고 모르핀을 놓아주잖아요? 통증 쇼크로 죽을 수 있기 때문에 팔다리가 절단되면 모르핀을 주사하는 겁니다. 진통제로 병을 고치는 건 아니지만, 인간이 통증에 아주 예민하기 때문에, 모르핀은 의학적으로 아주 중요한 약이에요. 이런 이유로 오래전부터 알

● 모르핀: 아편의 주성분이 되는 알칼로이드. 마취제나 진통제로 사용한다.

게 모르게 아편이 유용하게 쓰였을 가능성이 있습니다. 오피오이드opioid*는 인류가 찾은 최초의 진통제인데, 지금까지도 효과가 가장 좋아요.

신석기시대부터 재배된 아편

아편의 원재료는 양귀비꽃입니다. 붉은색, 하얀색, 보라색 등 색깔이 다양해요. 꽃이 핀 다음에 꽃잎이 떨어지고 며칠 지나면 동그란 씨방이 남는데, 이 씨방에 상처를 내면 하얀 우윳빛 즙이 나옵니다. 이 즙을 모아 말린 게 아편이에요. 정말 신기하죠. 어떻게 발견했을까요?

양귀비는 언제 어디서 최초로 재배되었을까요? 자연적으로 양귀비가 어디서 자생했는지는 사실 알기 어렵습니다. 일단 양귀비는 집단으로 자라지 않아서 지금까지 흔적이 남아 있지 않아요. 재배한 흔적을 찾아야 하는데, 놀랍게도 기원전 6000년 중반쯤부터 지중해의 동쪽, 지금의 튀르키예 근방에서 그 흔적이 발견됩니다. 못해도 신석기시대부터 재배했다는 건데, 한반도의 경우 기원전 4000~3000년에 이르러서야 신석기 혁명, 즉 농경 사회가 시

● 오피오이드: 아편opium에서 유래한 용어. 아편과 유사한 마약성 진통제인데, 주로 수술 후 통증 등을 완화하기 위해 사용한다.

작되었다고 알려져 있거든요. 그런데 지중해 연안에서는 기원전 6000년에 양귀비를 재배한 겁니다. 인류의 집념이 느껴지죠. 진통 효과 때문이었을까요, 환각 효과 때문이었을까요?

이후 양귀비가 얼마나 빨리 번져나갔는지 아시나요? 서유럽의 끝, 그러니까 지금의 스페인과 포르투갈에서 양귀비가 재배되기 시작했다고 추정되는 시기가 무려 기원전 5400년입니다. 당시가 신석기시대임을 감안하면 몇백 년 안 걸렸다는 게 대단하죠? 심지어 바다 건너 섬나라 영국에서도 기원전 4000년부터 재배한 흔적을 찾을 수 있습니다. 정말 진통 효과 때문인가 싶을 정도로 빠르게 번졌어요.

그만큼 양귀비의 재배를 필수적으로 생각했던 거예요. 특히 본격적인 문명의 발호라고 여겨지는 메소포타미아 지역의 석판을 보면, 양귀비의 씨방에서 즙을 채취하는 방법이 아주 상세히 기록되어 있습니다. 또 양귀비를 일컬어 '기쁨의 식물'이라고도 표현해요. 인류 역사에서 빼놓을 수 없는 이집트에서도 마찬가지입니다. 이집트의 고대 문명을 규정하는 임호테프Imhotep, BC 2650?~2600?가 쓴 여러 파피루스 기록을 보면, 의학서에 양귀비가 등장합니다. 진통제로 쓸 수 있지만 과용할 경우 죽을 수도 있으니, 죽도록 아파하는 사람한테만 쓰라고 나와요. 정확하지는 않지만, 이때도 안락사의 개념이 있었을 가능성을 점쳐봅니다.

임호테프가 쌓은 위대한 업적들

임호테프는 고대 이집트의 실존 인물로, 현자 중의 현자다. 그는 최초의 계단식 피라미드를 설계했고, 역사에 기록된 인류 최초의 공학자, 내과 의사, 건축학자일 만큼 많은 업적을 남겼다. 이집트 문명사에 아주 중요한 인물이다. 영화 〈미이라〉에서 무서운 캐릭터로 등장해 사람들에게 잘못된 이미지가 형성됐는데, 이는 문화에 대한 왜곡이다. 최근에 나온 영화나 게임을 봐도 이집트에 대한 서구 문명의 시선이 상당히 비틀어졌음을 알 수 있다. 지금 이렇게 못 사는 민족이 그토록 찬란한 문명을 스스로 꽃피웠을 리 없다는 식의 뉘앙스가 이곳저곳에 깔려 있다. 이집트 고대 문명이 대단히 신비주의적으로만 그려지는 이유다.

그리스 시대의 아편

시간이 좀 더 지나 그리스 시대에도 아편에 대한 언급은 지속적으로 나옵니다. 심지어 그 유명한 호메로스Homeros●의 서사시 《일리아스》 중 〈분노를 노래하소서 여신이여, 파괴적인 분노는 아카이아인에게〉에도 나오죠. "아편을 섞은 술을 마신 자는 눈앞에서 가

● 호메로스: 고대 그리스 최고의 서사 시인으로 《오디세이아》의 작가이다.

족이 죽어도 한나절은 눈물을 흘리지 않는다"라는 구절이 있어요. 진통뿐만 아니라 괴로움까지 잊게 해주는 약으로, 사람들이 아편을 나쁘게 생각하지 않아요.

히포크라테스도 아편에 관심을 보였는데, 그는 아편의 남용으로 발생하는 중독 또는 내성을 나쁘다고 보지 않고, 면역을 획득하는 과정으로 이해했습니다. 굉장히 중립적인 시각으로 봤다는 건데, 학자로서는 좋은 태도일지 몰라도, 마약으로서 아편의 경우에는 너무 위험한 판단이었죠.

로마 시대에도 아편을 진통제나 수면제로 사용했다는 기록이 있습니다. 그리스 로마 시대를 지나면서 종교적인 이유, 특히 기독교의 금욕적인 문화가 번지면서 자연스럽게 알코올과 마약, 즉 아편을 제한하거나 금지합니다. 이는 로마제국이 번성하기 위한 하나의 방편이기도 했어요. 특히 나폴리의 매춘굴에서 손님을 대상으로 판매한 아편이 심각한 중독을 비롯한 부작용을 초래할 수 있다는 사실이 알려지면서, 아편은 완전히 배격당합니다. 다른 문화권, 즉 중동에서는 함부로 쓰면 안 되지만 잘 쓰면 요긴한 약이라고 여겨져 계속 재배됩니다.

그렇게 아편은 유럽 문화권에서 잊혔다가 문명과 문명이 충돌한 십자군 전쟁 때 사람들이 많이 다치면서 일부 다시 유입됩니다. 이때는 유럽이 완전 기독교 문화권이어서 아편을 이교도의 물건으로 취급해요. 아편을 먹으면 강력한 처벌을 받았죠. 당시 아편이 불러오는 환각과 중독은 인간을 파괴하고 사회·경제적 손실을 초래할 뿐만 아니라 종교적인 타락을 의미했어요. 하지만 적군인 이슬람 문화권에서는 계속 아편을 사용했죠. 그러다가 전쟁 중에 기사의 종자가 부상으로 너무 아파하니까 잡혀온 포로가 아편을 꺼내 듭니다. 어쩔 수 없이 아편을 먹였더니 종자의 고통이 멈추는 게 아니라 웃기 시작해요. 일종의 종교적인 체험처럼 보였겠죠. 이후 귀족 사이에서 아편이 암암리에 성행합니다. 국가가 그걸 막지는 못해요. 가격은 점점 올랐죠. 그렇게 아편은 유럽에서 비싼 필수품이 됩니다.

르네상스 시대의 아편

아편이 다시 고개를 들기 시작한 것은 종교의 힘이 쇠퇴하고 인간의 힘이 커지던 르네상스 시대 이후의 일입니다. 종교의 힘이 점점 기울면서 사회는 인본주의로 회귀하는데, 이때 그리스의 중립 사고가 주목을 받아요. 예를 들어, '마약 자체는 선이나 악이 아니고 인간이 그것을 어떻게 사용하느냐에 따라 선이 될 수도 악이 될 수도 있다'는 식의 생각이 팽배해집니다. 아편 사용량이 급증하고, 양귀비를 재배하기 시작해요.

이때 등장한 사람이 유명한 연금술사 파라켈수스Paracelsus, 1493

~1541입니다. 가명으로, '고대 로마의 명의인 켈수스를 능가했다'는 뜻이에요. 가명만큼이나 대담하게 활동했는데, 아편을 환약 형태로 만들어 이용했어요. 유럽을 떠돌아다니면서 만병통치약으로 아편을 팔았는데, 지금 시각에서 보면 그냥 마약왕입니다. 하지만 당시 의학 수준을 보면, 수술과 치료를 통해 낫기보다는 아편을 통해 빠르게 진통 효과를 보는 편이 더 좋았을 수도 있겠다는 생각이 들어요. 실제로 이 사람에 대한 평가는 꽤 논란이 있습니다.

문제는, 그동안 너무 억눌려 살아서 그런지, 아편에 대해서 사람들이 단점은 무시하고 장점에만 매달렸다는 겁니다. 사실 아편뿐만 아니라 다른 마약에 대해서도 비슷한 태도를 취해요. 그렇다 보니 이제 아편이 약이 아니라 제품화됩니다.

아편 찬양의 서막이 열리다

17세기 말에서 18세기 초 영국에서 '아편 팅크opium tincture'라는 음료가 나오는데, "아편 팅크는 감기, 콜레라, 생리불순, 통증 등에 아주 효과적이다"라고 광고했어요. 그나마 다행인 건, 당시에는 아편에서 모르핀을 정제하는 방법을 몰랐다는 것인데, 그럼에도 17세기 말부터 유럽 전역에서 아편중독자가 기하급수적으로 늘어납니다.

불행하게도 딱 이즈음인 1803년에, 프리드리히 제르튀르너 Friedrich Sertürner, 1783~1841라는 젊은 약제사가 아편에서 모르핀을 정제하는 법을 알아냅니다. 지금 같았으면 '오, 잘했어. 그럼 이거 정제해서 최대한 해가 되지 않는 선에서 진통제 용법을 만들어보자'고 논의했겠지만, 그때는 마약은 나쁜 게 아니고 우리가 어떻게 사용하는지가 더 중요하다는 기조가 팽배했습니다.

대표적인 사례가 바로 '윈슬로 부인의 진정 시럽Mrs. Winslow's Soothing Syrup'입니다. 간호사였던 윈슬로 부인은 젖니 때문에 아파하는 손자를 치료해주고자 이 시럽을 만들었어요. 그렇게 1849년에 이 시럽이 시장에 출시됐는데, 미친 듯이 팔려나갑니다. 이 시럽을 먹고 아이들이 잠드는 거예요. 런던의 경우 슬럼화가 꽤 진행되었고, 당시에는 노동자 인권 등의 개념이 없던 시절이라 맞벌이 부부들이 아이를 돌볼 시간이 없었어요. 그런데 이걸 먹이면 아이가 일하고 돌아올 때까지 자니까 먹인 거예요. 조금 더 지나 1860년

'윈슬로 부인의 진정 시럽' 광고 이미지

대에는 미국에서 남북전쟁이 터지죠. '이 시럽이 잠만 오는 게 아니
라 진통 효과도 있네?' 하면서 또 엄청 팔려나갑니다. 그 덕분에 윈
슬로 부인은 '어머니의 친구', '고통의 해방자'로 추앙받습니다.

그렇게 이 시럽은 1910년까지 불타나게 팔리다가 1911년에
비로소 판매가 금지돼요. '윈슬로 부인의 진정 시럽'의 주성분이 모
르핀이었어요. 조금 들어간 게 아닙니다. 심지어 함유된 양도 치사
량을 넘깁니다. 실제로 이 시럽을 먹고 많이 죽었을 텐데, 당시에는
워낙 아이들이 많이 죽어나가던 시절이라 시럽이 사망 원인이라고
조금도 생각하지 못했습니다. 정말 어이가 없는 일입니다. 아이들
이 그렇게나 많이 죽었는데 조사를 한 번도 하지 않았다니, 이 시
럽이 60년 넘게 시판되었다니 말이죠. 이런 무지와 희생을 통해서
우리가 마약의 폐해를 알게 된 거예요. 정말 다시는 일어나면 안

'윈슬로 부인의 진정 시럽' 신문 광고(1876)

되는 일입니다.

아편전쟁도 빼놓을 수 없죠. 사실 유럽에서, 특히 영국에서는 이미 오래전부터 아편의 해악에 대해 알고 있었어요. 다만 효능도 크다고 여겨서 자국에서 완전히 통제하지는 않았죠. 대신 의약품으로만 사용하라고 제한을 뒀는데, 그럼에도 불티나게 팔려나갈 정도로 중독성을 보였다는 건, 우리가 이미 윈슬로 부인의 시럽으로 확인했죠.

당시 영국은 차 무역 때문에 청나라와의 무역에서 어마어마한 손해를 보고 있었습니다. 이를 타개하기 위한 방편으로 아편을 동원해요. 그것도 청나라 사람들이 별 반감 없이 사용할 수 있도록 담배 형태로 팔아먹는데, 당시 청나라는 오래된 평화로 인해 분위기가 느슨했고, 아편의 독성에 대해 잘 몰랐기 때문에 아편이 불티나게 팔립니다. 결과는 안 봐도 뻔해요. 마약인 아편과 단순 기호품인 차는 상대가 되지 않았겠죠. 거인과도 같던 청나라가 무너지는 계기가 됩니다.

아편보다 더한 약의 탄생

아편의 역사는 여기서 끝이 아닙니다. 영국인을 비롯한 인류 전체가 아편의 폐해를 두 눈으로 똑똑히 확인했죠. 그런데 진통 효과를 포기할 수는 없단 말이에요. 1874년 영국 화학자 찰스 롬리 앨더 라이트Charles Romley Alder Wright, 1844~1894가 모르핀에 아세틸기*를 결합한 물질을 개발해요. 당시에는 별 주목을 받지 못했습니다.

20년이 지나고 독일의 바이엘사**가 이 연구를 바탕으로 모르핀의 중독성을 완전히 해결하고 부작용도 없다고 선언(광고)하며 가래를 제거하는 진해 거담제를 발표해요. 이 약의 이름은 헤로인heroin입니다. 모르핀과 생리학 효능은 동일하나 흡수 속도를 극한까지 끌어올린 제품이에요. 아편보다 중독성이 더 강한, 동시에 엔도르핀 체계를 망가뜨리는 마약을 만든 거예요. 다행히 그 해악이 너무 강력해서 금방 퇴출되기는 했지만, 이후로도 마약류 약품

● 아세틸기: 메틸기와 카보닐기로 이루어진 1가의 원자단CH_3CO-. 아세트산CH_3COOH에서 하이드록시기-OH를 떼어낸 것.

●● 바이엘사: 아스피린이 대표 제품이며 마데카솔, 인사돌 등으로 알려진 회사.

에 대한 인류의 무지로 인한 실수는 얼마간 지속됩니다.

다행히 이제는 마약의 위험성에 대해 잘 인지하고 있기 때문에, 적어도 주류 의학계나 정부에서 마약을 잘못 이용하거나 권하는 일은 없어졌습니다. 그러나 최근 마약 청정국 대한민국에서도 마약 범죄가 심심찮게 확인되는 만큼, 반드시 주의해야 한다는 거 다시 한번 강조합니다.

마약에도 적정량이 있을까?

모든 약은 용량이나 용법에 따라 약이 될 수도 있고, 독이 될 수도 있습니다. 우리가 흔히 쓰는 진통제인 아세트아미노펜(타이레놀)도 너무 많이 복용하면 간 독성을 일으킬 수 있고, 실제로 그로 인해 간부전이 발생하는 경우도 있죠.

그 때문에 마약도 혹시 그런 적절한 복용량이 있는 것은 아닐까 헷갈릴 수 있어요. 당연히 전혀 그렇지 않습니다. 인체에 해를 끼치지 않을 정도의 용량이 있기는 하지만 극소량에 불과하고, 펜타닐과 같은 합성 마약은 극소량만으로도 사람을 중독시키고 심지어 사망에 이르게 할 수 있어요. 의사의 철저한 관리 감독하에 통증 조절을 목적으로 처방이 되는 경우에도 일정 확률로 중독이 될 수 있기 때문에 일반인은 아예 쳐다보지 않는 것이 좋습니다. 호기심 또한 그냥 접어두세요. 마약을 함으로써 얻을 수 있는 건 파멸뿐입니다.

인류가 식량이 아닌 마약을 위해 농사를 시작했다고?

대마는 아편, 코카인과 함께 3대 마약으로 불립니다. 대마는 유독 별명이 많아요. 여러분은 어떤 이름으로 알고 있나요? 네, 마리화 나가 있죠. 스페인어 여성의 이름 중 제일 흔한 마리아^{Maria}와 후 아나^{Juana}를 합쳐 마리화나^{MariJuana}가 된 겁니다. 여성의 품에 안긴 것처럼 아늑하다는 의미죠. 각 이름의 앞 철자를 따서 MJ라고도 불렀어요. 영어권에서는 MJ를 메리제인^{MaryJane}이라고도 부르는 데, 특히 팝송 가사에 무척 많이 등장해요. 보통 '메리제인이 보고 싶다'고 하면 대마초를 그리워한다는 뜻입니다.

대마가 이끈 농업시대

대마가 최초로 발견된 때는 언제일까요? 빙하기가 끝난 직후인 기원전 12000년, 중앙아시아 알타이산맥 근처입니다. 대마를 들고 있는 어떤 성인 남성의 시신이 발견됐어요. 빙하기로 인해 지형지물이 많이 파괴됐을 것을 감안하면 그 전에도 존재했을 거라 여겨집니다. 이때부터 인류의 전성기가 시작돼요. 당시에 형성된 것으로 추정되는 여러 유물을 보면 원시 형태의 종교, 모든 샤머니즘과 토테미즘, 애니미즘 같은 종교적 제례가 이때부터 시작됩니다. 대마와 연관이 있어 보여요. 실제로 벽화를 보면 환각 버섯을 줍는 모습, 대마를 마는 모습이 군데군데 발견됩니다. 당시 제사장들이 대마나 버섯 등을 먹고 의식을 치른 것으로 보여요.

　대마 재배는 아편과 비슷하게 기원전 6000년부터 시작됩니다(코카인 재배도 이 시기쯤으로 추정돼요). 원래 세계 곳곳에서 자생한 게 아닐까 의문을 가질 수 있지만, 대마가 영어로 캐나비스kannabis인데 그리스어, 라틴어, 이탈리아어, 러시아어, 셈족 언어인 아랍어, 튀르키예어, 백인 언어인 조지아어 다 비슷하게 발음합니다.* 어원이 같아요. 어디를 가나 '캐나비스' 하면 대충 다 통했던 거예요. 이보다 확실한 증거는 없겠죠. 그래서 대마가 한곳에서 다 번져나갔

---

* 그리스어 κάνναβις, 라틴어 cannăbis, 이탈리아어 canapa, 러시아어 konoplja, 아랍어 qunnab, 튀르키예어 kendir, 조지아어 კანაფის.

대마초를 말린 모습과 대마 재배지

다는 것이 정설입니다.

대마는 유목민들의 이주와 함께 씨앗이 퍼져갑니다. 중앙아시아에서 동남아, 중국, 심지어 이집트까지 전 세계로 번져나가요. 대마가 자연적으로 퍼지기는 하지만, 식물이 자연적으로 퍼지는 데는 한계가 있죠. 이와 비슷해 보이는 게 있어요. 바로 개입니다. 인간이 개를 길들이기 시작하면서부터 개는 전 세계에 살잖아요.

그런데 대마가 왜 이렇게 번져나갔는지에 대해서는 의견이 꽤 분분합니다. 대마초는 여러모로 쓸모가 있어요. 섬유, 식량, 기름… 이것이 주된 쓰임은 아니지만 요긴해요. 대부분은 대마를 말아서 피우는 환각 작용이나, 이완 작용을 일으키는 용도의 효용 때문에 번져나갔다고 보는 게 정설이에요.

그래서 인류는 식량이 아닌 마약류를 위해서, 즉 대마를 이용하기 위해서 농사를 시작했다는 이론도 있습니다. 사실 우리가 흔히 곡식이라 부르는 식물을 재배했다는 증거가 명확하지가 않아요. 인간이 식량이 아니라 약 때문에 재배를 시작했을지도 모른다는 시각은, 지금은 정설로 받아들여집니다. 실제로 현대 사회에 이를 입증하는 듯 보이는 민족이 있는데, 아프리카 피그미Pygmy족입니다. 이들은 아직도 원시시대의 수렵과 채집을 통해 생활을 영위합니다. 그런데 딱 하나의 작물을 위해서는 농사를 지어요. 대마, 대마만 농사를 짓습니다.

옛 문헌 속 대마의 흔적

대마의 의학적인 효용을 최초로 언급한 곳은 어디일까요? 기원전 16세기 이집트 《에베르스 파피루스》에 우울감을 치료하기 위해 대마초를 사용했다는 기록이 있습니다. 그리스에서도 대마초는 여러 방면으로 쓰이는데, 호메로스의 《오디세이아》에 보면, 동료가 죽어 슬퍼하는 군인들에게 대마초를 제공했다는 기록이 있습니다만, 지금 와서 보면 아편이었을 가능성이 더 높아요. 시에 직접적으로 "아편을 탄 술"이라는 문구가 있는 데 비해, 대마에 대한 기록이 많지는 않거든요. 이외에도 호메로스의 기록이나 로마 시대에도 대마초에 대한 언급이 있긴 한데, 아편에 비하면 빈도가 확 떨어집니다. 유럽에서 대마는 크게 주목받지 못했어요. 또 로마 시대에 기독교가 국교로 지정되면서 마약류나 알코올이 거의 퇴출됩니다.

주로 이집트와 메소포타미아는 아편, 인더스와 황허 문명은 대마, 마야는 코카인으로 정리할 수 있어요. 게다가 유럽은 기독교가 중심이 되면서 아편을 비롯한 마약이 모두 근절됩니다. 기록을 더더욱 찾아보기 어렵죠. 이 말은 대마의 사용을 알기 위해서는 인도, 중국 또는 중동 지역을 살펴봐야 한다는 뜻입니다.

관우 아시죠. 팔에 독화살 맞아서 뼈를 깎아내는 데 바둑을 두잖아요. 맨 정신으로는 불가능한 일이에요. 허구 아니면 약을 쓴 겁니다. 이때 화타가 썼다는 마비산이라는 약이 있는데, 대마가 함유된 것으로 보입니다. 또 《천일야화》*에서 공주님이 1,000일 동안 이야기를 들려주잖아요. 지금으로 치면 장편소설을 1,000일 동안 매일 연재하는 건데, 보통 일이 아니에요. 심지어 공주는 죽을 위험에 빠져 있단 말이죠. 그래서 그랬을까요? 공주가 마신 포도주에는 대마가 섞여 있었습니다. 약에 힘입어 이야기를 풀어낸 겁니다.

● 《천일야화》: 설화 문학 사상 가장 강렬하고 반향이 큰 작품. 1,000일하고도 하룻밤 동안 셰에라자드가 샤리아 왕에게 들려준 이야기. 그중 〈신드바드의 모험〉〈알라딘〉〈알리바바와 40인의 도적〉이 있다. 《아라비안나이트》라고도 불린다.

암살자 집단, 해시시 클럽?

해시시hashish, 정확히는 몰라도 들어본 적은 있을 거예요. 대마초의 농축된 버전으로 보는데, 보통 누가 쓰냐 하면 '어새신'이라는 집단이 썼습니다. 암살자 집단이에요. 어새신의 어원인 아사신assassin은 암살과는 관계가 없고, 대마초를 피우는 사람이란 뜻입니다. 이슬람 시아파 계열의 아주 과격한 소수파로, 소수정예 암살 집단을 이뤘습니다.

해시시를 싸울 때 쓴 건 아니고, 사람을 모집할 때 썼습니다. 일단 나가서 가족이 없어 보이는 건장한 남자를 찾아요. 그리고 약을 먹여서 정신을 잃게 만든 다음에 화려한 곳에서 대마초와 여자, 음식, 과일들을 제공하고 환각 상태를 즐기게 한 다음 어느 시점에 다시 약을 먹여 재워요. 그리고 현실에서 깨어나면 사제가 가서 "네가 알라를 위해 목숨을 바치면 네가 체험한 천국을 죽어서 누릴 수 있다"고 전합니다. 그럼 이제 죽음을 불사하는 암살자가 되는 거예요.

이런 중동 문명과 유럽이 충돌하죠. 십자군 전쟁 때 아편과 대마초 등의 마약이 유입됩니다. 아편은 사실 진통과 환각 외에는 별 쓸모가 없는 식물인 데 비해 대마초는 실질적으로 섬유로서 어마어마한 효용이 있었어요. 콜럼버스가 신대륙을 발견할 때 타고 간 배의 돛을 대마초로 만들었습니다. 그리고 캔버스 위에 그림을

이탈리아 화가 가에타노 프레비아티Gaetano Previati의 〈해시시 흡연자〉(1887)

그랬어요. 캔나비스 캔버스 발음이 비슷하죠? 캔버스도 대마로 만들었습니다. 심지어 미국 독립선언문이 쓰인 종이도 대마입니다. 물론 지금은 대마로 만들진 않아요. 괜히 가서 캔버스 씹어보면 안 됩니다.

그렇다 보니 대마가 알음알음 좀 허용이 됐어요. 섬유와 기름을 얻으려고 대마를 재배한다고 하는 거예요. 물론 대마를 피울 때 나는 냄새가 굉장히 독했기 때문에 모를 수 없었겠지만, 그렇다고 금하기에는 효용이 대단했기 때문에 암암리에 번집니다. 대마를 물담배로 만들어서 피우는 사람들이 생겨요.

종교의 시대에도 이랬으니 르네상스가 지나고, 18~19세기가 열렸을 때는 어땠겠어요? 프랑스에 있던 사교 모임 이름이 '해시시 클럽'일 정도였어요. 《몬테크리스토 백작》을 쓴 알렉상드르 뒤마, 《레미제라블》과 《노트르담 드 파리》를 쓴 빅토르 위고 외에 비평가이자 시인이었던 샤를 보들레르, 시인이자 소설가였던 제라르드 네르발 등이 이 클럽에 속했습니다. 해시시 클럽이니까 해시시도 했겠죠.

산업혁명 이후로 인류가 한 단계 진보하면서 마약의 부정적인 면을 알게 됩니다. 그런데 좀 어설프게 알아요. 아편중독, 마리화나중독을 치료하려고 모르핀을 줘요. 그러다가 모르핀에 중독되면 코카인을 줍니다. 마약을 마약으로 돌려막는 거예요. 다행히 지금은 이 같은 만행은 일어나지 않죠. 위험은 위험으로 인지하고, 효용이 있으면 효용이 있는 성분만 딱 분리해서 치료용으로 쓰는 긍정적인 움직임이 지속되고 있습니다.

신의 선물인가, 악마의 속삭임인가

이번에는 아편과 대마에 이은 3대 마약, 코카인입니다. 아편은 기원전 6000년, 대마는 기원전 12000년경부터 있었죠. 코카인의 경우, 기원전 3000년경부터 안데스산맥 근처에서 코카잎을 사용한 것으로 보여요. 다른 마약과 달리, 코카나무는 안데스산맥에서만 자생하기 때문에 근대에 이르기까지 딱 이 주변에만 영향을 끼쳤습니다. 당시의 문명을 통틀어 안데스 문명*이라고 부르는데, 이곳에서 곡식 재배가 본격적으로 이루어진 때가 기원전 2000년이라고 해요. 그보다 1,000년 앞서서 코카잎을 사용했다니 상당히 놀랍죠? 옥수수가 재배되기 시작한 때도 기원전 600~700년의 일입

* 안데스 문명: 스페인이 아메리카 대륙을 침입하기 이전에 남미 중앙의 안데스 지역에 형성된 여러 문화를 통칭한다.

228

니다.

더 놀라운 일이 하나 있습니다. 1976년 9월에 프랑스 파리에서 열리는 기획 전시를 위해 고대 이집트 제19왕조의 제3대 파라오인 람세스 2세Ramses II, 재위 BC 1279~1213의 미라를 옮겨옵니다. 그런데 전시를 위한 조사 과정에서 프랑스 과학자들이 미생물에 의해 람세스 2세의 미라가 손상되고 있음을 확인해요. 더 조사했더니 미라를 감싼 붕대에서 담뱃잎 조각이 나옵니다. 사실 담배는 15세기 말에 콜럼버스가 남아메리카에서 가져오기 전에는 구대륙에 번진 적이 없었어요. 그래서 고고학자는 '근처에서 담배 피우다가 들어갔겠지' 하고 넘깁니다. 심지어 담뱃잎 조각이 미라의 가장 안쪽 복부에서도 발견되었는데 말이죠.

그러다가 1992년에 독일의 병리학자 스베틀라나 발라바노바Svetlana Balabanova, 1929~2015가 뮌헨 박물관에 있는 이집트의 미라 9개의 머리카락과 피부, 뼈의 성분을 검사해요. 그 결과, 모든 샘플에서 대마의 환각 성분과 함께 코카인이 검출되고 8개의 샘플에서는 니코틴이 확인됩니다. 기원전 1000년에 이집트인이 남아메리카에서 담배와 코카인을 직접 공수한 걸로 추측돼요. 하지만 남아메리카에서만 자생하는 코카나무가 어떻게 이집트에서 발견될 수 있었는지는 여전히 수수께끼로 남아 있습니다.

잉카 문명의 문화와 천두술

중남미 문명은 아즈텍, 마야, 잉카 문명으로 크게 구분합니다. 코카나무는 안데스산맥에서만 자생했기 때문에 북쪽에 있는 아즈텍과 마야 문명과는 관련이 없습니다. 잉카 문명과 가장 연관이 크죠. 그런데 잉카 문명이 그렇게 오래 지속된 문명이 아닙니다. 잉카제국이 안데스산맥을 아우르는 영토를 대략 1세기가량 지배해요. 그래서 이전 기록을 뒤져봐야 합니다. 나스카, 티아우아나코 문명, 치무 왕국 등을 찾아볼 수 있지만, 이들은 절대왕조까지는 아니고 그 지역에 영향력을 행사한 정도예요.

코카잎을 씹어 볼이 빵빵해진 모습을 묘사한 조각상

　당시 기록을 보면, 코카잎은 주술사나 특정한 사람들의 전유물이 아니라, 그냥 누구나 씹는 것이었어요. 그럼 '모두 일상적으로 마약을 했나?' 하는 의문이 들 수 있지만, 그건 아닙니다. 코카잎 성분을 분석해보면 딱 1퍼센트 정도만 코카인이고 나머지는 무기질이나 비타민이거든요. 어지간히 많이 씹지 않는 이상, 이 잎사귀를 씹는 것으로 인한 각성 효과는 커피 정도에 불과했어요. 물론 이 효과만으로도 고된 노동과 더위 그리고 모기와 같은 해충에 노출된 원주민에게는 어마어마한 것이었습니다. 그래서 잉카의 신을 보면 양손에 코카잎을 들고 있어요. 신의 선물인 거죠. 당시 조각상을 보면 코카잎을 씹어서 빵빵해진 볼을 확인할 수 있습니다.

코카잎을 더 씹으면 환각이 발생한다는 사실을 잉카인들도 모르지 않았습니다. 그래서 '잉카 문명' 하면 머리에 구멍을 내는 수술인 천두술이 유명하죠. 코카인의 마취 효과가 어마어마하기 때문에 다른 문명보다 훨씬 유리했어요. 천두술을 정말로 많이 시행했는데, 많이 하면 할수록 실력이 늘잖아요? 세계신경외과학회지《월드 뉴로서저리World Neurosurgery》에 실린 논문에 의하면, 당시 14세기 무렵에 천두술은 외상이나 두통, 정신 질환을 고치기 위해 시행됐는데 기원전에는 생존율이 40퍼센트였던 데 비해 75~83퍼센트까지 상승합니다. 이 수치가 얼마나 대단한가 하면, 미국 남북전쟁 당시 뇌 수술 생존율이 50퍼센트 정도였으니까 정말 높은 거죠.

또 잉카 문명 하면 인신 공양으로 유명하죠. 재해가 발생하면 어린아이를 제물로 바칩니다. 1999년에 유야이야코산 분화구에서 15세로 추정되는 미라가 발견됐는데, DNA 분석 결과, 500년 전 잉카 문명에서 태어난 소녀라는 사실이 밝혀집니다. 신기한 점은, 제물로 바쳐졌는데도 미라의 얼굴이 굉장히 편안해 보인다는 사실이에요. 머리카락을 분석해보니까 다량의 알코올과 코카인이 검출됩니다. 인신 공양을 할 때도 코카잎이 쓰인 거예요.

잉카제국을 침입한 스페인, 코카콜라

16세기부터 스페인이 잉카제국을 침략하기 시작합니다. 그 전부터 구대륙에서 넘어온 천연두가 창궐하면서 국력이 쇠퇴해가고 있었어요. 심지어 잉카제국의 잔인한 통치로 괴로워하던 주변 부족들이 스페인군을 도와 잉카제국을 무너뜨리는 데 일조합니다. 그럼 스페인은 잉카제국보다 너그러웠을까요? 그럴 리 없죠.

스페인군은 잉카제국을 식민지로 삼고, 사람들을 광산에 데려가 강제 노동을 시켰습니다. 그러면서 코카잎의 효능을 알게 됩니다. 일을 진짜 미친 듯이 시키는데 잉카인들이 코카잎만 씹으면서 대강 버티는 거예요. 그런데 코카잎을 자연스럽게 찾아서 씹는 게 아니라 너무 고통스러워서 씹으니까 원래 씹던 양보다 훨씬 많은 양의 코카잎을 씹어 먹습니다. 그럼 중독되겠죠. 그렇게 중독과 고된 노동, 그리고 구대륙에서 건너온 전염병 때문에 300년 만에 아메리카 원주민 전체 인구의 70퍼센트가 사망합니다.

스페인은 코카잎을 배에 실어 유럽으로 보내요. 그런데 별 관심을 받지 못합니다. 잉카제국에서 약탈한 금과 은이 같이 실려 있었거든요. 게다가 배를 타고 가다 보니까 코카잎이 썩어서 효능이 없는 겁니다. 그리고 이미 유럽에서는 아편이 유행하고 있었죠.

수 세기가 지나고 1859년에 독일 화학자 알베르트 니만Albert Niemann, 1834~1861이 코카잎에서 코카인을 추출하는 데 성공합니다.

이 공로로 박사학위를 받죠. 비슷한 시기인 1855년에 독일 화학자 프리드리히 가에트케Friedrich Gaedcke, 1828~1890도 코카인 추출에 성공했다는데, 사실 누가 먼저인지는 중요한 게 아닙니다. 마침내 인류가 코카인을 마주했다는 점이 중요하죠.

일단, 스페인의 경험을 들은 사람들은 '아, 코카인이 어마어마한 자연 강장제구나'라고 생각했습니다. 그런 인식 속에서 마리아니 와인이 나옵니다. 포도주에 코카인을 섞은 술이에요. 1863~1914년에 전 세계에 돌풍을 일으킨 술입니다. 술인데 마약이 들어가 있어요. 먹으면 어떻게 됐을까요? 바로 중독됩니다. 이 술의 애호가로는 빅토리아 여왕, 에밀 졸라, 쥘 베른, 에디슨, 교황 레오 13세, 율리시스 그랜트 미국 대통령 등이 있습니다. 이 중에서 교황은 마리아니 와인의 창시자인 안젤로 마리아니Angelo Mariani, 1838~1914에게 황금 훈장을 보내기까지 했어요.

마리아니 와인이 너무 인기를 끄니 모방 상품이 우후죽순으로 나옵니다. 그중 하나가 그 유명한 코카콜라입니다. 미국 애틀랜타의 약사 존 펨버턴John Pemberton, 1831~1888이 코카인과 콜라나무 열매로 만든 포도주 프렌치 코카 와인을 출시합니다. 이후 미국에서 금주법이 시행되면서 알코올 성분(포도주)을 빼고 만든 코카콜라를 내놓았죠. 그리고 1903년에 "코카인은 마약이다!"라는 발표가 나오자마자 코카인을 빼고 카페인을 채웁니다. 그런데 이때 마리아니가 고집을 피웁니다. "코카인은 몸에 좋은 것이고, 우리는 전

교황 레오 13세가 안젤로 마리아니에게 바티칸 금메달을 수여한 사실
을 홍보하는 마리아니 와인 광고 포스터

통적인 술을 담그는 법을 절대 포기할 수 없다"고 억지를 부려요.
결국 업계에서 완전히 퇴출당합니다. 반대로 코카콜라는 발 빠르
게 대처한 덕분에 시장을 정복한 거죠.

국소마취제로서 톡톡히 기능한 코카인

코카인이 민간에서만 유행한 것은 아닙니다. 정신건강의학의 창시자이자 대부, 무의식을 최초로 발견한 지그문트 프로이트Sigmund Freud, 1856~1939는 코카인 애호가로 유명합니다. 그가 20대에 쓴 편지에는 코카인 이야기밖에 없어요. 코카인을 너무 많이 한 탓일까요? 프로이트가 각성 효과 외에 다른 효과를 발견합니다. 혀에 대면 혀가 마비가 된다는 사실을 알아낸 것이죠. 그래서 주변에 마취제로서도 효과가 있는 듯하다고 속닥거립니다. 당시에 전신마취가 있었지만 정말 위험했고 신뢰도가 굉장히 떨어졌거든요.

프로이트의 말을 주의 깊게 들은 안과 의사 카를 콜러Karl Koller, 1857~1944가 수술할 때 코카인을 사용해보고 효과를 확인합니다. 그 결과를 주간 의학 학술지《랜싯Lancet》에 실어요.《랜싯》을 본 또 한 명의 명의가 있죠. 바로 수술 장갑 역사의 주인공인 윌리엄 홀스테드입니다. 그 역시 코카인에 중독되죠. 그는 코카인중독을 치료하려고 시도했지만, 정신과 친구의 조언에 따라 모르핀을 맞고, 이중 중독이 되어 말년까지 크게 고생했습니다.

국소마취제로서 코카인의 가치는 어마어마했습니다. 심지어 코카인은 마비만 일으키는 게 아니라 주변 혈관들을 수축시켜 출혈까지 줄여줬어요. 하지만 1903년 공식적으로 코카인이 마약이라는 사실이 발표되고, 국소마취를 목적으로 코카인을 사용한 환자조차 중독된다는 사실이 확인됩니다. 하지만 국소마취를 포기할 수는 없었어요. 당시만 해도 전신마취는 정말 위험했거든요.

그래서 중독되지 않는 코카인을 만들기 위해 각고의 노력을 기울이는데, 1905년에 알프레트 아인호른Alfred Einhorn, 1856~1917이 프로카인procaine이라는 합성물을 만들어냅니다. 이 합성물은, 중독성은 전혀 없지만 마취 효과가 약하고 유지 시간이 짧다는 단점이 있죠. 이를 개선한 합성물인 리도카인lidocaine이 1943년에 나옵니다. 지금도 많이 쓰이는데, 베이스는 결국 코카인이에요. 우리가 알게 모르게 코카인에서 유래한 약을 쓰고 있었던 거죠. 사실 지금도 일부 의학 처치에서는 극소량의 코카인이 쓰이는 경우가 있다는데, 다른 약들이 발전하면서 점차 줄고 있다고 합니다.

많이 먹으면 죽으니까,
조금 먹어볼까?

비소arsenic●는 대표적인 독이에요. 무색무취에 단맛이 납니다. 그래서 독살하는 데 매우 많이 쓰였어요. 비소는 13세기부터 화학적으로 분리되었고, 비소 화합물의 사용은 기원전으로 거슬러 올라가기 때문에 역사 깊은 독 중 하나입니다. 하지만 최초의 희생자가 누구인지는 알 수 없어요. 비소는 화학 검사로 확인되기 때문에 비소가 사인으로 밝혀지기는 어려웠습니다.

다만, 역사에서 유명한 독살 사례를 찾아볼 수 있죠. 로마 제국의 제5대 황제 네로Nero, 37~68의 어머니 아그리피나Agrippina, 15~59는 삼촌이면서 황제인 클라우디우스Claudius, BC 10~AD 54와 결

● 비소: 독성이 강한 준금속 원소. 제초제, 살충제의 재료이며, 여러 합금에도 사용된다.

혼하기 위해 자신의 남편을 독살합니다. 그뿐만 아니라 클라우디우스의 아내 발레리아 메살리나Valeria Messalina, 20~48도 독살해요. 그렇게 아그리피나는 클라우디우스와 결혼에 성공합니다.

악역의 대명사로 꼽히는 이탈리아의 전제군주 체사레 보르자Cesare Borgia, 1475~1507는 독살의 왕입니다. 아주 유명한 복수극 영화 〈몬테 크리스토 백작〉에도 보르자 가문*에 대한 이야기가 나올 정도죠. 체사레가 사용한 독이 칸타렐라cantarella인데, 정확히 알 길은 없지만 정황상 비소로 보여요. 여러 차례 정적을 암살해 로마냐 공국을 키워내는데, 그에게 암살당했다고 추정되는 이들을 보면 비셸리에의 공작 알폰소, 피엔차의 영주 아스토레 만프레디 등이 있습니다.

독을 약으로 쓴다고 약이 될까?

18~19세기에는 비소의 위험성을 잘 인식했습니다. 민간에서 살인 사건이 일어날 경우, 비소를 써서 살인한 사실이 밝혀지면, 그 범인은 참수당하거나 감옥에 갇혔습니다. 그럼 비소를 당연히 조심스

● 보르자 가문: 이탈리아 르네상스 시대를 대표하는 스페인계 귀족 가문. 2명의 교황을 배출했고, 이탈리아 정치에 큰 영향력을 행사했다. 역사상 최초의 범죄 집안이자 이탈리아 마피아의 선구자로 여겨진다.

럽게 다뤘을 법한데, 옛날 사람들은 강하고 용감했어요. '비소를 많이 먹으면 죽는데, 조금 먹으면 어떻게 될까?' 하고 생각합니다. 놀랍게도 동양과 서양에서 모두 같은 생각을 해요.

사체액설을 주장한 히포크라테스는 비소가 궤양에 좋다고 주장합니다. 중국에서도 기원전부터 종기나 부스럼에 비소를 사용했다는 기록이 있죠. 왜 그랬을까요? 비소의 중독 증상 때문에 그렇습니다. 비소를 먹으면 처음에는 구토, 그다음에는 발한, 그리고 설사가 일어나요. 그러다가 심장마비로 사망합니다. 탈수가 진행되고 전해질이 몸 밖으로 빠져나가면서 부정맥(심장이 불규칙하게 박동)이 일어나 죽는 거예요. 그런데 몸에서 무언가 빼내기를 좋아하던 고대인들에게는 이 현상이 어땠겠어요? 비소 하나만 먹이면 구토하고 설사하고 온갖 나쁜 것들이 빠져나오는 것처럼 보이는 거죠. 얼마나 심했는지 칼륨 손실로 근경련과 근무력증이 찾아옵니다. 통증 때문에 고통스러워하던 사람이 조용해져요. 힘들어서 아프다고 말도 못하는 건데, 나았다고 생각해요.

비소의 용량을 잘 맞추면, 죽을 정도의 고생만 하고 죽지는 않았습니다. 물론 심하면 죽었죠. 그런데 당시에는 비소 때문에 죽었다고 생각하지 않아요. 원래 병 때문에 죽었다고 여깁니다. 비소는 치료 목적으로 썼기 때문에 비소가 사람을 죽게 만들었다고 생각하지 못해요. 그때는 같은 물건이라도 쓰는 사람의 의지에 따라 각각 다른 효과를 낸다고 믿었습니다. ('아편의 역사'에서 다뤘듯이) 선하게 쓰면 선하고, 악하게 쓰면 악하다는 식이었죠.

그래서 중세에는 말라리아에 비소를 썼습니다. 그 외에도 관절염, 천식, 결핵, 당뇨, 성병 등 온갖 질병에 비소를 사용했습니다. 물론 운이 좋게도 비소 화합물 중 하나인 살바르산이 매독을 치료하는 데 효과를 보입니다. 심장이 멈출 수 있다는 부작용이 있었지만, 페니실린이 나오기 전에는 매독 치료에서 제일 쓸 만한 약이었어요. 그럼 중세에만 그랬을까요? 아닙니다.

18세기 말 영국에서는 별짓을 다했습니다. 비소를 먹으면 땀이 나면서 열이 내려요. 사실 죽어가면서 몸이 식는 건데, 스태퍼드 병원에서 일하던 의사 토머스 파울러Thomas Fowler, 1736~1801가 파울러 용액을 만들어 1786년에《오한 다스리기, 열 내리기, 간헐적 두통 완화에서 비소의 효능에 대한 의학적 보고》라는 저서를 발표합니다. 파울러 용액은 19세기 내내 영국의 만능 약으로 각광받았죠. 19세기에는 그야말로 의사를 찾아가면 죽는다고 봐도 무방했어요. 병원은 정말 무서운 곳이었죠.

아름다운 색을 표현할 수만 있다면!

연이어 19세기에 큰 사건이 하나 발생합니다. 발단은 그림이에요. 정확히 말하면 물감입니다. 지금이야 인체에 무해하면서도 영롱한

색의 물감이 시중에 많지만, 당시에는 없었어요. 자연에서 추출한 색이 전부인데, 흐려요. 선명한 색을 쓰고 싶어 하던 화가들은 다른 재료를 찾습니다. 그러다가 웅황과 계관석이라는 고체를 발견해요. 천연 재료인데, 화학식을 보면 황화비소arsenic sulfide*입니다. 비율의 차이로 웅황은 노랗고, 계관석은 빨갛습니다.

당시 화가들이 습관적으로 붓끝이 갈라지면 물 대신 침을 묻혔는데, 이로 인해 화가들이 죽어나가요. 이건 사실 그렇게까지 큰 문제는 아니었어요. 화가 자체가 별로 없었거든요. 진짜 문제는 스웨덴 화학자 칼 빌헬름 셸레Carl Wilhelm Scheele, 1742~1786가 발견한 아주 아름다운 초록색 화합물 '셸레 그린Scheele's hydrogen green'이 등장하고부터입니다. 셸레 그린은 삼산화비소산구리cupric hydrogen arsenite로, 이 안료가 1778년부터 생산되어 폭발적인 인기를 얻고 19세기 중반까지 시장을 지배합니다. 1822년에는 '에메랄드 그린emerald green'이라는 녹색이 나와요. 에메랄드를 갈아넣은 듯한 아름다운 색인데, 실제로는 아세트산구리를 산화비소산구리와 섞은 겁니다. 이후 배합에 따라 아주 다양한 색조의 녹색이 나와요. 녹색의 인기가 폭발합니다.

그렇게 셸레 그린과 에메랄드 그린이 양대 산맥을 이루며 어마어마한 인기를 끕니다. 종이, 옷감, 페인트, 벽지, 소파, 비누, 전등

● 황화비소: 비소의 화합물을 통틀어 이르는 말. 누런빛의 결정성 물질이다.

셀레 그린 색상으로 장식한 건물과 에머랄드 색상의 원석

갓, 장난감, 초, 케이크 장식, 과자 등에 다 들어가요. 또 조화의 잎사귀를 표현할 때도 쓰입니다. 비소 때문에 위험할 수 있다는 염려도 당연히 있었지만, 예쁘고 잘 팔리고 무엇보다 돈이 되니까 다들 크게 신경 쓰지 않았죠. 게다가 상류층에서 녹색을 너무 좋아했어요.

빅토리아 여왕이 사랑한 녹색

19세기는 빅토리아 시대죠. 빅토리아 여왕이 세계 경영을 너무 잘했어요. 런던으로 온갖 부가 모이는데, 유럽 문화는 여전히 프랑스가 선도했습니다. 20세기 초반까지는 세계의 공용어가 프랑스어였어요. 영어는 변방 언어였죠. 아무리 대영제국이라고 해도 서유럽

대륙의 문화는 파리가 꽉 잡고 있으니 영국이 이기고 싶었겠죠. 그래서 귀족적인 느낌에 집착해요. 귀족이 뭘까요? 일을 안 해도 되는 사람들, 신분으로 먹고살 수 있는 사람들을 말하죠. 그러니 밖에 나갈 필요가 없어요. 해를 안 봐도 됩니다. 그러니 창백해지겠죠. 그래서 창백한 것은 곧 귀족적인 것이라고 생각해서 이를 갈망합니다. 비소를 먹으면 독성 때문에 빈혈이 발생하고 창백해지니까 화장품과 로션, 심지어는 햄버거에도 비소를 넣어 먹었어요.

우리나라에서 뭔가 유행하면 다 따라 한다고 하잖아요. 당시 영국 사교계는 더했습니다. 신분 높은 사람이 무언가를 하면, 그럼 무조건 따라 해야 했습니다. 그런데 빅토리아 여왕이 녹색 드레스를 입고 초상화를 그려요. 이에 자극을 받은 건지, 10년 후에 프랑스 황후가 '파리 그린'으로 불리는 녹색 드레스를 입고 오페라를 보러 갑니다. 영국과 프랑스, 당시 세계를 선도하는 나라에서 제일 고귀한 사람들이 이러니까 어떻게 되겠어요?

사실 이때는 '비소가 위험할 수 있다'는 정도를 넘어 독일 화학자 아돌프 겔렌Adolph Ferdinand Gehlen, 1775~1815이 비소에 아연과 황산을 넣어 만든 기체를 먹고 1815년 사망한 사실을 접한 이후였습니다. 또 나폴레옹이 세인트헬레나섬 롱우드 하우스의 녹색 벽지로 가득 찬 방에서 사망했죠. 나중에 검사해서 밝혀진 사실이지만 당시 나폴레옹의 머리카락에서 정상 수치의 100배에 달하는 비소가 검출됐습니다.

그런데 이상하죠. 녹색(비소)의 유행이 끝나지 않아요. 왜 그랬을까요? 당시 흑사병이 유행하던 시절이었습니다. 그런데 녹색 벽지(비소)를 바른 집에는 벌레나 쥐가 없는 거예요. 그럼 더 이상하다고 생각해야 하잖아요. '쥐는 하수구에서도 사는데, 왜 우리 집에서는 못 살지? 쥐약도 없이 쥐가 어떻게 죽었지?' 그런데 지금까지 본 바로 19세기 사람들은 생각해야 할 때 안 하고, 생각하지 말아야 할 때 생각하는 청개구리입니다. '쥐도 없고, 벌레도 없고, 다 죽었네! 좋네! 나만 살았네!' 그래서 녹색 벽지가 더더욱 유행을 하는 거죠.

사실 비소가 대표적인 쥐약입니다. 이제 슬슬 사람들이 죽어 나가기 시작합니다. 아무래도 아이들이 먼저 죽어요. 그런데 아이들보다 더 많이 죽는 사람이 있겠죠? 바로 비소 벽지를 만드는 노동자들입니다. 너무 많이 죽었어요. 그렇다고 유행이 끝났을까요? 아닙니다. 상류층은 관심도 없어요. 이때 빈민층은 사람이 아니었어요. 그리고 비소 때문에 죽었다고 생각하지 않습니다. 굶어 죽었거나, 다른 이유로 죽었다고 생각해요. 예를 들어, 우리 집은 비소 벽지 만들고, 옆집에서는 백린* 성냥 만들고, 그 옆집에서는 납 만들고… 빈민층 노동자는 그야말로 죽을 수밖에 없는 환경에서 살았습니다.

● 백린: 독성이 강한 화학물질로 중독되면 머리가 빠지고 턱뼈가 괴사되며 죽음에 이른다. 화학작용이 강해 공기 중에서 발화한다.

본의 아닌 암살로 끝나버린 유행

그러다가 빅토리아 여왕이 이 유행을 시작하고 끝내는 셈이 됩니다. 사실 프랑스보다는 영국에서 훨씬 많이 죽었어요. 영국의 습한 날씨 때문에 벽지의 비소가 반응하면서 트리메틸아르신이라는 아주 강력한 독성을 지닌 기체로 변했기 때문입니다.

빅토리아 여왕이 궁전을 녹색 벽지로 꾸며놓고, 귀한 손님들을 초대합니다. 일단 빅토리아 여왕은 건강하고, 야외 활동도 많이 하고, 무엇보다 넓은 방을 쓰면서 환기도 자주 했을 거예요. 하지만 손님들 방은 아무래도 그보다는 좁고 관리도 소홀했겠죠. 그 방에서 묵은 손님들이 하나같이 건강이 나빠지거나 죽었어요. 정말 중요한 인사인데 초록색 방에서 죽은 거예요. 이미 민간에서는 비소 때문에 사람이 죽는 것 같다고들 했는데 듣지 않다가, 빅토리아 여왕이 벽지를 다 뜯고 카펫을 치워버리자 다른 사람들도 이를 따라 치웠다는 말이 있습니다. 이게 1879년의 일이니, 무척 오래갔죠? 비소로 인해 대체 얼마나 많은 사람이 죽었는지는 알 수도 없습니다.

비소의 독성을 호되게 깨달았잖아요. 그럼 쓰지 말거나 제한된 용도로만 써야 하는데, 제1차 세계대전에서 이 비소를 기반으로 루이사이트 lewisite●라는 화합물을 만들어 당시 참호에서 독가스로

● 루이사이트: 수포 작용제로 피부를 썩어 문드러지게 한다. 삼염화비소와 아세틸렌의 화합물.

246

해외에서 악당을 표현할 때 왜 녹색을 많이 사용할까?

《오즈의 마법사》의 서쪽 마녀, 로키, 고블린, 오크도 녹색이고, 디즈니의
마녀도, 위키드도 녹색이다. 《해리 포터》에 나오는 슬리데린 학생을 상징
하는 색도 녹색이다. 살펴보면 독약도 일단 녹색이다. 이에 대한 여러 이
야기가 있지만, 비소의 녹색이 지대한 영향을 미친 것으로 보인다.

쓰입니다. 이라크–이란 전쟁에서 사담 후세인도 사용했고요. 다행히
이제는 그런 식으로 비소가 소비되는 일은 없습니다. 오히려 모든
식품이나 생활용품에서 비소를 제거하기 위해 애쓰고 있죠.

찰랑이는 은빛 물을
마시며 불로장생을
꿈꾼 사람들

'중금속의 역사' 하면 수은이 대표적입니다. 수은을 빼놓고는 말할
수 없어요. 수은은 중국과 인도, 그리고 이집트 초기 문명 때부터
널리 알려진 물질로, 가장 오래된 수은의 금속 시료는 고대 이집트
무덤에서 발견되었습니다. 무려 기원전 1600년 시료예요. 다른 문
명에서도 시기가 좀 늦을 뿐, 동서양을 막론하고 수은에 대한 관심
이 어마어마했습니다.

사람들이 수은에 열광한 이유

수은은 실온에서 액체 상태로 있는, 현존하는 유일한 금속입니다.

애초에 수은水銀이 '물 수水'에 '은 은銀' 자를 쓰잖아요. '물처럼 보이는 은'이란 뜻이에요. 유럽에서도 퀵실버quick silver 혹은 머큐리mercury, 즉 '빠른 은'이라고 불렀습니다.

지금이야 모든 금속이 녹으면 액체가 된다는 사실을 알지만, 당시에는 뜨겁지 않은 액체 상태의 금속은 수은이 유일했습니다. 녹는점이 섭씨 영하 39도이다 보니까 대부분의 문명권에서는 고체 상태의 수은을 보지 못해요. 그 때문에 상당히 오랫동안 수은은 굳지 않는 유일한 금속으로 존재합니다. 수은이 굳는다는 사실은 중세 때 러시아 시베리아에서 연금술사가 실험하다가 발견합니다. 섭씨 영하 39도 이하에서 너무 추우니까 수은이 굳었어요. 그때 수은이 금속이라는 사실을 깨달았죠. 중세 이전에는 몰랐습니다.

처음에 수은을 어떻게 찾았을까요? 수은은 땅을 캐다 보면 나옵니다. 다른 물질과 결합되어 있어도 가열하면 바로 분리돼요. 너무 신기하니까 수은으로 이것저것 해봅니다. 일단 먼저 불로 가열해봤겠죠? 수은의 끓는점이 섭씨 356도밖에 되지 않습니다. 물을 끓일 수 있으면 수은도 끓일 수 있는 거예요. 기화된 수은을 마시면 어떻게 될까요? 아파 죽습니다. 그런데 혼자 죽었잖아요. 알려지지 않아요. 그래서 많은 사람이 계속해서 실험을 합니다.

인류사에 기록된 가장 오래된 연금술사가 있습니다. 바로 데모크리토스Democritos, BC 460?~370?입니다. 수은으로 금을 만드는 법에 대한 염료, 안료 제조법을 저서로 남깁니다. 그런데 다 암호로 돼

있어요. (못 만든 거 같아요.) 해독이 안 됩니다. 그다음으로 유명한 연금술사는 300년경에 활약한 조시무스Zosimus입니다. 그도 저서에 금속을 금으로 바꾸는 법을 남겨요. 그러니까 사람들이 열광하는 거예요. 금을 만들 수 있다고 하니까요. 대연금술의 시대가 열립니다.

여기저기서 수은을 더 조물거리기 시작해요. 그때부터 수은을 가열만 하지 않습니다. 연금술사들이 수은이랑 다른 걸 섞어서 만들었다고 하니까 수은에 다른 물질을 섞어서 막 가열해봅니다. 그러다가 우연히 황과 수은을 같이 가열했는데, 이 둘이 결합하면서 진사가 됩니다. 유럽에서는 이를 버밀리언vermilion이라고 불렀어요. 붉은색의 일종인데, 요즘도 아주 비싼 가죽 가방 중에 버밀리언 색이 있습니다. 굉장히 고급스러운 붉은색을 띠어요. 물감으로도 쓰였겠죠? 로마 시대에는 버밀리언이 너무 유행한 탓에, 학자 플리니우스Gaius Plinius Secundus, 23~79에 따르면, 한 해 동안 로마에서만 수은을 4톤가량 수입했다고 합니다.

금에 대한 갈망이 낳은 정신 나간 실험들

자, 수은이 많이 들어왔어요. 그럼 얌전히 색만 냈을까요? 아니죠. 인간은 호기심의 동물입니다. 여러 사람이 나름대로 실험을 해봅니다. 수은에 이런저런 금속을 넣고 가열하는 정도였죠. 금속도 당시 구하기 쉬운 것들, 예를 들면 산화비소 같은 것들로, 묘하게 색이 다양하게 나타납니다.

사실은 다 같은 물질로 산소가 얼마나 결합했는지에 따라 색이 다르게 나타났을 뿐인데, 옛날 사람들은 수은이 모든 금속의 재료가 아닐까 생각합니다. 당연히 금의 재료도 수은일 거고, 황을 넣는 황금 비율만 찾으면, 수은을 금으로 만들 수 있다고 믿었습니다. 여기서 연금술이 나옵니다.

동서양이 사실 다 비슷합니다. 수은과 황이 결합하면 빨개진다는 사실은 알았어요. 그런데 고급스러운 빨간색이 나오니까, 금속이 섞여 있다고 하니까, 더 귀하다고 느낀 듯해요. 앞서 말했듯 유럽에서는 버밀리언으로, 중국에서는 진사로 불립니다. 중국 황제들이 빨간색을 좋아했잖아요. 그렇게 수은과 황을 가열하고 결합하는 데 세월을 보냅니다.

이를 가속화하는 인물이 3세기 5호 16국 시대의 갈홍葛洪, 283?~343?입니다. 도교의 대부인데, 갈홍이 쓴 《포박자》를 요약하면 '평범한 사람도 신선이 되고 불로장생할 수 있다'로 정리됩니다. 내용을 찬찬히 들여다보면 연단술(불로장생의 약으로 믿었던 단을 만드는 기술)이 나와요. 단약丹藥이라는 단어 들어본 적 있죠? 게임이나 무협지에 많이 나오잖아요. 여기서 단이 '붉을 단丹'입니다. 이게 수은이에요, 황화수은. 이선에도 상서로운 약이라고 여겼는데, 《포박자》 이후로는 신선이 되는 약, 즉 불로장생의 약으로 완전히 자리를 잡습니다. 이외에 금단이라는 비금속, 즉 수은을 황금으로 바꾸는 법도 적어놓았습니다. 중국의 황제 중에는 이 단약 때문에 수은 중독으로 죽은 사람이 무척 많습니다.

동양에서는 금단, 서양에서는 연금술. 이처럼 동양이 서양보다는 좀 느리지만 방향은 비슷하죠? 동양에서는 도교라는 종교의 한 방편으로, 서양에서는 연금술이라는 학문의 일종으로 발전합니다. 그래서 동양보다는 서양에서 수은으로 더 다양한 시도를 해보았죠. 그러나 서양에서 연금술이 발전한 건 아니에요. 로마가 쇠락하면서 수은 수입도 끊기고 사람들이 이제 하고 싶은 일보다는 해야 하는 일, 즉 생존을 위한 일을 해야 했습니다. 그런 연유로 연금술에 대한 연구가 사그라집니다.

그때까지 로마에서 발전했던 연금술 기록이 중동으로 넘어가요. 중동에서 수은이 완전히 꽃을 피웁니다. 우리가 연금술을 앨커미alchemy라고 하잖아요, 앨커미가 아랍어에서 유래한 말입니다. 그만큼 아랍권에서 연금술이 어마어마하게 발전합니다. 대표적인 연금술사가 두 명 있는데, 8세기경에 '아부 무사 자비르 이븐 하이얀', 유럽에서는 게베르Geber라고 불렸고, 9세기경에 '아부 바크르 무함마드 이븐 자카리야 알 라지', 유럽에서는 라제스Rhazes라고 불렸습니다. 두 사람이 남긴 저서가 수백 권에 달합니다. 일단 연금술, 즉 금을 만드는 데 계속 집착해요. 귀족들이 돈을 주고 시키는 일이라서 실패하면 죽을 테니까요. 그래서 다른 것도 많이 시도해봅니다. 게베르는 최초로 알코올을 증류해 소독약을 만들었어요. 또 수은이 설사를 일으킨다는 사실을 알아내서 이를 약으로 씁니다. 거기에 더해 염화수은을 피부병 치료에 이용합니다.

인도에서도 수은을 이용한 연금술과 불로장생약에 대한 연구가 이루어졌다는 기록이 있습니다. 인도에서 수은에 대한 연구는 주로 연금, 불로장생, 약 세 가지 방향으로 발전했어요. 이는 중세 유럽에서도 마찬가지였습니다. 아니죠, 중세 이후에도 그랬습니다.

보일부터 뉴턴까지, 연금술에 심취한 중세 과학자들

중세에는 사기꾼들이 계속 나옵니다. 14세기 프랑스의 니콜라 플라멜Nicolas Flamel, 1330~1418은 엄청 부자였어요. 그래서 그가 '수은을 금으로 바꿔서 부자가 됐다'는 말을 진짜로 믿는 사람이 아주 많았죠. 1382년 1월에 그가 수은을 은으로 바꾸고 4월에는 금으로 바꿨다는 기록이 있어요. 하지만 그가 실제로 돈을 번 수단은 고리 대금업으로, 연금술로 돈을 번 건 아닌 것 같아요.

15세기 영국의 조지 리플리George Ripley, 1415~1490는 《연금술의 화합물》 또는 《철학자의 돌을 만들기 위한 열두 관문》이라는 책을 써요. 이 사람도 매우 큰 부자라 '아, 저 사람이 철학자의 돌을 만들어서 금을 만들고 있다'는 식의 명성을 얻습니다. 그런데 그가 죽기 전에 다 거짓말이었다고 고백해요. 이렇게 수은을 금으로 만들어주겠다고 사기를 치는 사람이 많았습니다.

과연 연금술은 언제까지 지속되었을까요? 생각보다 오래갑니다. 로버트 보일 아시나요? 최초의 화학자라는 평을 들은 인물이자, '보일의 법칙'으로 기체의 부피와 압력의 관계를 설명한 아주 위대한 과학자입니다. 그런데 보일은 사실 인생의 대부분을 연금술 연구에 매진했습니다. 〈금속의 변성과 개량에 관한 대화〉라는 논문을 집필했고, 1676년엔 〈수은과 금의 가열에 관하여〉라는 논문을 발표하기도 했습니다.

이뿐만이 아니에요. 아이작 뉴턴Issac Newton, 1642~1727 아시죠? 사실상 가장 위대한 과학자라고 해도 과언이 아닙니다. 그런데 그도 연금술에 심취했습니다. 그의 여러 기록을 보면, 고대 연금술사들이 실제로 연금술을 알아냈는데 후대에 잊혔다고 믿은 게 거의

벨기에 플랑드르의 화가 얀 판 데르 스트라에트Jan van der Straet의 〈연금술사의 실험실〉

확실한 듯합니다. 그걸 본인이 다시 밝혀내고 싶었던 것 같아요. 수은을 태우고 가열하면서 매일 연구에 매진합니다.

그래서일까요, 뉴턴이 당시 사람들과 주고받은 편지를 보면 좀 이상한 내용이 보입니다. 일단 사과하는 편지가 많아요. 뭐라고 막 해놓고 뒤늦게 사과하는 거죠. 그리고 변명을 덧붙입니다. '1년

간 소화불량과 불면을 겪고 있다. 지금 내 정신이 이전처럼 일관되지 못하다. 식욕부진이 있다. 망상이 있는 거 같다. 누군가 나를 비난하면 너무 예민해진다. 기억력이 이전과 같지 않다. 등등.' 모두 만성 수은중독의 전형적인 증상이라 할 수 있습니다.

뉴턴은 18세기 초에 사망했는데, 검사해보니 그의 머리카락에서 수은이 정상인의 15배 이상 높게 검출되었습니다. 이는 사망 당시의 수치이고, 그보다 30년 전에 연금술 연구에 매진했으니 그때는 훨씬 심했을 겁니다. 그래서 뉴턴의 사인을 수은으로 지목한 사람들도 있었어요. 후대 사람들은 수은의 해악을 알았을 겁니다.

그러나 수은은 고대로부터 아주 유용한 약 중 하나로 여겨져 왔죠. 왜 그랬을까요? 수은에 급성 중독되면 구토와 설사가 일어납니다. 더 심하면 피똥을 싸요. 몸 안에 쌓인 나쁜 것들을 막 내보내는 기분이 드니까 옛날 사람들은 좋아했던 거 같습니다. 이 때문에 매독을 비롯한 각종 병에 수은을 약으로 썼어요.

몇몇 사례를 살펴볼까요. 나폴레옹이 세인트헬레나섬에서 사망하죠. 거기서 좀 아픕니다. 비소중독 때문인데, 몸이 창백해지니까 염화수은 약을 먹어요. 그리고 이틀 만에 사망합니다. 실제로 나폴레옹의 머리카락에서 높은 수치의 수은이 검출되는데, 여러 증상을 보면 주된 사인은 비소인 듯해요. 또 덴마크 천문학자 튀코 브라헤Tycho Brahe, 1546~1601는 왕이 베푼 연회에서 소변을 참고 참다가 방광이 터져버리는 참사를 겪습니다. 이에 감동한 왕이 그에게 약을 하사하는데, 수은이었어요. 그야말로 비참한 죽음이죠. 수은을 먹고 살지는 못했을 테니까요.

수은의 현주소

수은으로 인한 피해는 최근까지 계속 있었습니다. 당장 병원에서만 해도 21세기 초반까지 수은 온도계를 썼습니다. 제조 공정 중에 중독되기도 하고, 잘 깨지다 보니 당시 병원의 공기 질을 조사한 결과, 수은이 기준치 이상으로 검출되는 경우가 많았습니다. 지금은 퇴출되어 사용하지 않죠.

또 다른 사례는 아말감*입니다. 금속과 수은의 혼합물이에요. 주로 치과 충전재로 쓰였습니다. 여기에 적은 양의 수은이 들어갔는데, 한때 그 위험성에 대한 경고가 대단했습니다. 하지만 지금은 이 아말감으로 인한 위험은 그렇게 크지 않다고 여겨지고 있습니다. 잔존 수은이 나올 수는 있지만 대개 3일 이내로 끝나기 때문에 큰 문제 없다는 거죠. 하지만 최근엔 레진**사용이 늘고 있습니다.

제일 유명한 사례는 수은중독으로 인한 미나마타병입니다.

---

* 아말감: 주로 치과에서 충치 치료에 쓰이며 수은, 은, 구리, 아연 등을 섞은 합금 재료다.
** 레진: 치과에서 치아를 때울 때 쓰이며 합성수지로 이루어진 모든 재료를 가리킨다.

대표적인 공해병[*] 중 하나로, 1956년 일본의 구마모토현 미나마타 시에서 메틸수은이 포함된 조개 및 어류를 먹은 고양이들이 미친 듯 발작하다 바닷물에 빠져 죽는 전조 현상이 있었죠. 수은은 그 형태에 따라 신체로 들어오는 주된 경로가 달라집니다. 금속 수은 의 경우 증기 형태로 호흡기를 통해 흡수되며, 메틸수은 같은 유기 수은은 소화기를 통해 흡수됩니다. 이후 주민들에게서도 이 질환 이 집단적으로 발병하면서 사회적으로 큰 문제가 되었죠.

당시 문제가 된 메틸수은은 인근에 있던 신일본질소비료에서 운영하는 공장이 바다에 무단 방류한 것으로 밝혀졌고, 2001년까 지 공식적으로 미나마타병 환자가 2,265명 확인되었습니다. 이런 끔찍한 경험이 쌓이면서 이제 수은은 산업 현장에서도 많이 사라 지고 있는 추세입니다. 부득이하게 다뤄야 한다고 해도 아주 조심 스럽게 다뤄지고 있습니다.

● 공해병: 수질 오염이나 대기 오염 따위의 공해 때문에 생기는 질병.

여전히 많은 곳에 쓰이는 수은

수은은 아주 예전부터 수은 고유의 특성 때문에 많은 관심과 사랑을 받았죠. 부작용이 밝혀지면서 대부분의 분야에서 퇴출되기는 했지만, 여전히 여러 분야에서 쓰이고 있습니다. 우선 형광등을 만드는 데 쓰이고, 살균 램프에도 쓰여요. 포도상구균 같은 잡균의 번식을 막기 위해 무려 백신에도 소량 들어갑니다. 1928년에 수은이 함유된 방부제를 첨가하지 않은 디프테리아 백신에서 균이 자라나, 이 백신을 맞은 21명 중 12명이 사망하는 사건도 있었던 만큼, 소량의 수은을 사용하는 편이 압도적으로 안전합니다. 아주 소량이라서 인체에는 해를 끼치지 못하거든요. 이외에 마술에서도 쓰여요. 수은을 넣은 주사위의 경우 수은이 무게추 역할을 해서 원하는 점수가 나오도록 조작이 가능합니다. 물론 사기 도박에도 쓰이긴 하는데, 이런 것은 몰라도 되겠죠?

납에서 단맛이
난다는 사실을
몰랐어야 했는데

의학의 역사에서 빼놓을 수 없는, 너무 중요한 중금속 하나를 소개
하려고 해요. 인류는 '납의 제국'이라고 불릴 만큼 납을 사랑했습니
다. 그래서 정말 많이 사용했어요. 왜 그랬을까요? 먼저 인류가 최
초로 납을 사용한 때가 언제일까요? 엄청 오래됐을 거 같죠?

아나톨리아라는 지방이 있습니다. 현재는 튀르키예 영토에
해당하는 반도로, '소아시아'라고도 불리는데, 고고학자들에게 굉
장히 핫한 곳입니다. 여기서 대략 기원전 6500년경에 사용된 것으
로 추정되는 납 광산이 발견됐습니다. 실제 납으로 만들어진 목걸
이도 발견됐는데, 추정 연대는 대략 6,000~8,000년 전입니다. 일
반적으로 우리가 알고 있는 청동기시대보다 훨씬 전이죠.

실제로 아나톨리아 지방에서는 괴베클리 테페Göbekli Tepe라

는, 기원전 9600년대에 지은 것으로 추정되는 인공 구조물이 발견됐죠. 신석기 초기에 해당하고 인류가 아직 수렵 채집을 하던 시절로 인식되는 때인데, 대규모 건물과 종교 행사를 치른 흔적이 발견되니까, 이를 토대로 인류는 농사를 짓기 위해 정착 생활을 시작한 게 아니라 정착 생활을 위해 농사를 짓기 시작했다는 추정까지 나오고 있습니다.

그렇다면 초고대 문명부터 납을 사용했다는 말인데, 어떻게 가능했을까요? 네, 납은 녹는점이 섭씨 327도로 섭씨 950도인 청동의 녹는점보다 훨씬 낮습니다. 철기는 섭씨 1,000도 넘게 올라야 하고요. 매장량 또한 청동에 비해 납이 훨씬 많아서 캐내기도 쉬웠습니다. 다만, 납은 상당히 무른 특성이 있기 때문에 무기나 농기구로 쓰기엔 무리가 있었습니다. 그보다는 다른 용도로 훨씬 많이 쓰였어요. 그 용도를 살펴보려면 이집트의 역사를 봐야 합니다. 아나톨리아에서 발견된 유적 중 가장 주요한 유적인 괴베클리 테페 같은 경우에는 1994년부터 제대로 된 연구가 진행되고 있는데, 완전히 파악하기 위해서는 60년 이상 걸린다고 하네요. 아쉽게도 지금은 살펴보기 어려울 듯합니다.

'면도의 역사'를 다루면서도 살펴보았지만, 이집트인은 몸을 치장하는 데 진심이었어요. 화장을 엄청 열심히 했다는 말입니다. 산화구리의 녹색도 예쁘지만, 까슬까슬해요. 그에 비해 납은 무르고 부드러운 데다 색이 변하지 않고 녹도 슬지 않습니다. 거기에 더해 적절한 처리를 가하면 상당히 예쁜 색을 낼 수 있어요. 황과 처리하면 검은색의 방연석이 되고, 탄소와 함께 가열하면 흰 백연석이 되고, 여기에 염소까지 혼합하면 갈색의 갈연석이 됩니다.

이집트 벽화를 보면 사람들의 눈꼬리를 따라서 검은색으로 죽 그어 화장한 것을 자주 볼 수 있죠. 또 무덤에서도 이런 화장품이 다량 출토된 점을 미루어볼 때 납 화장품이 엄청난 사랑을 받은 것으로 보입니다. 다행인지 불행인지, 이집트 본토에서는 납이 채굴되지 않아, 지금의 스페인에서 채굴된 납을 수입해 썼다고 해요. 그래서 납을 그렇게 많이 사용하진 못했습니다. 작은 조각상이나 상류층의 화장품 정도로 쓰인 게 다죠.

사방팔방 납으로 도배하던 로마 시대

납을 본격적으로 대량 채굴한 것은 고대 그리스부터입니다. 일례로 아테네의 라우리온Laurion 광산에서는 납만 약 200만 톤 이상 캐낸 것으로 보입니다. 이렇게 채굴한 납을 제일 잘 활용한 것은 로마인입니다. 납이 부드럽잖아요. 무르단 말이에요. 그 때문에 무기나 농기구로 사용하지는 못하지만, 녹이지 않고 땅땅 때리기만 해도 펴지거나 접히고, 물이 닿거나 밖에 그냥 둬도 녹이 슬지 않고… 너무 좋죠.

로마인들은 이 막대한 양의 납을 이용해 지붕도 만들고, 수조도 만들고, 심지어 그릇도 만듭니다. 결정적으로 로마가 자랑하는 인프라, 바로 수도를 만들어요. 수도의 파이프를 납으로 만듭니다. 또 납으로 만든 안료, 즉 페인트를 이용해 벽도 칠합니다. 색도 예쁜데 녹도 슬지 않으니까 그럴 수밖에 없었겠죠. 상황이 이렇다 보니 건축가, 배관공, 도기공, 금속공, 동전 제조사들이 납을 다루는 일이 아주 자연스러워집니다.

사실 여기까지만 하고 멈췄어도 큰일입니다. 온 사방에 납이 있잖아요. 문제는 인간은 멈추지 않는 동물이라는 겁니다. 적당히 할 줄을 몰라요. 요리사들이 납에 관심을 보이기 시작합니다. 당시 사람들에게 단맛을 낼 수 있는 감미료라고는 꿀뿐이었어요. 로마는 사탕수수가 자라는 곳이 아니었거든요. 꿀이 구한다고 구해지는 재료가 아니잖아요. 다른 단맛을 찾던 중에 우연히 어떤 사람이 납으로 만든 냄비에 완전히 쉰 포도주를 졸여봅니다. 아마 소스를 만들려고 한 거 같은데, 맛을 보니까 무척 단 거예요. '어? 포도주를 졸이면 원래 이렇게 단가?' 해서 다른 냄비로 졸여봤는데 안 달아요. 이렇게 만든 단 시럽을 '사파sapa'라고 부르는데, 제조 제1원칙은 '오직 납으로 만든 냄비로만 조릴 것'입니다.

당시 사람들은 몰랐지만 쉰 포도주에 함유된 아세트산이 납과 반응하면서 아세트산납이 되는데, 이 아세트산납이 단맛을 냅니다. (절대 따라 만들지 마세요.) 사파가 얼마나 대유행을 했냐면, 로

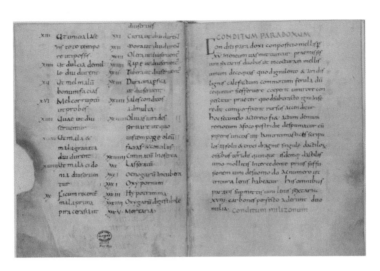

마 시대의 대중 요리서 《아피키우스Apicius》를 보면 450개의 요리법이 나오는데 그중 85개에 사파가 들어갑니다. 현대에 이르러 당시의 레시피로 요리했더니 시럽의 납 함유량이 약 1,000ppm이었습니다. 먹으면 바로 중독되는 거예요.

납을 요리에만 쓴 게 아닙니다. 포도주에도 넣어 먹었어요. 포도주가 보관이 어려웠거든요. 알코올이 아세트산이 되면 포도 식초가 돼버립니다. 그런데 이상하게 납을 넣으면 더 오래 보관할 수 있었어요. 포도주의 아세트산에 납이 들러붙어 아세트산납이 되면서 신맛이 덜 난 겁니다. 단맛이 나니까 신맛이 잘 느껴지지 않은 거죠. 그래서 대유행을 해요. 당연히 중독 증세가 나타납니다.

납중독에 관하여

납의 혈중 농도가 0.4ppm 이상인 경우 납중독으로 본다. 납은 호흡이나 섭취를 통해 체내로 유입되는데, 혈류로 들어가면 뇌, 신경, 신장, 간, 혈액을 비롯한 신체의 다양한 부위에 영향을 미친다. 아이의 경우, 신경계가 계속 발달 중이기 때문에 더 취약하다. 혈중 납 수치가 높은 경우, 보통 뇌 손상(뇌병증) 증상이 발생한다. 먼저 빈혈이 생기고 구토와 설사, 두통, 불면, 정신착란 현상이 나타난다.

철분과 칼슘의 섭취는 납의 흡수를 예방하는 효과가 있다. 철분이 다량 함유된 육류, 생선, 달걀, 콩 등과 칼슘이 풍부한 우유, 요구르트, 치즈, 아이스크림 등의 식품을 섭취하면 좋다. 칼슘의 흡수를 돕는 비타민 D와 항산화 작용을 하는 비타민 C 섭취도 도움이 된다.

로마인은 납의 부작용을 몰랐을까요? 아닙니다. 당시 로마인들은 납중독 증상을 알았어요. 불임, 유산, 두통, 불면, 빈혈이 일어나고 신경계 쪽에 문제가 생긴다는 사실을 알았습니다. 그런데 오히려 좋아했어요. 로마 시대, 정말 문란했죠. 사람들이 납을 피임약으로 사용합니다. 또 빈혈 때문에 창백해지면 매력적으로 보일 수 있다는 생각에 납을 많이 먹었어요. 이렇게만 썼을까요? 아니죠. 납이 워낙에 독성이 강한 중금속이기 때문에 먹으면 인체에서는 방어기제로 구토와 설사를 일으킵니다. '어, 구토와 설사? 약이네!'

몸에서 나쁜 거 뱉어낸다고 여겨요. 반대로 아세트산납은 변비를 일으킵니다. 납 먹고 설사가 너무 심하면 아세트산납을 먹여요. 또 변비가 심해지면 다시 납을 먹입니다. 환자가 치료될 수가 없죠. 결국 죽습니다.

이런 이유로 로마 시민, 특히 지체가 높은 귀족 중 대부분은 납중독이었습니다. 추정이 아니라 사실이에요. 일반적인 물보다 로마 수돗물의 납 함량은 적게 봐도 100배를 넘었으니까요. 만성 납중독은 통풍을 일으키는데, 로마 시민들의 통풍 유병률은 상상을 초월하는 수준이었다고 해요. 하지만 로마가 납중독으로 망했다고 보기는 좀 무리입니다. 게르만족의 습격이 있었으니까요. 납중독이 아니었다면 더 버텼을지도 모르겠습니다.

납의 활용 범위를 더욱 넓힌 중세

자, 이제 로마가 망하고 중세가 찾아옵니다. 중세는 어땠을까요? 놀랍게도 중세 초기부터 중기까지 납중독 문제가 거의 발생하지 않아요. 당시에 너무 살기가 어려웠던 터라 납으로 만든 사치품을 이용하기조차 어려웠습니다. 하지만 대략 1,000년이 지난 후, 그러니까 암흑시대가 끝난 다음부터 여유를 되찾은 사람들이 로마의 유산을 받아들이기 시작합니다. 납을 이용해요. 로마 시대에 썼던 방법은 일단 다 쓰고, 거기서 업그레이드를 합니다.

보니까 중국에서 들어온 도자기가 유약을 발라 매끈한 거예요. 그렇게 유약을 발라 자기를 굽는 법을 알게 되고, 유약에 납을 섞어봅니다. 그러니까 그릇이 훨씬 영롱하고 단단해요. 납이 무르긴 해도 금속은 금속이잖아요. 잘 안 깨져요. 이때부터 납 도자기가 계속 제작됩니다.

이뿐만 아니라, 지붕에서 비가 새면, 납으로 처리합니다. 흰머리 신경 쓰이잖아요. 황화납, 즉 방연석의 까만색으로 염색해버립니다. 화장도 납으로 해요. 제일 큰 희생자는 화가입니다. 당시 흰색을 내는 방법은 납을 이용한 물감인 백연밖에 없었습니다. 백연으로 흰색을 칠하다가 물이 부족하면 붓을 침으로 살짝 묻혀요. 바로 납중독에 빠집니다. 그리고 집의 벽 색이 마음에 안 들면 바로 백연석을 칠했어요. 이렇게 납이 다시 엄청나게 유행합니다.

15세기에 대항해시대가 열리죠. 어떻게 가능했을까요? 납으로 배에 방수 처리를 해요. 오래 항해할 수 있게 된 거죠. 또 총탄으로 납탄을 사용합니다. 철탄보다 훨씬 비쌌지만, 가벼워 멀리 날아간다는 장점과 납탄이 부서지면서 더 끔찍하게 죽는다는 파괴성 때문에 많이 쓰였습니다. 지금은 전쟁법상 납탄은 사용이 금지되어 있습니다. 미국의 남북전쟁 당시 절단이 많았던 이유가, 납탄이 날아와 박히면 몸에 납 파편들이 박혀서 뺄 수가 없었대요.

무엇보다 납이 제일 각광받은 분야는 양조입니다. 르네상스 시대가 열리면서 '그리스 로마 시대를 본받아야지! 무엇부터? 즐거 웠던 것부터!'를 외치며 음주 문화가 발달합니다. 사실 중세시대에 재밌는 게 많지 않았어요. 음주가 큰 즐거움이었죠. 포도주가 보관 이 어려운 술인데, 로마 시대에 이미 답을 찾았습니다. 산화납(아세 트산납)을 넣으면 포도주가 신맛이 덜 나고 달아졌죠. 당시 양조 기 술에 대한 책을 보면 산화납, 즉 리사지(납의 산화물)를 섞으라는 조 언이 나옵니다.

이렇게 만들어진 납을 넣은 와인을 유리잔에 담아 마셨는데, 당시 유리 제조 기술이 지금처럼 발달하지 않았기 때문에 순수 유 리잔을 얇고 예쁘게 만들기 어려웠습니다. 그런데 와인은 유리가 얇아야 맛있단 말이죠. 그래서 유리에 바로 납을 섞습니다. 납이 든 포도주를 납으로 만든 유리잔에 부어 마셔요. 이중 중독이죠. 또 포 도의 질이 떨어지는 지역일수록 단맛을 내야 하니까 아세트산납을 더 넣어요. 그 지역 사람들은 암묵적으로 와인을 마시면 배앓이를 한다는 사실을 알았어요. 하지만 납이 문제라기보다는 '우리 지역 술이 이상한가?' 하는 생각에 그 사실을 숨기는 경우가 태반이었습 니다. 수출이 막히면 안 되니까요.

하지만 모두가 납의 위험성에 무지했던 것은 아니에요. 그리 스 문헌에 보면 납을 캐는 광부와 납을 다루는 노동자의 안색이 창 백하다는 기록이 있습니다. 어떤 식으로든 납이 악영향을 미친다 는 점을 인지했어요. 하지만 별로 신경 쓰지 않고 쭉 이어져 내려옵니다. 무엇보다 편하고, 당장의 삶에 미치는 경제적 효과가 너무 컸어요. 그래서 납을 마냥 버리지 못했습니다.

납 근절의 시작

19세기는 그야말로 '납의 제국'이었어요. 20세기 중반 이후 비로소 상황이 개선되기 시작해요. 정말 너무 많은 사건이 있었지만, 그중 제일 문제가 된 것은 납 페인트입니다. 1970년대, 1980년대에도 납 페인트를 썼어요. 산업 현장도 당연히 문제지만, 가정에서 아이들이 납 페인트 가루를 먹고 조기 사망하는 일이 잦았어요. 납중독은 어른도 위험하지만 어린이는 당연히 더 취약하죠. 1960년대 미국에서만 5만 명 이상의 어린이가 납중독에 의해 사망한 것으로 추정됩니다.

1971년, 리처드 닉슨 대통령이 납 페인트 근절 사업을 시작하고, 사용을 금합니다. 여기서 그치지 않고 기존에 납이 함유된 페인트를 칠한 곳은 페인트를 다 긁어내고 다른 페인트를 칠해요. 이는 대단한 성과지만, 당시 페인트를 긁어낼 때 발생하는 먼지를 마시면 위험하다는 사실을 잘 몰랐어요. 이 과정에서 인부들이 굉장히 많이 사망합니다. 그렇게 페인트를 제거할 때도 주의가 필요하다는 사실을 인지하게 됩니다.

북쪽에서 바라본 백악관의 모습

납 페인트 근절 사업을 진행하면서 미국이 제일 아까워한 것 중 하나가 백악관입니다. 초창기 백악관을 납 페인트로 칠했기 때문이었죠. 1990년대 초, 백악관의 납 페인트를 벗겨내는 과정에서 조지 허버트 부시 대통령의 강아지 밀리가 납 페인트 가루를 흡입해 급성 납중독으로 동물병원에 실려가 죽을 뻔했다는 일화도 있습니다.

여러 시행착오가 있었지만, 1990년 위스콘신주의 보고를 마지막으로 납 페인트를 먹고 사망한 어린이의 사례는 더 이상 보고되지 않았습니다.

방사능

만병통치약에 대한
환상이 낳은 비극들

마리 퀴리Marie Curie, 1867~1934 아시죠? '퀴리 부인'으로 더 자주 불리는 그녀는 프랑스의 물리학자이자 화학자로, 라듐radium*을 발견한 방사능 분야의 선구자입니다. 남편 피에르 퀴리Pierre Curie, 1859~1906와 함께 1902년에 우라늄이 풍부하게 함유된 광물, 즉 우라니나이트uraninite**에서 염화라듐을 분리해내고, 노벨 물리학상(1903)과 화학상(1911)을 수상한 대단한 과학자 부부입니다.

흔히 라듐 하면 엑스레이를 떠올리는데, 그때는 그렇지 않았습니다. 엑스레이의 기원은 빌헬름 뢴트겐Wilhelm C. Röntgen,

● 라듐: 알칼리 토류 금속에 속하는 방사성 원소. 본래는 은백색이나 공기 중에 산화하여 검은색으로 변한다.
●● 우라니나이트: 15세기 독일 에르츠산맥 은광에서 광부들이 채광하면서 발견된 광물.

1845~1923●이 발견한 바륨barium●●이고, 라듐은 완전히 다른 분야에서 각광을 받아요. 라듐의 반감기●●●는 1,600년으로, 원자력 발전 때 쓰이는 우라늄보다 라듐의 방사능 수치가 무려 200만 배에 달합니다.

라듐을 피부 가까이에 두면 어떻게 될까요? 당연히 피폭되겠죠. 피부에 어마어마한 화상을 입힙니다. 이 사실을 발견하고 피에르 퀴리는 조심해야겠다고 생각하기보다 오히려 역발상을 합니다. 도전정신에 사로잡힌 시대라서 더 그랬던 것 같아요. 라듐을 피부암 환자를 치료하는 데 써보자고 제안합니다. 라듐의 방사능이 피부암을 붕괴시킬 거라고 기대해요. 방사능이 조직을 분해하고 해체한다는 사실을 알았던 거예요. 실제로 써보니까 암세포가 죽습니다. 이때 사용한 라듐의 방사능은 현재 방사능 치료에 사용되는 방사능보다 훨씬 강력했어요. 그리고 장기 연구를 통한 관찰 없이 단순히 암만 죽은 걸 확인했습니다. 당시 암은 치료할 수 없는 병으로, 어떻게 해도 치료할 수 없으니까 방사능을 이용해본 거죠. 그런데 암이 죽은 거예요. 이 모습을 지켜본 다른 과 의사들은 어떤

● 빌헬름 뢴트겐: 독일 물리학자. 1895년에 X선을 발견하고 1901년 세계 최초로 노벨 물리학상을 수상했다. X선 특허 등록을 하지 않고 이와 관련된 모든 기술을 세상에 공개했다.

●● 바륨: 알칼리 토류 금속 원소 중 하나. 은백색의 연한 금속으로, 공기 중에서 잘 산화한다. 바륨 화합물인 황산바륨은 X선 조영제로 쓰인다.

●●● 반감기: 방사성 원소나 소립자가 붕괴 또는 다른 원소로 변할 경우, 그 원소의 원자 수가 최초의 반으로 줄 때까지 걸리는 시간.

심정이었을까요? '저 라듐이 내 라듐이었어야 하는데'라고 생각했 겠죠.

1904년에 영국 의사 존 매클라우드 John Macleod, 1876~1935는 라듐 도포기를 발명해 내장 기관에 넣고 뿌립니다. 그 결과 내장 기관 안에 있던 암들이 줄어들어요. 암은 지난 몇 세기 동안 인류 를 괴롭혀온 질환이었습니다. 외과 절제술이 눈부시게 발전한 뒤 로 치료가 어느 정도 가능해졌지만, 마취제가 폭발적으로 발전하 지 못한 시기라 암을 치료하는 일은 불가능했어요. 그런데 라듐이 이를 해낸 것이죠.

게다가 라듐은 영롱한 빛을 냈습니다. 그 자체로 신비로웠을 거예요. 그래서 의사들은 '어, 이거 다른 질환도 치료할 수 있을 거 같 은데' 하고, 해서는 안 될 생각을 합니다. 당뇨, 관절염, 류머티즘, 결 핵, 통풍과 같은 만성질환에 라듐을 적용하려고 합니다. 반대 의견을 주장하는 사람들은 뭇매를 맞았어요. 라듐을 믿지 않는다고 말이죠. 정말이지 과학의 급진적인 발전으로 의사까지도 사기꾼이 되던 시 기였습니다. 의사들만 그랬을까요?

진짜 사기꾼들도 라듐에 대한 믿음에 편승합니다. 무슨 만병 통치약처럼 만들어 팔기 시작해요. 라듐이 판매될 수 있었던 이유 는, 미국에서 1906년에 통과된 의약품법에서 라듐이 규제 대상에 서 제외된 탓이었죠. 라듐을 식품도 약도 아닌, 그저 자연 원소로 본 거예요. 그래서 우후죽순처럼 생수, 치약, 초콜릿, 화장품 등 라

1918년 11월 10일, 라디올Radior 화장품 광고. 1917년 런던에 본사를 둔 라디올은 라듐을 함유한 화장품을 판매하기 시작했다. 여기에는 나이트 크림, 루즈, 파우더, 스킨, 비누 등이 있다.

듐 관련 상품이 쏟아져나옵니다. 그나마 다행은 라듐이 엄청나게 비쌌다는 거예요. 라듐을 건강식품으로 팔기에는 너무 비쌌기 때문에 사기꾼들이 가짜 라듐을 만들어 팔았습니다. 덕분에 많은 사람이 살았던 거죠.

물론 계속 다행은 아닙니다. 지금도 유명한 온천이지만 당시

현재 진행형인 라돈의 위험성

라돈은 방사성 비활성 기체로 무색, 무미, 무취이고 공기보다 무겁다. 그래서 생각보다 아주 다양한 곳에서 방출된다. 첫 번째로 건물 지반, 토양, 광석, 건물의 균열, 배수관, 오수관, 가스관 및 상하수도 등에서 방출되는 것으로 알려져 있다. 두 번째는 건축자재다. 당연히 제작 과정에서 규제를 받지만, 오래된 건물에서는 여전히 주의해야 한다. 세 번째는 지하수다. 국내에서는 지하수를 바로 쓰는 경우가 거의 없지만, 단독주택이나 전원주택 같은 경우엔 지하수를 사용하는 경우도 많기 때문에 꼭 확인해야 한다. 상당히 적은 양이라 할 수 있는 4pCi/L가량의 피폭만으로도 장기 피폭될 경우 폐암 위험도가 약 50퍼센트 증가한다. 미국에서만 라돈으로 매년 약 21,000명의 폐암 환자가 발생하고 사망하는 것으로 알려졌다. 국내 지자체에서는 라돈 측정기를 무료로 대여하니, 한 번쯤 확인해보는 것도 좋을 듯하다.

아칸소Arkansas 온천이 유명했어요. 아칸소 온천에 들어가면 아픈 곳이 낫는다는 속설이 있었죠. 거기서 라돈radon이 미량 검출됩니다. 알고 보니 라돈은 라듐이 분해될 때 나오는 물질인 거예요. 그래서 사람들이 '아! 방사선 때문에 치료가 되었던 거네!'라고 생각합니다. 지금은 모든 과학자가 라돈을 물에서 어떻게 더 잘 제거할 수 있을까 고민합니다. 하지만 그때는 반대였습니다. 라돈이 담긴

욕탕에 몸을 담그고, 라돈을 마시려고 안달을 부렸죠.

라돈보다 라듐이 방사능 수치가 당연히 높습니다. 굳이 따지자면 제곱이에요. 이 좋은 방사능을 굳이 루트 씌워서 맞을 수는 없잖아요. 사람들이 라듐을 직접 쐬고 싶어 합니다. 효과를 극대화하고 싶은 거죠. 그래서 크림, 연고, 치약 등에 라듐을 넣기 시작해요.

납땜 관에 눕혀진 방사능 인간

그러는 와중에 인류는 호르몬의 존재를 인식하기 시작합니다. 내분비선에서 호르몬이 분비되는데, 나이가 들수록 호르몬 분비가 감소하기 때문에 노화가 진행되고 활력이 떨어진다는 사실을 이해합니다. 무엇보다 호르몬이 남자의 정력에 영향을 미친다고 생각했어요. 그래서 라듐을 음낭에 넣고, 좌약처럼 항문에 꽂는 등 난리가 납니다.

라듐 추종자 중 유명하신 분이 있습니다. 이븐 바이어스Eben Byers, 1880~1932라고, 미국의 아마추어 골프 챔피언이자 재력가, 사업가, 정력가, 유명한 바람둥이입니다. 그는 승마를 하다가 다친 후 활력이 급격히 줄어들었다는 사실을 인지하고 크게 낙심합니다. 그러자 의사가 라듐을 처방해줍니다. 라듐을 마시고 힘이 솟는 걸 느끼자 그는 이후 매일 라듐을 먹습니다. 중독된 거예요. 그렇게

1927년부터 라듐을 먹기 시작해 1932년에 사망합니다. 현존하는 모든 암에 시달리다가 죽어요. 그냥 암에 걸린 것이 아니라 방사능을 먹고 암이 발병한 것이죠.

유명인으로서 그의 죽음은 많은 사람에게 충격을 안깁니다. 이에 경각심을 느끼고 FDA(미국 식품의약국)에서 후행적 연구로서 역학조사에 들어갑니다. 이븐 바이어스의 주변 사람들에게서 눈에 띄게 암이 발병되자 '이상하다, 방사능이 암을 유발하나?' 하고 의문을 갖습니다. 조사 결과, 그의 몸에서 어마어마한 방사선이 검출됩니다. 이븐 바이어스가 주변 사람들을 피폭시킨 거예요. 그야말로 걸어다니는 방사능 인간이었습니다. 그때부터 방사능의 위험성을 인지하고 알아내기 시작합니다. 납으로 방사능을 막을 수 있다는 사실도 그때 연구되었죠. 그래서 이븐 바이어스의 관은 납으로 땜질되어 있습니다. 라듐의 반감기는 1,600년으로 그의 사체에서 계속 방사능이 나오고 있기 때문이죠.

이후로는 이런 일이 더 이상 벌어지지 않았습니다. 적어도 미국에서는 말이죠. 그런데 소련은 이 사실을 믿지 않아요. 미국이 거짓말했다고 생각합니다. 소련이 붕괴될 때까지 라돈 욕탕을 운영했는데, 지금도 체험 가능합니다. 물론 라돈 농도는 현저히 낮습니다.

이븐 바이어스는 너무 끔찍한 모습으로 사망했어요. 그의 죽음이 16~17세기의 일도 아니고 무려 20세기에 일어난 일이라니 지금도 믿기지 않을 정도입니다.

빠르게 분열하는 세포에 방사능이란?

방사능을 피부에 댔을 때 왜 처음에는 암이 먼저 죽었는지 궁금하지 않나요? 방사능은 빨리 분해되는 세포에서 에러의 가능성을 높여 효과가 있는 것인데, 암세포는 비정상적으로 빠르게 분열하니까 먼저 죽은 것이죠. 시간이 더 지났다면 피부 세포도 죽었을 텐데, 그것을 관찰하지 못한 것입니다. 그 전에 암세포 사멸이 먼저 관찰된 거죠. 방사능을 먹거나 음낭에 댔다면 어떻게 되었을지 상상이 되시죠?

정상적인 세포는 다음과 같은 절차를 걸쳐 복제됩니다. 먼저 휴식 단계인 G0 단계에서 RNA와 단백질이 세포분열을 준비하기 위해 세포 내에서 복제되는 G1 단계로 넘어갑니다. G1의 후반기에는 DNA 또한 복제됩니다. DNA 복제가 완료되면 G2 단계로 돌입하는데, 이때부터 세포는 구조적인 분열을 준비합니다. 그리고 동일한 2개의 세포로 분열되죠.

방사선은 이런 세포의 복제나 성장을 이끄는 DNA 또는 유전자에 치명적인 손상을 입히는데, 세포분열 단계의 대부분을 차지하는 G0이 아닌 G1, G2 단계에서 손상을 입힙니다. 그 때문에 정상 세포는 방사선에 의한 피해를 덜 받습니다. 반면 세포의 복제나 성장을 이끄는 DNA 또는 유전자에 이상이 생겨 무분별한 복제를 하는 암세포는 대부분 G0이 아닌 G1, G2 단계에 머물러 있으므로 방사선에 의해 계속해서 파괴되는 겁니다.

물론 정상 세포 중에서도 유달리 성장이 빠른 생식세포나 골수, 점막, 모낭 등은 방사선 치료의 영향을 받을 수 있습니다. 그 때문에 항암 치료를 받게 되면 탈모가 되거나 생식 기능에 이상이 발생하고, 점막에 궤양이 생기는 등의 합병증이 나타날 수 있습니다.

4장

돌도끼에서 21세기
최첨단 의료 기술까지

과거에도 현재에도
이곳만큼은
진심인 사람들

'정관수술' 하면 피임을 떠올리죠. 지금은 완벽한 피임 수술 중 하나로 자리를 잡았습니다. 정관수술은 어떻게 진행될까요? 먼저, 소변이 나가는 길과 정액이 나가는 길이 다릅니다. 그중에 고환에서 요도까지 정액이 올라가는 길에서 정자의 이동 통로를 막아 정액에 정자가 포함되지 않게 하는 수술입니다. 개인적으로 저도 둘째를 낳고 정관수술을 받았어요.

그럼 정관에 대한 최초의 기록은 언제일까요? 기원전 300년으로 거슬러 올라갑니다. 어마어마하죠? 옛날부터 관심이 엄청 많았나 봐요. 해부도 다른 신체는 엉망인데 정관은 꽤 정확해요. 의학자 헤로필로스가 고환, 부고환, 정관, 정낭, 동맥 및 정맥에 대한 설명을 최초로 기술했습니다.

사실, 전부터 고환이 어떤 부위인지는 정확히 몰라도 남자의 생식 기능과 관련이 있다는 정도는 알았어요. 어떻게 알았을까요? 인류의 역사는 누누이 말하지만 전쟁의 역사죠. 원래 털도 부숭부숭하고 건강했던 사람이 아랫마을과 싸우다 아랫도리를 다쳐서 돌아왔는데, 이후로 털이 쑥쑥 빠지고 비리비리해지는 거예요. 그리고 결혼했는데 애를 못 낳아요. 이런 일이 반복되니까 '고환을 다치면 애를 못 갖는구나!' 하고 인지합니다.

실제로 임상에 도입된 때는 언제일까요? 기원전 21세기경 수메르 문명*에서 고환을 인위적으로 제거한 환관에 대한 기록이 있습니다. 어떻게 보면 아주 거친 단계의 정관수술이라고 볼 수 있겠죠. 따라서 정관수술은 사실상 4,000년 정도의 긴 역사를 가집니다. 거의 개두술만큼 오래된 수술이라고 볼 수 있겠습니다. 감염의 우려는 없었을까요? 당시 중국의 기록을 보면, 절반 정도가 죽었다고 해요.

제대로 된 해부학적 지식을 가지고 정관수술을 한 것은 17세기입니다. 개에게 먼저 시행했어요. 사료를 보면, 혈관처럼 보이나 피가 통하지 않는 텅 빈 하얀 관을 발견해 그걸 묶었다고 되어 있습니다. 어떤 동물은 그 안에 정액이 차 있더라는 기록도 있죠. 하지만 이는 그저 사람의 호기심 해소와 관찰이 목적인 수술이었어요.

* 수메르 문명: 서아시아의 메소포타미아 지역에 존재했던 고대 문명으로, 현재까지 알려진 인류 최초의 문명. 인류 역사상 최초로 문자를 사용한 기록이 남아 있다.

17세기 중세 유럽에서 피임은 일종의 범죄였거든요. 30년전쟁이라는 종교전쟁을 치를 만큼 종교와 연관이 깊은 시기였죠. 종교적으로 남녀 간의 교합은 생명의 탄생으로 이어지는 굉장히 신성한 일이었기 때문에, 정관수술은 하나님이 주신 선물을 거부하는 죄로 여겨졌습니다. 심지어 자위행위도 범죄로 처벌받았습니다.

피임이 아닌 다른 목적으로 시행된 정관수술

우리가 알고 있는 형태의 정관수술을 처음 시행한 때는 19세기입니다. 1857년 프랑스의 저명한 비뇨기과 의사 루이 오귀스트 메르시에Louis Auguste Mercier, 1811~1882가 시행합니다. 이때의 정관수술은 지금과는 목적이 좀 달랐어요. 전립선비대증*을 치료하기 위함이었습니다. 거세나 다름없었죠. 음낭 전체가 아닌 고환을 제거함으로써 남성호르몬의 분비를 막았습니다. 실제로 당시에 배뇨 증상이 호전되었다는 보고가 있습니다.

사실 전립선비대증을 치료하기 위해서는 전립선 절제술이 더 많이 시행됐는데, 이 수술은 개방형, 즉 배를 열고 들어가 전립선을

● 전립선비대증: 전립선(호두알 크기로 대략 20그램 정도이며 방광 바로 아래에 위치) 크기가 증가해 요도를 막아서 소변의 흐름이 감소하거나 막히는 질환. 발병 원인은 노화로 인한 남성호르몬의 변화가 주를 이룬다.

직접 잘라요. 정말 위험했지만, 남성성을 유지하기 위해 이 수술을 받는 사람도 많았습니다. 메르시에는 전립선 절제술이 너무 야만적인 수술이라고 비난했어요.

그러던 중에 "정관 자체만을 결찰하면 회춘 가능하다"는 내용의 리포트가 나옵니다. 1920년 오스트리아 의학자 오이겐 슈타이나흐Eugen Steinach, 1861~1944가 "성호르몬이 존재하는데, 그게 줄어들면서 힘(정력)이 줄어드는 것이다"라는 주장을 해요. 이 주장은 '정관수술을 하면 정자 생산이 줄어드니까 거기에 소모되는 힘이 남성호르몬 생산에 집중되어 정력과 성욕이 회복된다'는 논리로 이어집니다. 그 결과, 나이 드신 분 다수가 정관수술을 받아요. 플라시보 효과* 때문인지, 정관수술을 받고 힘이 더 좋아졌다고 느끼는 사람이 많았습니다. 1920년에 오스트리아 빈에서만 100명이 넘는 남성 과학자, 의사, 교수들이 수술을 받았어요. 자신감이 붙은 슈타이나흐 박사는 이 정관수술을 '슈타이나흐 회춘 수술'이라고 명명합니다.

회춘 수술은 귀여운 사례에 속합니다. 훨씬 끔찍한 사례가 있어요. 미국의 의사 해리 샤프Harry C. Sharp, 1870~1940가 1899년 인디애나 소년원에 재소 중이던 19세 수감자의 과도한 자위행위를 교정하기 위해 정관수술을 시행합니다. 정자 생산을 막으면 정액이

● 　플라시보 효과: 효과 없는 약임에도 환자의 긍정적 믿음으로 병세가 호전되는 현상.

어떤 식으로든 줄어들 테고 성욕도 함께 줄지 않을까 생각한 거예요. 그 결과, 소년의 성격이 더 밝아지고 지능도 높아졌으며 자위행위도 멈췄다고 보고되는데, 말도 안 되는 소리입니다. 이마저도 아무것도 아닙니다. 더 끔찍한 사례가 나옵니다.

19세기 말에서 20세기 초에 우생학이 횡행했다는 사실을 기억해야 합니다. 우월한 유전자가 존재하고, 고로 우월하지 못한 유전자는 없애야 한다고 주장하는 학문이죠. 그 와중에 범죄자와 정신 질환자들의 정관 절제술에 대한 이야기가 나오고, 1940년대에 이르기까지 20년 동안 수십만 명이 비자발적으로 정관 절제술을 받게 됩니다. 사실 이것이 초기 정관수술의 주요 목적이었어요. 이때 정관수술의 수술 기법 자체가 거의 완성됩니다. 이를 제일 열심히 추진한 사람이 히틀러예요. 이제 더 이상 그런 일은 없죠.

리버스 정관수술이 가능한 시대

지금의 정관수술은 '자발적 불임술'이라는 말의 동의어가 됐습니다. 1938년에 리버스, 정관수술을 되돌리는 수술이 최초로 성공하고, 1945년에 정관수술을 한 지 5년 경과한 사람의 정관을 되돌리는 데 성공하면서 더더욱 인기를 끌었어요. 그리고 1950년에 발표된 한 연구로 인해 폭발적인 인기를 얻습니다. 자발적 정관 절제술을 받은 50명에게 설문조사를 했더니, 5명은 성욕이 감소했고 9명은 증가했다고 답해요. 또 4명은 성관계를 덜 맺게 됐지만 8명은 더 맺게 됐다고 답합니다. 이에 혹해서 더 많은 사람이 수술을 받아요.

수술법 또한 엄청난 속도로 발전합니다. 처음에는 사타구니 절개술을 통해 절개하고(절개 부위가 컸습니다), 이후에는 정관 근처 절개술로 바뀌고, 두 번 절제하던 수술이(정관이 2개라서) 한 번의 절제술로 바뀌고, 급기야 1974년에는 (메스 없는) 무절제술이 개발됩니다. 2002년에는 가역적 혈관 폐쇄법도 나왔어요. 그런데 저는 무슨 이유로 두 곳을 절개했을까요? 지금은 어떤 방법이든 비뇨기과에 가면 모두 안전하게 정관수술을 받을 수 있습니다.

정관수술에 대한 오해와 진실

정관수술은 본문에서 설명한 대로 고환이 아닌 고환에서 생겨난 정자가 통하는 길인 정관을 절제하거나 결찰하는 수술을 뜻합니다. 역사적으로는 다른 이유로 시행되었던 적도 있지만, 현재는 피임 목적으로만 시행되죠. 사실상 가장 강력한 피임술이며, 피임을 목적으로 행해지는 수술 중에서는 가장 안전한 수술이기도 합니다. 더 이상 아이를 낳지 않겠다고 결심했다면, 정관수술이 가장 합리적인 선택이란 뜻입니다.

그러나 몇 가지 오해로 정관수술을 망설이는 분들이 있는데, 이 때문에 원치 않는 임신으로 이어져 좋지 못한 결과를 초래하는 경우도 있습니다. 그 오해를 풀어드리겠습니다. 하나, 정관수술을 받으면 정액도 나오지 않을까요? 아닙니다. 정액을 만드는 것은 다른 기관이기 때문에 전혀 상관이 없습니다. 겉으로 보기에는 본인 포함 아무도 차이를 느끼지 못합니다. 둘, 정관수술을 받으면 남성 호르몬이 나오지 않을까요? 아닙니다. 그런 불상사를 피하기 위해 고환이 아닌 정관만 수술하는 겁니다. 따라서 전혀 영향이 없습니다.

썩히는 것도 모자라 끓는 기름을 부었다고?

살다 보면 다치는 경우가 있죠. 아마 한두 번쯤 크게는 아니더라도 다쳐본 일이 있을 겁니다. 현대 사회는 일단 밝고 바닥에 요철이 없고, 음식을 얻기 위해 사냥하는 것도 아니고, 무엇보다 폭력을 수반하는 다툼의 횟수가 굉장히 줄어들었기 때문에 다치는 횟수와 정도가 과거에 비해 크게 감소했습니다. 물론 자동차와 같은 탈것의 발명이 또 다른 위험 요소가 되었지만, 고대에는 위와 같은 이유로 다치는 경우가 꽤 흔했습니다. 중세시대만 해도 서로 칼을 뽑아 휘두르며 결투하던 살벌한 세상이었습니다.

자, 일단 다쳤다고 가정해봅시다. 무엇을 먼저 해야 하죠? 어디를 얼마나 다쳤는지 확인해야 합니다. 물론 그 전에 기도와 순환, 호흡을 체크해야겠지만, 상처에 한해서는 확인이 먼저입니다. 그래서 응급실에 가면 인턴 의사가 상처에 생리식염수를 들이붓는 겁니다. 피를 계속 씻어내면서 얼마나 다쳤는지 보는 거예요. 색깔이 있는 소독약을 바로 들이붓지 않는 이유입니다. 안타깝게도 상처 치료의 기본이자 가장 처음에 시행되어야 하는 이 '관찰'이라는 행위가 본격적으로 언급되기 시작한 때가 19세기 말입니다. 실제로 그 의미가 제대로 인식된 건 20세기의 일이고요. 정확히 말하면 제1차 세계대전 이후입니다. 물론 고대에도 상처를 확인하고 관찰했을 테지만 지금처럼 우선시되지는 못했어요.

그럼 고대에는 상처가 생기면 무엇부터 했을까요? 지혈입니다. 피는 곧 생명인데 막 흘러나오니까 멈추는 데 집중했어요. 그래서 상처에 뭔가를 쑤셔박았습니다. 가장 구하기 쉬운 나뭇잎을 으깨서 상처를 틀어막았어요. 작은 출혈은 지압으로 해결됐지만 출혈이 크면 나뭇잎을 이용했습니다. 그리고 붕대를 감았습니다. 근대화된 개념의 붕대는 아니었고, 나무 덩굴 같은 것으로 감았어요. 이제 환자는 자신의 상처와 함께 나뭇잎의 성분 그리고 균과 싸워서 이겨야만 살아남을 수 있었죠. 그래서 대부분 죽었어요. 이런 처치를 우리는 고대 원시인들이 남긴 벽화 등을 통해 유추해볼 수 있습니다.

붕대를 잘 만들기만 한 이집트

이집트 시대에 이르러서 상처 치료가 조금 개선됩니다. 이집트는 로마에 의해 멸망하기까지 3,000년의 역사를 유지했을 만큼 꽤 평화로운 제국이었어요. 하지만 크고 작은 전투는 늘 있었겠죠. 싸우면서 상처를 많이 봅니다. 또 문명이 매우 발달했기 때문에 불을 잘 사용했어요. 상처를 불로 태우면 피가 멈춘다는 사실도 알았죠. 그래서 불로 상처를 지집니다. 문제는, 사실 지져서 피가 멎으려면 상당히 고온으로 팍 태워야 해요. 또 피나는 지점이 아닌데를 지지면 오히려 더 피가 납니다. 현대의 기술로 만든 바이폴러bipolar*로 상처를 지져도 마찬가지예요. 불로 지진 곳은 필연적으로 화상을 입게 되고, 잘못하면 더 심각해집니다.

　다행히 이집트는 다른 어떤 곳, 어떤 시대와 비교해도 압도적으로 발달한 게 하나 있었죠. 바로 붕대입니다. 이집트인은 아마포**로 만든, 제대로 된 붕대를 썼습니다. 미라를 만들 때 붕대로 감잖아요. 그래서 붕대 감는 기술 하나는 최고인데, 문제가 있습니다. 고대 이집트에서 녹색은 생명을 의미했기 때문에 구리를 많이 사용했어요. 구리가 산화되면 청록색이 되거든요. 찾아보면 녹이 슬었다는 생각보다는 예쁘다는 생각이 들 정도로 영롱합니다. 그

● 　바이폴러: 외과 수술 장비. 바이폴러 에너지를 이용해 혈관 결찰, 응고 및 절개 시 쓴다.
●● 아마포: 아마의 섬유로 만든 직물로, 리넨이라 불린다.

래서 지체 높은 사람들은 상처에 산화된 구리를 바르고 붕대를 감았어요. 당연히 죽었겠죠? 파상풍 직행입니다. 불행 중 다행으로, 지체가 낮은 사람들은 산화된 구리를 대신해 꿀이나 기름 등을 발랐습니다.

고대 그리스는 다르게 치료했을까?

히포크라테스의 케이스 리포트case report[●]를 보면, 목수 하나가 도끼를 휘두르다가 발이 찍혀 피가 많이 나니까 그의 다리를 위로 올려 피가 덜 나게 만듭니다. 심장보다 다리가 위로 가니까 확실히 피가 덜 났을 거예요. 그다음 찬물에 적신 수건을 댑니다. 그리고 머리에 따뜻한 물을 부어요. 이렇게 하면 피가 머리로 오니까 피가 덜 나지 않을까 생각한 것 같아요. 그러고는 무화과나무 수액에 적신 양모를 상처에 댑니다. 무화과나무 수액이 우유를 응고시켰기 때문에 피도 지혈할 거라고 믿은 것 같아요. 네, 당연히 별 효과는 없었어요. 또 양모가 깨끗하지 않으니 감염의 위험도 있었을 거예요. 하지만 일단 양모로 누르고(지혈), 안으로 집어넣고(지혈), 알코올 성분을 함유한 적포도주로 적신(소독) 붕대를 감았기(지혈 및 압박) 때문

● 케이스 리포트: 의학 사례 보고서. 지금도 임상 실무에서 얻은 새로운 지식을 전파하는 수단으로 쓰인다.

에 어느 정도 도움은 되었겠죠.

여기까지 보면 잘했어요. 그럼 여기서 멈춰야 하는데, 반대편 다리의 무릎 아래를 묶고 발목 아래를 째서 피를 흘리게 합니다. 히포크라테스의 기록을 보면, "어떤 출혈은 사람을 죽이지만 어떤 출혈은 도움이 되기도 한다"고 나와요. 우연히 다쳐서 발생한 출혈은 사람을 죽이지만, 의사가 만든 출혈은 사람을 살린다는 믿음이 있었던 거예요. 아무튼 지혈을 잘해놓고 사람을 죽인 거니까 안타깝기 그지없죠.

그래도 당시 의사들은 농양*에 대한 치료를 굉장히 잘했습니다. 애초에 의사를 '피율코스pyulkos'라고 부르기도 했는데, 이는 라틴어로 '율lyul' '코스cus', 즉 '고름 뽑는 사람'이라는 뜻입니다. 놀랍게도 당시에 주사기로 고름을 직접 뽑았어요. 그런데 그리스가 망하면서 이 방법이 아예 사장됩니다.

이후 로마 시대에는 위대한 해부학자 갈레노스가 있었죠. 이분이 고안한 지혈은 손가락으로 직접 누르기, 비틀기, 상처 끝을 자르고 묶기, 지혈제 쓰기가 있습니다. 지혈제는 달걀 흰자에 유향과 알로에를 섞은 것인데, 별 효과는 없었던 것 같아요. 지혈대에 대한 언급도 있는데, 당시에는 심장에서 피가 온다고 생각하지 못했기 때문에 너무 꽉 묶으면 오히려 피가 더 몰려서 피가 많이 난다고

● 농양: 신체 조직의 한 부분에 고름염이 생겨 그 부분의 세포가 죽고 고름이 몰려 있는 곳.

믿어서 꽉 묶지 않았습니다. 의미가 없는 처치였어요. 대개 정맥 출혈이 많았을 텐데 세게 동여매지 않으니까 동맥(혈액을 심장에서 전신으로 보내는 혈관)에서는 피가 계속 흐르고 정맥(혈액을 전신에서 심장으로 보내는 혈관)에서는 피가 새면서 더 쉽게 죽었어요.

중세에는 잘 치료했을까?

암흑기가 옵니다. 오히려 중세 이전에 상처를 더 잘 치료했어요. 예를 들어, 고름을 째거나 뽑는 행위는, 물리적으로 원인균을 제거해주기 때문에 감염병에서 사실상 가장 강력한 치료 행위 중 하나입니다. 고대 그리스에서 고름을 째지 않고 주사기를 이용한 것도 정말 대단한 접근인데, 이런 조치가 모조리 사장돼요. 반대로 사장돼야 할, 가령 피나는 부위를 태워서 지혈한다는 식의 조치는 귀신같이 받아들입니다.

또 절단술에서 출혈이 발생할 경우, 갈레노스 시대에는 혈관이 보이면 묶었다는 정황이 있거든요. 그런데 중세에는 여기다 끓는 기름을 붓습니다. 정말이지 다 죽기를 바랐던 것 같아요. 여기에 더해 상처에 고름이 맺히면, 특히 포도상구균*에 감염된 상태에서 발생하는 고름의 경우에는 냄새가 심한데, 이 냄새를 상처가 회복되는 증거라고 믿었어요. 상처가 약간 썩는 게 좋다고 생각한 거예요. 그러다 이제 진짜 죽을 거 같으면 자르고 기름으로 튀깁니다.

16세기에 접어들면서 개선이 됩니다. 많이 개선되지는 않고, 동맥이 보이면 다시 결찰하기 시작해요. 하지만 대부분은 여전히 기름을 끼얹었어요. 여기서 조금 발전해서 달걀과 테레빈유를 붓습니다. 그러니까 상처가 나면 썩히고 절단하는 조치가 계속 이어졌어요.

그러던 와중에 프랑스 군의관 앙브루아즈 파레Ambroise Paré, 1510~1590가 구더기가 상처 치료에 도움이 된다는 사실을 발견하고 이를 기록해둡니다. 상처 난 곳에 구더기를 두니까 구더기가 썩은 상처만 먹어서 새살이 돋는다는 겁니다. 이를 현대 의학에서는 디

● 포도상구균: 가장 대표적인 화농균으로 자줏빛의 그람양성균. 공 모양의 세포가 불규칙하게 모여서 포도송이처럼 된 세균이다.

브리드debride라고 불러요. 죽은 조직을 걷어내는 시술이죠. 그러나 그의 주장은 받아들여지지 않고 사장됩니다.

대신 상처에 10퍼센트 알코올에 산화구리, 산화납을 섞어 만든 연고를 바르고 심해지면 절단한다는 의견이 주류로 이어집니다. 심지어 이 주류 의견이 미국 남북전쟁까지 계속됩니다. 남북전쟁은 비교적 최근에 일어났는데, 논문에 기록됐기를 찰과상, 긁힌 상처를 포함해 파편에 부상당한 혹은 사지에 총상을 입은 군인의 30퍼센트가 절단을 했습니다.

조지프 리스터와 플로렌스 나이팅게일

19세기 말 조지프 리스터Joseph Lister, 1827~1912라는 걸출한 의사가 등장합니다. 제멜바이스보다 약간 후대 사람인데, 제멜바이스가 주장한 손 씻기의 개념을 발전시켜 소독 개념으로까지 확장시킵니다. 상처를 치료할 때 소독을 해야 한다고 주장해요. 이 이론을 따라 러시아 군의관이 러시아-튀르크 전쟁* 중 군인들을 치료했는데, 사망률이 확연히 낮아집니다.

● 러시아-튀르크 전쟁: 16세기에서 20세기 초에 걸쳐 러시아제국과 오스만제국 사이에 벌어진 13차례의 크고 작은 전쟁을 통틀어 일컫는다. 여기서는 제12차 전쟁(제2차 동방 전쟁, 1877~1878)을 말한다.

알바니아 북부 슈코더르의 야전병원에서 다친 병사들을 돌보는 나이팅게일. 조셉 오스틴 벤웰
Joseph Austin Benwell의 석판화(1856).

　또 크림전쟁* 당시 〈나이팅게일 선서〉의 주인공 플로렌스 나이팅게일Florence Nightingale, 1820~1910은 환자를 치료할 때 위생이 중요하다는 사실을 깨달았어요. 당시 야전병원에 환자들이 빈틈없이 빽빽하게 붙어 있다 보니, 의료진이 이 환자의 상처를 만지고 농이 묻은 손으로 저 환자의 상처를 만졌습니다. 이를 본 나이팅게일이 의료진에게 손을 씻고 소독하자고 주장하고 이를 최초로 실천합니다. 그 결과, 영국군 부상자의 사망률이 40퍼센트대에서 2퍼센트대로 감소하는 기적이 일어나요.

●　크림전쟁: 러시아-튀르크 전쟁의 제11차 전쟁(제1차 동방 전쟁, 1853~1856).

제1차 세계대전에서는 보다 많은 총상 및 파편 손상이 발생합니다. 이를 치료할 때 단순히 이물질만 제거하지 않고, 그 이물질로 오염된 조직과 괴사된 살들도 같이 제거하는 디브리드먼트debridement*의 중요성을 깨닫습니다. 죽은 조직에서 균이 자라나 감염원이 되기 때문이죠. 게다가 홀스테드 박사에 의해 수술 장갑이 도입됩니다. 제2차 세계대전 이후로는 멸균 거즈가 나와요. 그후에 이르러서야 우리가 흔히 아는, 압박 지혈이 이루어지고 소독해서 붕대를 감는, 제대로 된 치료가 이루어집니다.

지금 병원에 가면 당연하게 받는 치료가 숱하게 많은 사람의 손과 발을 잘라가면서 터득한 의료 지식이에요. 집에서 소독하고, 연고 바르고, 밴드를 붙이는 치료 행위가 사실상 인류가 엄청나게 진보했음을 보여주는 증거입니다.

- 디브리드먼트: 괴사 조직 제거. 이물, 괴사, 오염 조직 인접부를 제거하고 주위의 건강한 조직을 노출시키는 처치.

집에서 상처 치료, 이렇게 하세요

상처가 났을 때 가장 중요한 것은 얼마나 다쳤는지 파악하는 겁니다. 깨끗한 흐르는 물로 닦아내면서 상처를 벌려 어디까지 손상되었는지 보는 것이죠. 만약 근육까지 손상되었다면 바로 병원으로 가야 합니다. 피부 손상만 관찰되는 경우라고 해도 상처 길이가 1센티미터 이상이라면 병원에 가는 것이 좋습니다.

상처가 얕고 짧다면 집에서 응급처치를 할 수 있는데, 그 방법은 다음과 같습니다. 우선 손을 깨끗이 씻습니다. 소독 거즈를 이용해 상처 부위를 직접 누르거나 혹은 심장과 가까운 부위를 눌러 지혈합니다. 지혈이 되었다면 소독 도구를 이용해 상처 부위를 소독합니다. 그리고 항생 연고를 면봉을 이용해 바른 후 밴드나 거즈로 덮고 고정합니다. 이렇게 처치한 상처는 매일 관찰해야 하는데, 만약 농이 나오거나 냄새가 나거나 통증이 심해지거나 주변이 부었다면 지체 없이 병원으로 가야 합니다. 아무리 상처가 작다고 해도 감염이 생긴 후에는 심각한 문제로 발전할 수 있기 때문입니다.

머릿속 벌레를
잡기 위해
돌로 두개골을 깐 인류

두통을 겪어보지 않은 사람이 있을까요? 지금은 두통이 생기면 어떻게 치료하죠? 먼저 타이레놀과 같은 약을 먹죠. 타이레놀은 상품 명이고, 정확히 아세트아미노펜acetaminophen을 먹습니다. 그럼 예전에는 어떻게 치료했을까요? 머리라는 점이 아주 중요합니다. 놀랍게도 옛날부터 사람들은 머리가 생각하는 기관임을 아주 잘 알았어요. 머리가 아프면 둔해지고 생각이 잘 돌아가지 않으니까 오랜시간 머리가 아프면 큰일이 난 것으로 여겼습니다.

　　고대인은 머리가 아프면 악령에 홀렸다고 생각했어요. 그래서 악령을 없애기 위해 두개골을 열었습니다. 사실 두개골은 무척 단단하고 두꺼운 뼈예요. 그냥 열기 힘들죠. 그래서 신석기시대부터 돌로 깝니다. 지금처럼 압력을 줄여주는 목적이 아니라 머리 안에 있는 악령을 쫓아낸다는 믿음으로 기계적으로 연 거예요. 머리를 열다가 죽으면 악령이 너무 강해서 죽었다고, 살면 악령이 나가서 살았다고 생각했습니다. 머리가 계속 아프면 다시 머리를 여는 거예요. 이렇게 무려 7,000년 전부터 개두술이 시행됐습니다.

예를 들어, 머리가 아픈 사람 중 뇌종양일 경우 죽을 만큼 아픕니다. 두통이 좀 있다고 머리를 열지는 않았을 거예요. 갑자기 경련이 일어나고 혼수상태가 되니까 악령이 빙의한 줄 알고 머리를 열어서 악령을 빼주려고 했겠죠. 사실 뇌종양이 커지면 뇌가 닫힌 공간이라서 뇌압이 올라가고 경련이 많이 일어납니다. 그래서 머리를 여니까 우연히 증상이 좋아져요. 뇌압이 내려가니까요. 원인이 되는 질환을 찾아 치료하지는 못하지만 증상이 일부 호전되니 머리를 열고 나서도 몇 달 혹은 몇 년을 더 살았던 거죠.

두통 치료가 여기서 그쳤느냐, 아닙니다. 개두술을 맹신하는 계기가 결정적으로 10세기 즈음에 일어납니다. 이제는 문명의 시대죠. 두통의 원인으로 '검은 벌레'가 지목됩니다. 피를 빼고 별짓을 다 했는데 낫지를 않으니 악령의 소행이라고 여겨 다시 머리를 깝니다. 그런데 우연히 머릿속에서 검은 벌레를 발견한 거예요. 검은 벌레의 정체는 아마도 경막하 혈종이었을 텐데, 그때는 그걸 몰랐죠.

그런데 그 혈종을 제거하니까 두통이 사라진 거예요. 그 의사가 얼마나 신났겠어요. 동네방네 떠들고 다니면서 머리 아프면 이

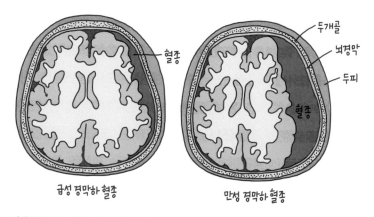

경막하 혈종은 뇌경막 아래에 출혈이 발생한 질환으로 출혈 시점으로부터 일주일 이내의 출혈
은 급성, 3주 이상 지난 출혈은 만성, 두 기간 사이의 출혈은 아급성으로 분류한다.

제부터 머리를 열어야 한다고 말합니다. 그래서 한동안 머리를 많
이 열었어요. 이 역사가 굉장히 오래가요. 17세기에 이를 때까지도
일부 자행됐습니다.

세기를 거듭할수록 길을 잃는 두통 치료

기원전 4세기에 전설적인 의사 히포크라테스가 편두통 증상에 대
해 아주 잘 설명했습니다. "눈에 빛이 번쩍하고 관자놀이, 머리, 목
까지 격렬한 통증을 일으키는 질환이 있다"고 말이죠. 문제는 치료
입니다. 사체액설 기억하시죠? 불행하게도 두통의 원인으로 혈액

이 지목됩니다. 머리에 피가 많아서 머리가 아프다는 거예요. 그래서 피를 뽑아요. 무턱대고 머리를 까지는 않고, 먼저 발뒤꿈치를 짼니다. 그러다가 이제 팔의 정맥을 까요. 보통은 여기서 실신하거나 기절합니다. 긴장성 두통의 경우에는 기절 때문에라도 없어져요. 기절했다 깨어나면 없던 일이 되는 거예요. 하지만 두통에 긴장성만 있는 게 아니잖아요.

더 극심한 두통의 경우에는 어떻게 했을까요? 이마 옆쪽에 혈관이 드러나 있잖아요. 여기를 짼니다. 이때부터는 심각해져요. 일단 머리를 밀어요. 두피에서 피를 뽑고, 그래도 안 되면, 인두로 두피를 지져요. 왜 그랬는지는 모르겠어요. 고통은 다른 고통으로 잊히니까 그랬을까요? 이 치료는 세기가 거듭할수록 사라지지 않고 체계화됩니다.

안전하게 피를 뽑는 방법을 고민하다가, 코 천장이 머리의 바닥이라는 사실을 알게 됩니다. 코에서 피를 빼면 될 것 같은 거예요. 그런데 잘못하면 코 천장, 즉 머리의 바닥뼈가 손상을 입어 뇌척수액이 유출될 위험이 있어서 잘 빼야 했습니다. 그렇게 찾은 방법이 거위 깃털입니다. 거위 깃털이 부러뜨리면 굉장히 날카로워요. 그 거위 깃털로 코를 찔러 후빕니다. 많이 죽었겠죠. 이런 치료가 18세기까지 아주 흔하게 이루어졌습니다. 부위만 다양해져요.

전기 치료에 진심이었던 사람들

18세기 중반에 특정 물고기가 전기를 일으키고 약간의 마비를 동반한다는 사실을 발견합니다. 1세기경 문헌에도 물고기로 두통을 치료했다는 기록이 있어요. 그 물고기가 전기뱀장어입니다. 그리고 남미의 전기뱀장어가 유럽과 아프리카의 전기뱀장어보다 더 강력한 전압을 출력한다는 사실도 알게 됩니다.

전기뱀장어로 전기의자를 만들어요. 세밀하게 조정할 수는 없어도 전기경련요법Electroconvulsive Therapy, ECT인 셈이죠. 실제로 남미의 전기뱀장어로 치료한 후 두통이 좋아졌다고 해요. 이에 대한 논문도 1778년에 발표됐습니다. 위험해서 그렇지, 효과가 있을 수 있어요. 죽지 않으면 좋아질 수도 있는 거죠.

18세기 후반 영국의 의사 이래즈머스 다윈Erasmus Darwin, 1731~ 1802●이 "이제 우리 머리에서 피 그만 빼고 피를 줄여보자!"라고 주장합니다. 그는 원심 분리기 형태의 기계를 고안해요. 중력가속도 훈련용 기계보다는 흉악한 모습인데, 머리를 가운데 놓고 사람을 눕혀서 돌리면 머리의 피가 다리로 가서 머릿속 피를 줄일 수 있다는 논리였습니다. 원심력의 원리는 그때도 이미 알았거든요. 그럼 기계를 어떻게 돌렸을까요? 전기를 이용했습니다. 사람의 인력을

● 이래즈머스 다윈: 영국의 의사로 진화생물학의 기초를 확립한 생물학자 찰스 다윈의 할아버지.

원심력을 최초로 정의한 과학자는 누구일까?

네덜란드 과학자 크리스티안 하위헌스Christiaan Huygens, 1629~1695다. 빛의 파동성에 근거해 빛이 어떻게 전파되는지를 기술하는 '하위헌스 원리'로 유명하다. 1673년에 자신이 발견한 원심력에 대해 쓴 《원심력에 관하여 On the Centrifugal Force》를 출판했다. 이외에도 아이작 뉴턴과 쌍벽을 이루며 물체 운동에 대한 전반적인 해석을 제시했고, 토성의 위성 타이탄을 최초로 발견했으며(1655), 토성에 고리가 있음을 최초로 묘사했다.

동원해 자전거로 밟아서 기계를 돌렸어요. 중력가속도가 2배만 돼도 사람이 기절합니다. 어지간한 두통이면 그렇게 의식을 껐다 켜는 것만으로도 조금 나아졌어요. 문제는 난치성 두통의 기질적 원인의 경우, 이미 몸 상태가 좋지 않은데 그 상태에서 돌리면 발살바 호흡법(전투기 조종사들이 중력을 견디기 위해 하는 호흡)을 몰라서 견딜 수 없었을 거예요. 그대로 못 깨어나는 경우가 많았습니다.

19세기 중반에는 혈관이 수축하고 이완한다는 사실, 이를 조절하는 게 신경이라는 사실을 깨달아요. 혈관 운동에 대한 개념이 잡히고 체액설이 슬슬 사라지기 시작합니다. 그리고 신경학이 대두해요. 신경전달물질까지는 파악하지 못했지만, 신경이 전기에 의해 활성화된다는 사실을 알면서 전기의 중요성이 강조됩니다. 개구리의 신경에 전기를 보냈더니 개구리가 움직인 거예요. 의사들은 더더욱 전기에 집착합니다. 전기 목욕도 시켜요. 사람을 탕 안에 넣고 전류를 흘리는 거죠. 실제로 효과가 있었는지는 알 수 없습니다.

또 혈관의 운동성에 대해 이해한 뒤로, 누르기만 해도 뭔가 변할 거 같으니까 혈관을 압박하기 시작합니다. 사실 제일 안전한 방법이긴 해요. 하지만 과학의 시대에 지압은 의사들에게 매력적인 치료법으로 다가가지 못합니다. 민간요법 같은 거예요. 그러다 사고를 칩니다. 머리에 있는 혈관이 어디를 눌러도 잘 안 눌리는 거 같으니까, 일단 만만한 목이나 경동맥을 눌러봐요. 그런데 경동맥이 결국 머리로 가잖아요. 너무 오래 누르면 뇌경색이 옵니다. 그래서 기계로 진동을 일으켜볼까 하고 머리에 추를 달아 흔들어봐요. 이 방법을 어디에 특히 많이 썼을까요? 원래 떨리는 질환인 파킨슨병*에 썼습니다. 당연히 별 효과는 없었죠.

아름다운 피날레, 진통·소염제의 탄생

이처럼 말도 안 되고 효과도 없는 치료가 언제부터 사라지기 시작

---

* 파킨슨병: 뇌간의 중앙에 존재하는 뇌흑질의 도파민계 신경이 파괴됨으로써 움직임에 장애가 나타나는 질환.

했을까요? 약이 발견된 후, 즉 안전한 진통·소염제의 발견과 대량 생산이 이루어지고 나서입니다. 1899년 버드나무 껍질에서 추출한 성분, 살리실산으로 진통·소염제, 즉 아스피린aspirin을 만들어요. 진통·소염제는 그야말로 엄청 위대한 약이에요. 이 약이 없잖아요, 지금 머리 아픈 사람들 다 전기의자에 앉아야 합니다.

사실 두통도 종류가 굉장히 많아요. 편두통, 군발성 두통, 기질적인 원인, 종양, 출혈 및 경색으로 인한 두통 등 다양하죠. 그래서 머리에 피가 몰려 두통이 생긴 줄로만 알았던 과거에는 더 제대로 된 치료를 받기 어려웠을 겁니다.

이런 두통은 위험합니다!

두통은 매우 흔한 증상이에요. 표현도 '찌릿하다', '지끈거린다', '깨질 것 같다' 등 매우 다양합니다. 일반인으로서는 두통의 원인을 감별하기 어렵기 때문에 어떤 상태일 때 응급실에 가야 하는지의 여부도 판단하기 어렵습니다. 대개는 괜찮습니다만, 두통의 4퍼센트 정도는 위험한 원인으로 발생한다는 보고가 있기 때문에, 적어도 응급실에 가야 하는 두통의 종류에 대해서는 알고 있어야 합니다. 일명 '박동성 두통Red Flag Sign'이 그렇습니다. 간단히 정리하면, 평소에 두통이 없던 사람에게 갑자기 망치로 얻어맞거나 깨질 듯한 양상의 통증이 이전에 경험해보지 못한 강도로 발생했다면 응급실로 가서 검사를 받아보는 것이 좋습니다.

로열패밀리도
평생 손쓰지 못한 일

케네디 가문, 다들 아시죠? 미국의 대표적인 로열패밀리죠. 그중에서도 로즈메리 케네디Rosemary Kennedy, 1918~2005를 아시나요? 조지프 케네디Joseph Kennedy, 1888~1969의 첫째 딸로 눈부신 미모의 소유자였습니다. 1938년에 엘리자베스 여왕의 궁전에서 찍힌 그녀의 사진을 보고 미국 전역에서 구애가 잇따를 정도였죠. 하지만 이분에게는 비밀이 하나 있었습니다.

　　의학은 19세기 암흑기를 지나 20세기 초반 역시 크게 발전하지 못합니다. 지식도 부족하고 시스템도 잘 갖춰지지 않았죠. 그런 상황에서 로즈메리 케네디가 태어나요. 그녀의 어머니는 출산이 원활히 진행되지 않자 아이의 머리가 나오는 중이었는데도 간호사의 조언에 따라 다리를 두 시간 동안 오므리고 있었습니다. 이는

1931년의 케네디가 가족사진, 오른쪽 끝에서 첫 번째 여성이 로즈메리 케네디이다.

사실상 아이의 목을 조른 것과 같아서 머리에 산소가 적게 전달됐을 가능성이 커요. 물론 결정적인 원인인지 아닌지는 지금으로서는 알 수 없지만, 로즈메리의 인지 기능이 떨어졌다는 사실은 여러 기록을 통해 유추할 수 있습니다. 어른이 된 후에도 맞춤법을 알지 못했고, 갑자기 고함을 지르거나 화를 냈다고 해요.

당시 케네디가는 대단한 명문가로, 아버지 조지프 케네디는 딸을 고쳐주고 싶어 합니다. 케네디가의 명성에 걸맞은 사람이 되기를 바란 것이죠. 마침 이때 의사 월터 잭슨 프리먼Walter Jackson

Freeman II, 1895~1972이 자신이 치료할 수 있다고 접근합니다. 그렇게 1941년에 전두엽 절제술이 시행되었고, 이후 로즈메리 케네디는 대중의 시야에서 사라집니다. 정말이지 끔찍한 수술이에요.

인류의 역사를 돌이켜보면, 머리 수술이 아주 특이한 수술은 아니에요. '두통의 역사'에서 살펴봤듯 7,000년 전부터 시행됐습니다. 머리가 아프면 악령을 빼내야 하는 줄 알고 머리에 구멍을 냈어요. 그 밖에도 너무 우울해한다거나 갑자기 사람이 좀 변한 것 같으면 머리를 뚫었습니다. 악령에 씌어서 사람이 변했다고 생각한 거예요. 놀랍게도 르네상스 이전에 생각보다 많은 사람이 머리 수술을 받는데, 죽지 않고 살아남아요. 인간은 생각보다 강해서 머리에 구멍을 낸다고 해서 모두 죽지는 않나 봐요.

사람들이 급격히 조용해진 이유

르네상스 시대가 열리면서 새로운 이론이 나옵니다. '머리에 돌이 있어서 문제가 생기는 거다. 돌을 제거해야 한다!' 실제로 머리에 돌이 있을 수 있겠지만, 보통은 없죠. 그래서 계속 머리를 열기만 합니다. 그런데 머리를 여는 것만으로는 부족한 듯 보여요.

이후로 전쟁을 치르면서 앞머리를 다친 사람들이 조용해지고 차분해진다는 사실을 깨닫습니다. 머리 앞부분에 위치한 전두엽이 사람의 성격, 욕구 실현을 위한 문제 해결 등에 관여하는 기관이니까 다치면 기능을 상실하겠죠. 차분해지는 게 아니라 사실 아무것도 안 하는 거예요.

1888년 스위스 의사 고틀리프 부르크하르트Gottlieb Burckhardt, 1836~1907가 조현병인 동시에 환청과 환각에 시달리는 6명을 수술합니다. 그는 그때까지 수술해본 적이 없음에도 돌이 아니라, 머리의 어떤 부분일 거라는 생각으로, 정수리에 구멍을 뚫어 그 안으로 날카로운 숟가락을 넣어 뇌를 팠습니다. 이때 제거한 부위가 우연찮게 전두엽이었어요.

전두엽 절제술이라는 무자비한 수술을 받고 나서 환자들은 어떻게 됐을까요? 조용해졌습니다. 말 그대로 조용해졌어요. 이를 보고 효과가 있다고 생각하는 사람들이 있을 정도였습니다. 하지만 다행히도 당시 의학계는 전두엽 절제술이 너무 야만적이라고 생각했어요. 머리를 열긴 하지만 뇌를 파서 제거하는 건 너무하다고 생각한 거죠. 그래서 전두엽 절제술은 당시에 이름도 붙여지지 않은 채 사장됩니다. 고틀리프 부르크하르트는 역사의 뒤안길로 사라져요.

그리고 50년이 지납니다. 생활상이 많이 바뀌었어요. 1800년대에는 정신 질환자들에 대한 관심이 별로 없었습니다. 그냥 방치해요. 그런데 의학이 발전하고 시대가 진보하면서 1930년대 후반부터 정신 질환으로 병원을 찾는 사람의 수가 점점 늘어납니다. 급기야 1940년대 초반에는 40만 명을 넘어서요. 약이 없었기 때문이죠. 우리가 지금 먹는 정신과 약은 비교적 최근에 만들어진 것들이에요. 그래서 각종 기괴한 치료가 자행됩니다.

1935년에 포르투갈 의사 에가스 모니스Egas Moniz, 1874~1955가 전두엽 절제술을 완성시켜요. 전두엽 근처의 뼈를 뚫은 다음 에탄올을 주사합니다. 알코올을 주사하면 세포가 어떻게 되죠? 죽습니다. 화학적인 전두엽 절제술을 시행한 거예요. 전두엽이 제거되면 사람은 자신의 욕구를 실현할 수 없게 됩니다. 즉, 조용해져요. 첫 수술 대상자가 수년간 신경쇠약을 앓던 환자였는데 그 역시 조용해졌습니다. 당시 의학계에서는 이 수술에 반발이 컸지만, 정신 질환자가 급증하다 보니 추종자가 생겨납니다. 사망자가 한 명도 발생하지 않은 것도 이유였어요. 에탄올을 무균 처치된 주사로 주입하니까 가능했던 거죠.

이후 로즈메리 케네디를 수술한 월터 프리먼이 신경외과 의사 제임스 와츠James W. Watts, 1904~1994와 듀오를 결성해 본격적으로 전두엽 절제술을 시행합니다. 그런데 정신 질환으로 고통받는 사람들뿐만 아니라 사회에서 문제를 일으키는 사람들에게도 전두엽 절제술을 하면 조용해지지 않을까 하고 생각한 거예요. 그렇게 교도소에 수감된 사람들에게 이 수술이 강행됩니다. 정치인들도 이들을 밀어줬어요.

전두엽 절제술이 대대적으로 시행되면서, 그 공로를 인정받아 에가스 모니스는 1949년에 노벨상을 수상해요. 미국의 듀오는 자신들의 정신적 지주인 에가스 모니스가 인정받는 모습을 보고 자신감을 얻었는지 수술 방법을 계속 바꿔나갑니다. 그렇게 해서 등장한 것이 얼음송곳입니다. 말 그대로 얼음 깨라고 만든 도구인데, 월터 프리먼이 얼음송곳을 보자마자 유레카를 외칩니다. 이걸 이용하면 두개골에 구멍을 뚫지 않아도 될 것 같은 거예요. 실제로 눈꺼풀을 뒤집어 그 밑으로 얼음송곳을 넣고 망치로 칩니다. 그럼 뼈가 뚫려요. 그 구멍을 통해 얼음송곳을 넣고 휘젓습니다. 전두엽이 망가지겠죠. 반대편 눈도 똑같이 해요. 전두엽 완전 절제술이 이루어지는 거예요. 이렇게 하면 사람이 조용해졌어요. 월터 프리먼은 "내 수술은 환자를 위한 길이며 더 나아가 세상을 위한 길이다"라며 이 수술에 확신을 가졌습니다. 그렇게 미국을 돌면서 계속 이 수술을 해요.

특히 힘들었던 정신 질환이 조현병 그리고 조울증에서 조증 증상입니다. 갑자기 환각을 보고 엉뚱한 말을 하고 이전과 다르게 행동하는 걸 사람들이 너무 힘들어했어요. 그래서 인슐린 혼수 치료•를 통해 저혈당을 만들어서 정신을 잃게 만듭니다. 그럼 뇌가 죽어요. 그럼 사람도 조용해지죠. 그렇게 조용해졌다는 기록이 정말 많은데, 당시에는 조용해지면 치료가 됐다고 여겼던 거예요.

●   인슐린 혼수 치료: 인슐린을 주사해 혼수상태를 유발하는 처치로, 정신병 증상을 호전시키던 옛 치료법.

이 끔찍한 수술과 치료가 언제쯤 중단됐을까요? 사실 대안이 없어서 계속 진행됐던 건데, 1954년에 기적의 약이 나옵니다. 클로르프로마진chlorpromazine, CPZ*이 개발돼요. 완벽하지는 않아도 전두엽 절제술보다는 훨씬 효과적이고 또 안전했죠. 정신의학에서 CPZ의 등장은 마치 페니실린(최초의 항생제)의 등장과 같습니다. 이후로 정신과는 다른 과와 같이 체계화되고, 글로벌 제약 회사들도 1954년부터 등장해요. CPZ가 초기 약이지만 지금도 쓰일 정도로 굉장히 좋은 약입니다.

어떻게 보면 굉장히 슬픈 역사입니다. 많은 사람이 희생당했어요. 사회적 약자부터 미국의 케네디 가문까지. 만연했지만 쉽게 해결되지 않은 정신 질환 때문에 전두엽 절제술이라는 끔찍한 수술까지 등장했고, 그 공로로 누군가는 노벨상까지 받았죠. 노벨상을 회수해야 한다는 의견도 있었지만, 당시의 시대상 때문에 흐지부지됐습니다. 지금은 조현병과 조울증뿐만 아니라 정신건강과 관련된 질환들도 치료가 광범위하게 이루어지고 있습니다.

● 클로르프로마진: 정신 안정제의 하나. 주로 조현병과 조울증 따위를 치료하는 데 쓰이며, 소화기관 궤양이나 본태고혈압 등에도 사용된다.

20세기에 정신 질환자가 급증한 이유는?

농업 사회에서는 마을에 정신 질환자가 있어도 지역 내에서 어떻게든 섞여서 살 수 있었습니다. 당시 마을은 비단 가족끼리만 지내는 것이 아니라 마을 구성원 모두가 알고 지내는 공동체였기 때문입니다. 그래서 누군가의 특징을 잘 알고 적절하게 서로 돌볼 수 있었죠. 그뿐 아니라 당시 농촌에서 해야 할 일이란 지난 수천 년간 이어져 내려온 일을 반복하는 것이었기 때문에 경도의 정신 질환자도 어렵지 않게 할 수 있었습니다.

그런데 도시화와 산업화가 진행되면서 농촌의 사람들이 도시로 밀려오죠. 농촌에서는 원래 문제가 있는 사람도 동네에서 다 아는 사람이니까 사고를 칠 것 같으면 집에 데려다주는 등 서로 도와줄 수 있었는데, 도시에서는 아무래도 어렵습니다. 또 도시에서의 일, 곧 산업화 이후의 일은 이전에는 없던 새로운 종류의 일이었기 때문에 적응하기도 어려웠어요. 거기에 더해 도시 인구가 폭증하면서 정신 질환자의 수도 늘어났기 때문에 사회문제가 되었습니다. 당시에는 뚜렷한 치료법이 없으니까 수용 치료를 시행했지만, 사실상 치료가 아니라 그냥 가둬놓은 것이었죠. 조현병, 조울증, 우울증, 치매에 대한 구분 없이 한 공간에 모아두니 치료가 더 어려웠어요.

오늘날의 정신의학은 그때와는 다릅니다. 정신 질환을 일종의 뇌 질환으로 인식합니다. 우울증을 비롯한 여러 정신 질환을 실제로 검사해보면 특정 부위의 뇌 기능이 떨어져 있거나 신경전달물질이 부족하거나 과도하게 증가해 있는 경우가 많습니다. 정신건강의학과에서 쓰는 약들도 결국 이런 이상 증상들을 교정하기 위한 것입니다. 이제 정신 질환은 더 이상 마음의 병으로 간주되지 않습니다. 병원에 가서 검사하면 제대로 도움과 치료를 받을 수 있습니다.

이 고통 모르는 사람은
모두
조용히 하세요

'결석' 하면 보통은 요로결석*을 말하죠. 언제부터 발생한 질환일까요? 네, 인간이 소변을 보는 그 순간부터 존재했습니다. 고대 질환이에요. 왜일까요? 여름철에 땀을 많이 흘리고 수분 섭취가 감소하면 요석 결정이 소변에 머무르는 시간이 길어지면서 요석 형성이 증가하기 때문입니다.

지금이야 더우면 에어컨 켜고 목마르면 물을 마시지만, 옛날에는 어땠나요? 더우면 더운 거예요. 그냥 가만히 있어도 땀이 나고 몸 안의 수분이 없어지면서 탈수가 일어나요. 물도 원하는 만큼 마실 수가 없었죠. 식수가 굉장히 귀했으니까요. 상수도 시설이 전

• 요로결석: 소변이 생성되어 수송, 저장, 배설되는 길(요로)에 결석(돌)이 생긴 질환.

혀 없었기 때문에 물도 직접 길러 가야 했어요. 추위도 문제였죠. 추우면 움직임이 적어지고 움직임이 적으니 저류가 생기기도 쉬웠습니다. 위생도 좋지 않았으니 비뇨기계 감염도 훨씬 잘 일어났어요. 요로결석은 지금보다 옛날에 더 자주 발생하는 질환이었습니다. 실제로 7,000년 전에 사망한 이집트인 유골에서 결석이 발견됐습니다.

잘 모르는 분들은 "소변에 돌 좀 있는 거 아니야?"라고 말하지만, 요로결석이 의학계에서는 3대 통증 중 하나입니다. 요로결석은 증상이 어떨까요? 진짜 아픕니다. 너무 아파요. 두통 같은 경우에 사실 죽도록 아플 수 있지만 대개 견딜 만하잖아요. 주술사나 족장이 머리 열겠다고 칼 들고 서 있으면, 이제 안 아프다고 말하고 싶어지잖아요. 결석은 아니에요. 눈앞에 칼을 들고 있든 말든, 데굴데굴 굴러다니면서 어떻게든 고치라고 해요. 의사들도 결석만큼은 필사적으로 치료합니다. 못 고치면 맞아 죽을 수도 있으니까요.

그렇게 사람들이 계속 아프다는 사실은 알았지만, 치료는 못 했어요. 그래서 그냥 아파만 했습니다. 오줌이 마려워서 화장실에 가도 소변을 볼 수가 없습니다. 오히려 결석이 걸린 상태에서 소변이 압력을 가하니까 더 아파요. 처음에는 왜 아픈지 몰라서 물도 적당히 마시지만, 오줌은 더 마렵고 이후로 더 아파집니다. 당시 한자들의 증언을 보면, 고통에 몸부림치다가 마침내 사망에 이를 때 "차라리 죽게 되어 행복하다"는 말을 남겼다고 해요.

317

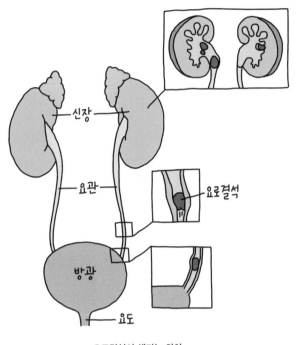

요로결석이 생기는 위치

　사람들이 너무 아픈데 이유를 못 찾겠으니까 생각해요. '왜 아프지? 멀쩡하던 사람이 갑자기 왜 이러지?' 처음에는 어디에 돌이 생겼는지도 모릅니다. 그래서 진짜 아무거나 막 해봐요. 뼛가루, 산토끼 발바닥 같은 주술적으로 귀하다고 생각되는 것들을 먹여봅니다.

　그러다 사람이 모여 살기 시작하면서 결석 환자가 늘어나요. 특히 고대 이집트는 나일강의 범람으로 식량이 풍부해지면서 인구가 폭발적으로 증가합니다. 농지를 복구하는 과정에서 측량과 기하학이 발달하고, 주변에 대적하는 적도 적어 눈부신 발전을 이뤄요. 또 인류 최초로 맥주를 만들어 마시는데, 맥주 때문에 몸에서 탈수 현상이 일어나면서 결석 환자가 더 늘어납니다.

결석 환자가 점점 늘어나니까 사례도 다양해지겠죠. 누가 아픈 중에 소변을 봤는데 '땡그랑' 소리가 났고, 그 후로 나았다는 거예요. '아! 소변이 나오는 길에 돌이 생겨서 아팠구나!' 하고 깨닫습니다. 병의 원인이 무엇인지, 돌이 왜 생겼는지는 모르지만 돌이 빠지면 낫는다는 사실은 안 거죠. 알았으면 어떻게 해요? 돌을 빼내야죠. 어떻게 뺏을까요?

이집트 사람들이 굉장히 직관적입니다. 소변을 보다가 돌이 나왔으니까 소변이 나오는 요도를 벌리자고 합니다. 얇은 쇠젓가락 같은 꼬챙이 두세 개를 넣어서 요도를 벌려요. 운이 좋은 경우(결석이 아래로 형성된 경우)에는 결석이 나왔어요. 여자는 구조적으로 남자보다 요도가 짧아서 이 치료가 잘 먹힙니다. 그런데 애초에 요로결석은 남자한테 더 많이 생기는 질환이에요. 젓가락을 무한정 집어넣을 수 없죠. 마취도 없던 시절에 쇠꼬챙이로 요도를 벌리는 게 쉽지 않았을 거예요. 엄청 아팠겠죠. 게다가 고령의 환자는 전립선이 부어 있어요. 그런데 사람들이 너무 아프니까 원래 같으면 절대 하지 않을 요청을 합니다. '잘라라', '자르고 벌려라', '돌이 더 위에 있는 거 같으면 제발 더 자르고 벌려라' 하는 식으로요.

고대 인도와 로마의 치료법

인도에서는 어땠을까요? 기원전 8세기경 인도의 명의 수슈루타는 그동안 구전으로만 내려오던 의학 지식을 아유르베다Ayurveda*로 정리했어요. 아유르베다에서는, 요로결석은 방광을 열어 돌을 찾아 빼내면 된다고 합니다. 이 수술법은 기원전 4세기, 마케도니아에서 태어난 위대한 왕 알렉산드로스가 인도 원정에 실패하고 돌아가면서 서양으로 전래됩니다. 요도를 벌리고 자르는 이집트의 치료법보다 배를 여는 인도의 치료법이 덜 아파 보이잖아요? 물론 사망률이 60~70퍼센트로 높았지만, 아파 죽겠으니까 이조차도 감수합니다.

인도의 치료법은 로마에서 더 진화합니다. 환자가 너무 아파하니까 의사들도 대충대충 수술할 수가 없어요. 예를 들어 권력자가 아파 죽으려 하는데, 못 치료하면 너무 화나잖아요. 다른 병은 대충 주술이랑 섞어서 말로 때울 수 있는데, 요로결석은 그게 안 됩니다. 그래서 필사적으로 노력한 끝에 한 가지 방법을 찾아냅니다. 먼저 환자를 눕히고 두 다리를 위로 들게 합니다. 이후 용맹한 의사가 환자의 직장으로 손가락을 넣어요. 앞쪽을 더듬으면 남자의 경우 거기에 방광이 있다는 사실을 알았어요. 그렇게 막 더듬어서 딱딱한 결석을 찾아냅니다. 작은 결석이야 물을 마시면 빠져나

● 아유르베다: 고대 인도 힌두교의 대체 의학 체계.

오지만 그 안에서 버티는 결석은 얼마나 컸겠어요. 기록에 따르면, 달걀만 한 것도 있었대요. 그렇게 배 앞쪽으로 결석을 빡 누릅니다. 어느 정도의 세기로 눌렀냐면, 살에 돌이 튀어나올 정도로 눌렀대요. 잘됐을까요? 물론 아니죠. 환자도 있는 힘껏 힘을 줘서 복압을 올립니다. 그렇게 튀어나온 돌을 칼로 절개해 빼내요. 당시에는 절개한 곳을 꿰매지 않고 내버려뒀는데, 잘 아물었다고 합니다. 어떤 기준을 따랐는지는 모르겠지만, 아마 많이 죽었을 거예요. 일단 직장 파열로 사망하는 경우가 많았다고 해요.

그렇게 대제국 로마를 통해 의학서들이 엄청나게 전파됩니다. 아라비아까지 가요. 그러다가 10세기에 스페인 외과 의사 알자라위Al-Zahrawi, 936~1013가 이 수술에 의문을 품어요. '꼭 직장 안으로 손을 넣어야 하나? 넣다가 죽는데, 불필요하지 않나?' 그래서 다시 방광을 째고 열기 시작합니다. 이 정도의 수술을 작은 수술, 소수술이라고 해요. 그럼 대수술은 어떻게 했을까요?

얼마나 아팠으면 그랬을까

16세기 유럽에서 대수술이 나옵니다. 나오면 안 되는 수술이었어요. "그래도 지구는 돈다"라고 말한 갈릴레이가 탄생한 시대죠. 과학에 경도되어 의사들이 용감해져요. 결석이 요관에서 나오니까,

일단 요도에 막대기를 넣어요. 그리고 막대기를 따라서 세로로 절개합니다. 탐침처럼 방광까지 다 째는 거예요. 그럼 결석은 나오겠죠. 하지만 수술한 이후 사람이 살 수 있었을까요? 이전의 수술에 비해 무척 많이 죽었습니다.

18세기에 영국 의사 윌리엄 체즐던William Cheselden, 1688~1752이 등장합니다. 리스턴 박사님이랑 스타일이 비슷해요. 일단 과거의 수술을 차용합니다. 방광을 열어요. 한 가지 차이가 있다면, 방광을 확장시키려고 합니다. 그럼 배 안에 다른 장기 대신 방광만 자를 수 있다는 건데, 그래서 물을 무척 많이 마셔야 했어요. 그래도 대수술보다는 나았지만, 역시 많이 죽었어요. 이게 어찌나 끔찍한 수술이었는지, 관련된 음악도 나옵니다. 마랭 마레Marin Marais, 1656~1728라는 작곡가가 직접 결석 수술을 받고 너무 충격을 받은 나머지, 〈제거 수술의 장면〉이라는 음악을 작곡해요. 단조인데, 수술 도구를 봤을 때 느낌, 두려움, 수술대로 향하는 심정, 수술대에 올라갔다가 아니라고 하면서 내려왔을 때의 심정, 결국 사지가 결박되어서 오려졌을 때의 심정, 절개, 제거, 비명, 피, 끝 순으로 일련의 감정이 순차적으로 각각 담겨 있습니다.* 끔찍하죠. 음악은 생각보다 좋아요. 참고로, 당시 의사들의 필수조건 중 하나가 말을 잘타는 거였습니다. 환자가 죽으면 바로 도망가야 했거든요.

● https://www.youtube.com/watch?v=kVH0qoJZDho

요로결석 수술이 조금이라도 발전한 것은 역시 마취제가 나오고 난 후입니다. 마취가 되니까 사람들이 느긋해져요. 그래서 방광경*도 나오고 합니다. 요새는 체외 충격파 쇄석술(방광 속에 기계를 넣고 결석을 갈아서 부수는 치료법)을 주로 이용하죠. 체외 충격파 기기로 돌을 잘게 부수는 시술입니다. 덕분에 요로결석 환자 중에 수술을 받는 경우가 4퍼센트 미만일 정도로 현재는 요로결석의 고통으로부터 인류가 많이 해방되었습니다.

● 방광경: 요도를 통해 방광 내부에 넣어 관찰 및 치료하는 광학 기구.

요로결석 예방법

의학계에서 말하는 3대 통증은 사실 7대 불가사의처럼 말하는 사람마다 조금 씩 다르기 마련입니다. 의사도 사람인지라 본인이 주로 보는 질환을 중심으로 생각하기 때문이죠. 그러나 그 어떤 과의 의사도 요로결석을 제외하기는 쉽지 않을 정도로 요로결석은 무척 심각한 통증을 유발하는 질환입니다. 그러니 예 방이 중요하겠죠?

제일 중요한 것은 수분을 충분히 섭취하는 것입니다. 소변이 묽어지면 그만큼 결석이 생길 가능성이 줄기 때문입니다. 한 번에 많이 먹는 것보다는 조금씩이 라도 자주 먹는 것이 더 효과적이며, 운동 등으로 인해 땀을 흘렸다면 반드시 수분을 보충하는 것이 좋습니다.

칼슘을 제한해야 한다고 생각하는 경우가 많은데, 오히려 결석이 더 생길 수 있 어요. 물론 의사의 처방이 있다면 얘기가 달라지지만, 일반적으로는 제한할 필 요가 없습니다.

식이는 짠 음식은 피해야 하고, 과다한 육류 섭취도 좋지 않습니다. 수산이 많 은 시금치, 초콜릿, 땅콩, 브로콜리, 딸기, 콜라, 커피, 술 등도 과다한 섭취를 피해야 해요. 고용량 비타민도 결석 생성을 촉진한다는 보고가 있지만, 일반적 인 양의 비타민 섭취는 문제가 되지 않습니다. 귤이나 레몬, 오렌지, 자몽, 매 실, 토마토같이 구연산이 풍부하게 함유된 채소를 먹는 것이 좋아요. 만약 이렇 게 하는데도 재발이 된다면 약물의 도움을 받을 수 있습니다.

실명하는 게
더 나은 선택지였던
시절

백내장은 저에게 개인적으로 굉장히 아픔이 있는 질환입니다. 제가 좌측 백내장이 있어서 수술을 했거든요. 그때도 그렇고 이후 한동안 백내장이 저를 좀 우울하게 만들었습니다. '난 나이도 젊고 사실 한 번도 눈이 나쁜 적이 없는데, 왜 백내장이 생겼을까? 벌써 늙었나?' 싶었습니다. 그런데 이번에 깨달았어요. '아, 나는 운이 좋았구나!'

백내장은 어떤 질환일까요? 눈동자를 잘 보면 검은자위를 주변부와 가운데 부분으로 나눌 수 있습니다. 가운데 있는 게 수정체고, 주변에 있는 게 홍채입니다. 수정체는 렌즈인데, 안경과는 달리 볼록해졌다가 얇아졌다가 해요. 백내장이란 이 수정체가 혼탁해지는 질환입니다. 안경의 렌즈는 혼탁해지면 닦아내면 되지만, 수정

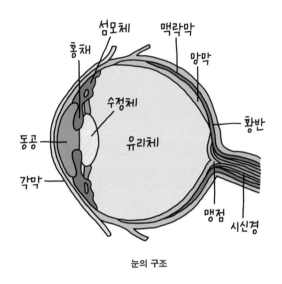

눈의 구조

체는 그럴 수 없죠. 안 보여요. 진짜 흐리게 보입니다. 깨진 유리창으로 보는 것처럼요. 원인은 노화가 제일 흔합니다.

현대에 백내장 수술은 어떻게 이루어지고 있을까요? 안과 전문의가 아니라면, 또 수술을 받아본 적이 없다면 알기 어려운 세심한 부분이 있습니다. 먼저 수술 당일에 곧장 수술실로 들어가는 게 아닙니다. 먼저 안약을 넣어요. 어떤 안약을 넣을까요? 수정체 주변에 홍채가 있다고 했죠? 홍채는 빛이 많이 들어오면 넓어지는데, 넓어진 홍채가 수정체를 덮어버리면 수술할 때 수정체가 잘 보이지 않기 때문에 수정체를 제거하기가 어렵습니다. 그래서 홍채를 수축시켜요. 이를 '산동'이라고 합니다. 그렇게 홍채 근육을 마취시

> ### 수정체와 홍채의 역할
>
> 수정체는 우리가 보고자 하는 물체와의 거리에 따라 굵기를 조절해 선명하게 볼 수 있도록 하는 기관이다. 카메라로 치면 렌즈에 해당한다고 보면 된다. 카메라는 원하는 거리감에 따라 렌즈를 바꿔끼지만, 수정체는 스스로 굵기를 조절한다.
>
> 홍채는 카메라로 치면 조리개 같은 역할을 한다. 빛이 많으면 넓어지고, 그렇지 않으면 좁아져 망막으로 전달되는 빛의 양을 알맞게 조절한다.

켜 동공을 확장시키는 약물인 산동액을 넣으면, 안 그래도 안 보이던 눈에 빛이 쏟아져 들어와 진짜로 뵈는 게 없어집니다. 그다음, 수술대 위에 누우면 마취를 위한 안약을 뿌립니다. 눈이 정말 예민한 신체 기관이라서 그냥 째면 너무 아픈데, 두 안약 덕분에 잘 안 보이고 안 아프니까, 눈앞에 칼이 왔다갔다 해도 잘 몰라요. 그럼 이렇게만 알아두고 과거로 한번 가봅시다.

고대 인도부터 16세기 유럽까지

옛날에는 수정체의 존재 자체를 몰랐습니다. 그리스 로마 시대에는 눈이 액체로 채워져 있다고 믿었어요. 심지어 수정체는 죽고 나면 그 물이 굳어서 생기는 결정체라고 믿었습니다. 여기서 대단한 사실은, 기원전 8세기 인도의 명의 수슈루타가 이번에도 역시 사람들의 눈 속에 수정체가 있다는 사실을 알아냅니다. 그는 눈이 안 보인다는 노인들 중 일부의 눈이 하얗다는 사실을 알았어요. 그래서 '백내장'이라고 이름 붙입니다.

수슈루타는 백내장을 치료하려면 수정체를 제거해야 한다고 여겨요. 그런데 수정체가 눈 밖으로 빠지겠어요? 홍채가 꽉 붙잡고 있으니까 어렵습니다. 게다가 수술하려면 밝은 곳에서 진행해야 하는데, 당시에는 횃불이나 등잔불로 비췄겠죠. 그럼 빛이 들어오고 홍채가 더 이완되니까 수정체는 절대 안 나옵니다. 또 생눈을 찌르는데 얼마나 긴장되고 아프겠어요. 환자가 눈을 막 깜빡거렸을 테니 수술이 과연 잘 진행됐을까 싶어요. 그러니 수술이 간단해야 했습니다. 그래서 이 시기의 수술은 수정체를 칼로 찔러 터뜨리거나, 눈 안쪽으로 아예 밀어서 떨어뜨립니다. 굉장히 무식해 보이죠. 이를 '발와술'이라고 합니다.

발와술은 언제 유럽에 전해졌을까요? 16세기 후반입니다. 그때 비로소 '아! 우리 몸에 수정체가 있고 이게 혼탁해지면 백내장이 되는구나!'라는 사실을 유럽 사람들이 알게 됩니다. 요로결석은 너무 아프니까 인도의 치료법을 빨리 배웠는데, 백내장은 상대적으로 느렸어요. 기원전 4세기에 알렉산드로스 대왕이 비록 이교도

백내장을 방치하면 어떻게 될까?

백내장은 마땅한 치료법이 없을 때에는 실명의 가장 주된 원인이었다. 지금도 개발도상국에서는 많은 사람이 백내장으로 인해 실명하고 있다. 백내장은 방치하면 실명할 위험이 크기 때문에 미루지 않고 수술을 받는 것이 좋다. 딱딱해져버린 수정체가 시신경을 압박해 포도막염이나 녹내장과 같이 실명을 초래하는 또 다른 질환을 일으킬 수 있기 때문이다. 백내장을 진단받았다면, 정기적인 검사를 통해 제때 치료받는 것이 중요하다.

의 것이지만 발와술을 차용해 눈을 치료하자고 말했음에도, 안 보이는 건 내 일도 아니고 나이 들면 노화 때문에 원래 안 보이는 거라며 무시했습니다. 그렇게 20세기를 흘려보낸 거죠. 하여간 뒤늦게나마 인도의 방식대로 수정체를 터뜨리거나 밀어넣는 방식으로 치료하다가 18세기가 됩니다.

1747년에 프랑스 안과 의사 자크 다비엘Jacques Daviel, 1696~1762이 최초로 수정체를 밖으로 빼내는 수술을 시도합니다. 아무래도 눈 안에 수정체가 남아 있으면 염증을 일으켜 문제의 원인이 되는 경우가 많아서, 이를 제거하려 한 거죠. 하지만 당시에는 산동액이 없었기 때문에 수술 시 홍채가 계속 이완됐습니다. 그래서 눈을 크게 절개하고 홍채를 다 잘라냅니다. 어차피 수정체를 제거하면 거의 보이지도 않아요. 백내장인 상태보다는 낫긴 하겠지만 그래도 안 보입니다. 물체의 형태만 보이는 정도죠. 그래서 홍채를 제거하고 수정체를 빼내는 게 나중에 생길 감염을 생각하면 더 나은 처치였습니다.

사실 18세기 사람들은 돋보기를 쓸 줄 알았어요. 그러니까 렌즈를 쓸 수 있었고, 안경을 썼다는 말이죠. 안경에 대한 기록은 기원전에도 남아 있어요. 물론 근대적인 형태의 안경은 13~14세기에 등장합니다. 하여간, 18세기에는 이미 렌즈를 깎아 쓸 수 있는 능력이 있었어요. 그럼 수정체 대신 렌즈를 눈 안에 끼워넣으면 됐을 텐데, 그 생각까지는 하지 못합니다. 쉬운 발상은 아니잖아요. 물론 용감한 의사들이 있었지만, 당시 시대 상황을 생각해보면, 유리에 불순물을 많이 섞어서 색을 내던 때라서 넣는 족족 눈이 썩어 들어갔습니다. 그래서 이 발상은 한동안 봉인됩니다. 그럼 도대체 언제 수정체 대신 렌즈를 끼워볼 생각을 했을까요? 세월이 아주 많이 흐르고 난 뒤입니다.

공군 군의관이 발명한 렌즈 삽입술

1900년대가 옵니다. 영국의 안과 의사 해럴드 리들리Harold Ridley, 1906~2001는 1939년에 공군 군의관이 됩니다. 제2차 세계대전이 일어난 해였어요. 치열한 전투가 매일같이 벌어졌죠. 특히 영국 공군은 전투기 싸움을 어마어마하게 치렀습니다. 섬나라 영국을 독일의 정예 공군 루프트바페Luftwaffe가 계속 공습했습니다. 사실 영국의 공습이 먼저였어요. 그렇게 공군을 메인으로 한 전쟁을 치르다 보니 리들리가 진료를 엄청 보게 됩니다.

그러다가 눈에 큰 부상을 입은 조종사를 만납니다. 조종실 덮개의 파편 조각이 눈에 박혀 위급한 상태였어요. 그런데 리들리는 그 환자에게서 이상한 점을 발견합니다. 염증 반응이 없는 거예요. 눈에 전투기 조종실 덮개의 파편이 박혔는데 말이죠. 리들리는 이 파편의 원재료가 궁금해졌습니다. 찾아보니 폴리메타크릴산메틸polymethylmethacrylate, PMMA*이라는 특수 플라스틱으로 만들어진 것이었죠. 'PMMA는 눈에 거부반응이 없나?' 하는 생각에 PMMA를 이용해 최초의 인공 수정체를 만들었습니다. 전쟁 중에는 만들기 어려웠고, 전쟁 후에 만들었어요. 그게 1949년입니다. 이 공로로 영국 여왕에게 훈장도 받아요. 그 여왕이 여러분이 아는 엘리자베스 2세Elizabeth II, 1926~2022입니다.

저는 여기서 더 발전한 형태의 렌즈를 넣은 상태입니다. 심지어 절개도 훨씬 짧게 했어요. 과거의 절개는 눈동자를 1~2센티미터 정도 갈라야 했는데, 저는 레이저로 해서 절개도 거의 하지 않았습니다. 또 인공 수정체도 요즘은 말랑말랑해서 눈 안에 넣으면

● 폴리메타크릴산메틸: 투명한 열가소성 플라스틱. 정보 산업용 소재, 자동차 부품 및 전기 전자 분야에 널리 사용된다.

알아서 펴져요. 그래서 절개가 진짜 작았습니다. 통증도 별로 없었고요. 하지만 과거에는 죽기도 했죠. 이렇게 백내장 수술의 역사를 살펴보니까 '왜 나에게 백내장이 생겼나' 하는 원망보다는 현시대에 살고 있어서 정말 다행이다 싶은 마음이 더 크게 드네요. 안정된 지 100년도 되지 않은 수술이잖아요. 제가 운이 좋았습니다.

고대 인도에서부터 시작된 회복의 역사?

지금은 흔히 하는 수술일 만큼 보편화된 성형수술이 어떻게 정의되는지 아시나요? 사실 성형수술의 범위가 넓습니다. 외모 개선뿐만 아니라, 화상 치료도 성형외과에서 진료하거든요. 여러 가지로 표현할 수 있겠지만, 17세기에 이탈리아의 의사는 '인체의 선천적 또는 후천적 변형을 보수하는 데 사용되는 예술이며, 기능적인 장애와 보이는 모습을 정상 또는 그에 가깝게 교정하는 수술'이라고 정의했습니다. 딱 봐도 아주 오래전부터 시행됐을 것 같진 않죠?

최초로 성형수술이 시도된 부위는 어디일까요? 현재 대한민국에서는 쌍꺼풀 수술이 제일 많이 시행되고 있습니다. 말 그대로 쌍꺼풀을 만들어주는 수술인데, 과거에도 많이 했을까요? 그렇지는 않았습니다.

성형수술은 어떻게 시작됐을까?

인류가 최초로 시도한 성형수술은 학자마다 조금씩 다르게 볼 수 있지만, 대체로 기원전 9세기 고대 인도에서 이루어졌다고 알려져 있습니다. 당시 인도에 꽤 끔찍한 형벌이 있었어요. 사형은 아닌데, 누가 봐도 이 사람이 죄인임을 한눈에 알아볼 수 있도록 신체를 훼손했습니다. 많은 문화권에서, 특히 《함무라비법전》을 보면 사람들의 눈을 뽑거나 팔 또는 다리를 잘랐어요. 당연히 신체적으로 제 기능을 상실했겠죠. 하지만 인도 사람들은 기능의 상실 없이 그저 죄인이라는 사실만 보여주고, 자기 밑에서 일하기를 원했습니다. 대개 몸에 노예라는 낙인을 찍었는데, 인도는 그보다 더 끔찍하게 코를 자르는 형벌을 내렸습니다. 인도의 아리아인들은 코가 높았으니 자르기도 쉬운 거예요. 그래서 막 잘랐습니다.

사실 코가 미용상으로만 얼굴의 중앙에 위치한 게 아닙니다. 숨구멍이잖아요. 또 하늘에서 내리는 비도 막아주고 정면에서 불어오는 바람과 거기에 함께 실려오는 이물질도 막아주거든요. 그런데 옛날에는 코의 그런 기능을 잘 몰랐어요. 어쩌면 당시에는 그 정도의 기능 상실은 전혀 신경 쓰지 않은 것 같기도 해요. 그런데 형벌을 받은 사람 중에 도망을 치거나, 그 집안이 망해서 흩어지는 경우도 있었겠죠. 그런 사람들은 어떻게 해서든지 코를 다시 만들기를 원했습니다. 인도의 위대한 명의 수슈루타가 수술법을 창안

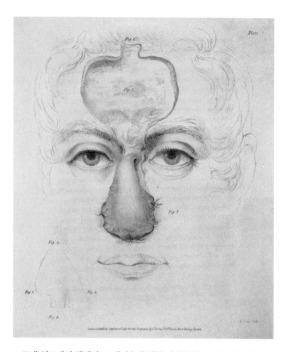

고대 인도에서 행해진 코 재건술에 대한 이해를 돕는 수술 도안 자료

하는데, 놀랍게도 이 수술은 현재도 일부 쓰이고 있습니다. 실로 어마어마한 방법인 것이죠.

수슈루타의 코 재건술과 현대의 코 재건술은 얼마나 유사할까요? 거의 같다고 봐도 무방합니다. 수슈루타는 극소 피판술*로 코를 재건했는데, 이마에 올라가는 혈관을 따라서 피판**을 자른

● 피판술: 피부 및 연조직 결손 시 피판을 결손 부위에 덮어줌으로써 피부를 재건하는 수술.
●● 피판: 이식을 위해 피하 구조에서 외과적으로 분리한, 혈액 공급을 받는 조직.

다음, 이마 피부를 돌려서 코 부분에 덮어주었습니다. 사라진 이마의 피부는 당겨 꿰매주고요. 현재 이비인후과에서도 위와 같이 이마근을 이용하거나 튜브 형식을 활용해 수술합니다. 고대 인도에서 제일 선진화된 수술이 진행된 것이죠. 안타깝게도 당시에는 마취제, 항생제가 없던 때라 생존율은 낮았을 거예요.

입술 기형을 교정하고 싶어 한 유럽인들

알렉산드로스 대왕 이후로 인도의 문물이 유럽으로 많이 전파됩니다. 그런데 안타깝게도 수슈루타의 코 재건술은 유럽에 전해지지 못해요. 또 유럽이 '유럽' 했을까요? 이번만큼은 억울합니다. 유럽에서는 코를 자르지 않았습니다. 그보다는 목을 베거나, 교수형에 처하거나, 불로 태우거나 했죠. 중국의 경우에도 얼굴에 먹물로 문신하는 등, 다른 문화권에서는 코를 자르지 않았습니다. 그래서 인도에서만 코 재건술이 발달한 거죠.

　　유럽에서는 오히려 구개구순열*에서 입술을 닫는 수술이 많은 발전을 이룹니다. 말이 좋아서 발전이지, 이 시대 사람들은 되게 직관

● 구개구순열: 얼굴에서 가장 흔한 선천성 기형의 하나로, 얼굴이 형성되는 임신 4~7주에 입술(구순) 및 입천장(구개)을 만드는 조직이 적절히 붙지 않거나 붙었더라도 유지되지 않고 떨어져 생기는 입술 또는 입천장의 갈림증.

적이어서 '입술이 열려 있네? 그럼 닫아야지'라고 생각했어요. 무리하게 잡아당겨 꿰매는 바람에 괴사가 흔하게 발생했고, 소독의 개념도 없이 그냥 마구잡이로 수술했기 때문에 감염으로 사망하는 경우도 굉장히 많았습니다. 그럼에도 구개구순열만큼은 사람들이 수술을 선호했는데, 이는 사회 전반에 깔려 있던 차별 의식이 큰 영향을 미쳤습니다. 그럼 더 발전했어야 했는데, 장애인의 인권에 대한 인식이 워낙 부족한 시대였다 보니 그냥 그대로 1,000년 넘게 흘러갑니다.

이외에 성형수술이 시행된 것으로 보이는 근거나 흔적이 거의 없습니다. 생각해보면 먹고살기 바쁘고 애초에 죽을병도 못 고치고 그냥저냥 넘어가던 시대에 성형수술이 발전한다는 것도 우스운 일이죠.

코가 떨어져나가는 병, 매독

바야흐로 15세기 대항해시대가 열립니다. 코 재건술이 완전히 사장되었다가 다시 대두되기 시작해요. 콜럼버스가 신대륙에서 많은 좋은 것과 함께 매독을 들고 옵니다. 매독의 증상 중 하나가 코의 결손이에요. 코가 떨어져나가요. 이때 의사들이 인도의 위대한 의학 저서 《수슈루타 상히타》를 알았다면 참 좋았을 텐데, 몰랐죠.

각기 독자적인 수술을 시행합니다. 초창기 수술은 진짜 참혹

했어요. 인체의 거부반응이라는 개념 자체를 몰랐으니까요. 대귀족이 매독에 걸려 코가 없어지면, 대장장이한테 가서 코를 만들어달라고 해요. 만들라고 하면 만들어야지, 별수 있나요. 쇠로 코뼈 비슷하게 만드는데, 또 기가 막히게 만듭니다. 그다음에 무두장이한테 갑니다. 소가죽 좋은 거 잘라다가 쇠로 만든 코뼈 위에 덮어요. 그다음은요? 환자 얼굴에 꿰맵니다. 어떻게 될까요? 죽어요. 얼굴에 생긴 감염은, 특히 코에 생긴 감염은 거의 바로 뇌로 침투합니다. 거부반응도 거부반응인데, 이물질을 소독하는 개념도 없던 터라, 거의 새로운 형태의 사형이었어요. 진짜 끔찍하게 죽어나갑니다. 당시에는 어느 한 지방에서 생긴 일이 다른 지방으로 알려지기까지 시간이 꽤 걸렸기 때문에 이런 시행착오가 굉장히 많았는데도, 멈추지 않고 오랫동안 지속됩니다.

놀랍게도 1460년경, 안토니오 브랑카Antonio Branca라는 외과 의사가 매독이 번지기 전에 코 재건 수술법을 완성합니다. 간단히 말해, 먼저 양피지나 가죽으로 코 모형을 만듭니다. 그다음에 팔뚝에 대고 선을 긋습니다. 선대로 팔뚝 살을 잘라요. 하지만 완전히 떼지는 않습니다. 살을 떼어내면 죽는다는 사실을 이전 수술의 시행착오를 통해 알고 있었어요. 그래서 팔뚝 살의 한 면을 남겨놓은 채로 뗀 다음에 팔을 들어서 얼굴까지 올려요. 그런 다음 얼굴에 살을 꿰매요. 그리고 팔이 떨어지지 않도록 쇠로 머리에 묶어서 고정합니다. 그렇게 2주가량 지나면 팔에서 코로 피가 통해요. 그

안토니오 브랑카가 고안한 코 재건 수술법

때 연결 부위를 자른 후 고정 장치를 떼고, 코에 구멍을 뚫어 콧구멍을 만듭니다. 말이 되나 싶을 텐데, 당시로서는 매우 파격적이었죠. 인도의 방법보다는 아쉬운 처치지만, (이마 피부를 돌리는 게 낫지, 팔을 2주 동안 들고 있는 건 힘든 일이죠.) 이 역시 극소 피판술을 시행한 겁니다.

문제는 이 수술법이 안토니오 브랑카가 죽고 100년이 지나고 유럽에 퍼졌다는 겁니다. 이 수술법에 거부반응이 없다는 사실을 100년 뒤에야 깨달아요. 그때부터 코가 없어지면 팔을 이용해 수술합니다. 그 전에는 다 쇠독으로 죽었어요. 그렇게 이 수술법이 정석으로 자리 잡고 몇백 년이 흐릅니다. 매독이 횡행하기는 했지만 그 독성이 시대가 흐르면서 쇠퇴해 성형수술은 다시 변방에 자리합니다.

코가 남아나질 않았던 두 차례의 세계대전

1914년, 제1차 세계대전이 터집니다. 이전의 전쟁에서는 전열 보병이 앞으로 나가서 사격 개시한 다음에 차례로 2열, 3열이 쏩니다. 총을 막 장전해서 쏘다가 적이랑 가까워지면 칼을 뽑아서 싸우는 게 정석이었어요. 그런데 제1차 세계대전은 이전의 전쟁과는 다른 양상을 보입니다. 가장 큰 특징으로, 참호전이 주를 이뤄요. 즉, 군인들이 땅을 파 구덩이를 만들고 그 안에 들어가 몸을 숨기고 총을 쏩니다. 그럼 어디만 드러난 채로 싸우겠어요? 얼굴입니다. 얼굴 부상이 비약적으로 증가해요. 물론 당시 의학 기술이 지금처럼 발전하지 못했기 때문에 눈이나 턱에 총을 맞으면, 즉 얼굴에 극심한 부상을 입으면 모두 사망했습니다.

참호전에서 살아남은 사람들은 주로 코에 부상을 입었습니다. 아무래도 코의 결손이 많았겠죠. 드디어 이마의 피판을 이용한 고대 인도의 수술법이 주목을 받습니다. 이마가 잘 늘어난다는 점에 착안한 것인데, 이때부터 코 수술이 비약적으로 발전합니다. 이를 기반으로 '튜브형 페디클 이식술the tubed pedicle flap in reconstruction surgery'이 등장하는데, 결과가 아주 놀랍습니다.

물론 인도적 차원에서만 성형수술의 발전이 이루어진 것은 아닙니다. 20세기 제2차 세계대전 중 나치 독일에 의한 유대인 대학살, 홀로코스트가 일어나기 전에 유럽에서 유대인에 대한 차별이 만연했습니다. 유대인들의 긴 코나 매부리코가《베니스의 상인》의 샤일록과 같은 욕심 많고 탐욕스러움의 특징이라고 매도된 탓입니다.

"아래로 굽은 코는 결코 진실하거나, 진정으로 쾌활하거나, 고상하거나, 위대하지 않다. 그들(유대인)의 생각과 경향은 항상 땅을 향해 있다. 폐쇄적이고, 차갑고, 냉혹하며, 의사소통을 할 수 없고, 때때로 악의적으로 냉소적이고, 성질이 나쁘며, 혹은 극도로 위선적이거나 혹은 우울하다. 코의 윗부분이 휜 경우는 소심하고 주색에 잘 빠지는 경향이 있다."

이런 식으로 말이죠. 여기에 유럽에서 비이성적인 우생학(형질을 인위적으로 우수한 종으로 만들려는 학문)과 골상학(두개골의 형상으로 인간의 성격, 심리, 운명 등을 추정하는 학문)이 대두되면서, 코 성형수술이 더욱 유행하기 시작합니다. 실제로 피판술이 이 당시부터 어느 정도 쓰였다는 증거가 있습니다. 하지만 항생제도 없고 소독도 잘하지 않던 시대라서 수술한 후에 코가 많이 괴사돼요. 역으로 재건술이 발달합니다.

현대 성형수술의 놀라운 발전은 전쟁과 차별로 이루어졌다고 해도 과장이 아닙니다. 지금은 질병이나 수술로 인한 결손을 재건하거나 미적 개선을 위해 이루어지고 있죠.

다재다능한 코의 기능

코는 얼굴의 중심에 위치한 기관인 만큼 당연히 심미적으로 중요합니다. 다만 눈처럼 그 자체의 모양이 중요하다기보다는 얼굴을 전체적으로 보았을 때 코가 두드러지지 않는 것을 일반적으로는 좋다고 보죠. 즉, 미용 목적의 코 성형은 눈과 입, 그리고 얼굴형에 맞는 코 모양을 만들어주는 데 있습니다.

물론 코에 심미적인 기능만 있는 건 아니고 냄새도 맡죠. 이는 보다 풍부한 맛을 느끼게 해줄뿐더러 악취나 연기 냄새 등을 통해 위험을 미리 알아차리고 피할 수 있도록 해줍니다.

가장 중요한 기능은 숨을 쉬는 겁니다. 입으로도 숨을 쉴 수 있는 것 아닌가 생각할 수도 있지만, 코로 숨을 쉬어야만 하는 이유가 있습니다. 코의 구조와 연관이 있는데, 코의 안쪽은 비갑개라 하는 구조물로 구불구불하게 만들어져 있어요. 최대한 공기와 접하는 점막의 너비를 넓게 하기 위해서죠. 또 코의 점막에는 여러 혈관이 분포해 코로 들어온 공기는 아주 빠르게 따뜻하고 촉촉해집니다. 이런 공기는 폐에서 가스 교환이 이루어질 때 차고 건조한 공기에 비해 훨씬 높은 효율을 보입니다. 그뿐 아니라 폐포 손상도 예방할 수 있죠. 이처럼 코의 기능은 생각보다 다양하고 중요합니다.

갑자기
날씬해지는 게
이렇게 위험합니다

지방을 제거하는 수술을 '지방 절제' 혹은 '지방 흡입'이라고 부르죠. 무엇이든 바디 실루엣을 리모델링하려는 시도를 뜻합니다. 자, 그렇다면 이 수술이 최초로 이루어진 것은 언제일까요? 사실, 이를 알아보기 전에 먼저 확인할 역사가 있습니다.

먹는 즐거움이 가득했던 로마제국

비만에 대한 인식은 언제부터 부정적이었을까요? 우리나라를 보면, 상당히 오랜 기간 살집이 있는 사람, 즉 비만 인구에 대한 인식이 꽤 좋았습니다. 풍채가 큰 사람을 게으르다기보다는 사회적으로 힘과 지위가 있다고 여겨 높은 사람으로 인식하는 면이 있었죠.

서양은 어땠을까요? 고대 유럽을 봐야 합니다. 고대 유럽의 '리즈' 시절, 그리스 로마 시대가 있죠. 그리스는 도시국가(폴리스)예요. 그런데 로마는 제국입니다. 제국이 무슨 뜻인지 아시나요? 덩치가 크다고 다 제국이 아닙니다. 여러 나라와 민족을 다스리는 나라를 제국이라고 해요. 연합이 아니라 점령의 형태입니다. 사실 로마가 최초의 제국은 아니에요. 그 전에 페르시아가 있었는데 기원전 6세기경의 제국이고, 로마는 기원후 제국입니다. 항해술이 많이 발전한 때였어요. "모든 길은 로마로 통한다"는 말이 괜히 있을까요. 제국 각지에서 생산된 물품들을 계속 로마로 유입시킵니다. 로마는 상상도 못 할 정도로 부유해졌죠.

로마를 배경으로 한 영화를 보면 어마어마하게 퇴폐적이잖아요. 모두 맞다고 볼 수는 없지만, 기록을 보면 엄청나게 퇴폐적이었던 것은 사실인 듯합니다. 특히 먹는 부분에서 그랬어요. 21세기에 돈이 많으면 할 게 참 많은데, 이때는 먹는 즐거움이 거의 전부였던 것 같아요. 지금도 먹는 즐거움이 무척 크죠. 일단 씹다가 단물만 삼키고 뱉는 풍습이 실제로 있었습니다. 삼키는 즐거움이 크잖아요. 일단 먹고 게워냅니다. 다음 요리를 먹어야 하는데 배가 차 있으면 안 되니까요. 이를 돕는 전문 노예가 있을 정도였습니다. 먹다가 테이블 앞에 드러누우면 노예가 양동이를 들고 와서 목구멍 안쪽을 살살 긁어줍니다. 구토 반사를 일으켜서 음식을 게워내도록 도와요. 당시 즐겨 먹던 음식으로 구운 기린의 목, 속 재료를 채운 코끼리의 코 요리, 돼지 자궁 구이, 돌고래 미트볼, 사슴의 뇌, 공작새의 혀를 넣은 파이 등이 있었습니다. 맛보다는 그저 비싼 음식을 즐긴 듯한데, 아무튼 식문화가 고도로 발달했어요. 그렇게 비만인 또한 많아집니다.

뚱뚱한 아들이 못마땅했던 아버지

로마에 소 아프로니우스 카이시아누스라는 귀족이 있었는데, 먹는 걸 아주 좋아했대요. 그러다 보니 뚱뚱했어요. 반대로 그의 아버지 대 아프로니우스는 변경백*이자 로마 변방의 정복지를 지키는 전사로 체격이 무척 좋았어요. 전공도 크게 세워서 대 아프로니우스가 로마로 돌아올 때 승리의 행진이 열릴 정도였습니다.

요즘 같으면 가족 간에 대화로 풀겠지만, 저때만 해도 아버지의 말은 무조건 따라야 했던 시대입니다. 아버지가 살을 빼라고 하니까 아들은 반드시 빼야 하는 거예요. 하지만 살을 단기간에 뺄 수 있을까요? 비만인이 살 빼기 정말 어렵습니다. 당시에는 운동 원리나 식단에 대한 이해도 없었을 때니까 더 힘들었을 거예요. 그

● 변경백: 프랑크왕국·신성로마제국이 국경 방비를 위해 군사 식민으로 설치한 변경 구역의 사령관.

렇게 아들은 살을 빼지 못하고, 부자간의 갈등은 나날이 깊어집니다. 결국 수술을 받아요.

　로마의 위대한 학자 플리니우스가 78년에 발표한《박물지》에 소 아프로니우스가 받은 수술이 나옵니다. 그 전에 플리니우스가 지방 조직에 대해 서술합니다. 지방 조직은 아무 감각이 없고 혈관도 거의 없어서 지방을 제거하는 수술이 가능했다고, 이로써 손쓸 수 없던 체중 문제가 해결됐다고 기록을 남깁니다.

　이와 비슷한 수술이 빈번하지는 않아도 여러 차례 진행됩니다. 수백 년 후 유대 지방에서도 랍비 엘르아잘이 대리석 방에서 복부를 개방해 여러 양동이에 해당하는 분량만큼 지방을 제거했다고《탈무드》에 나옵니다. 이후 엘르아잘의 복부가 크게 줄었고, 판단을 내릴 때 직감에 의지하는 일이 줄고 분별력이 늘었으며, 성행위도 더욱 빈번해졌다고 해요. 그리고 몇 개월 뒤에 사망합니다. 기록상 지방 절제술인지, 복부를 연 것인지 모르겠는데, 아마도 복강을 열지는 않은 것 같아요.

　당시 로마인의 의식을 지배하던 히포크라테스가 복부를 절개하면 반드시 죽는다고 말했거든요. 또 기원전 46년에 로마의 원로원 의원인 소 카토Marcus Porcius Cato Vticensis, BC 95~46가 카이사르와 다투다가 상황이 안 좋아지자 스스로 배를 갈라 자살을 시도합니다. 의사가 그를 살리기 위해 배를 닫는 수술을 진행했지만 사망해요. 이 때문에 복강을 여는 건 사회적으로 금기시됐어요.

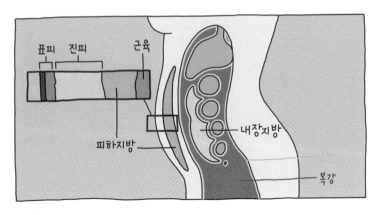

복부 단면도

소 아프로니우스와 랍비 엘르아잘은 아마도 피하지방을 제거하는 수술, 즉 복부 지방 제거술을 받았을 거예요. 결과적으로 둘은 어떻게 됐을까요? 소 아프로니우스는 아버지를 따라 군인이 되어 아프리카로 갑니다. 복부 지방이 사라지면서 퇴폐적인 생활을 청산하고 빡센 군인의 삶을 살아요. 아프리카에서는 로마에서처럼 먹지는 못했겠죠. 그렇게 생활 습관까지 개선되니까 더욱 승승장구해 집정관까지 됩니다. 그에 비해 엘르아잘은 수술한 후에 당장 죽지는 않았지만 복통과 각종 염증으로 고생하다가 몇 개월 뒤에 사망했습니다.

이후 로마가 망하고 본격적인 중세가 열려요. 이때부터는 먹고살기 힘들어집니다. 의학적인 발전도 멈췄고 의학 수준도 떨어졌죠. 사실상 사회가 정체됩니다. 로마는 포도주로 닦고 나름대로 소독도 했는데, 중세에는 상처를 썩혀요. 배 열면 바로 죽는 거예요. 그리고 굶어 죽는 일이 비일비재했습니다. 기근 역시 어마어마하게 많았어요. 비만에 대한 문제의식을 제기하기 어려웠겠죠.

물론 기독교에서 과식에 대한 경계는 있었습니다. 애초에 종교적인 금욕주의가 지배적이었기 때문에 이에 대한 경고나 죄의식이 있었어요. 7대 죄악 중 하나가 식탐이었습니다. 하지만 날씬해야 한다는 강박은 없었습니다. 오히려 영주 같은 경우 본인의 권위나 건재함을 보여주려고 연회를 열어서 왕성한 식욕을 과시했습니다. '영주님, 전보다 잘 못 먹네! 약해진 거 아냐?' 식의 시선을 방지하기 위함이었죠.

19세기부터 본격화된 비만에 대한 경각심

비만에 큰 문제의식 없이 지내오다 조금씩 변화가 나타나기 시작한 때가 19세기입니다. 특히 미국이 그랬어요. 미국이 정말 축복받은 땅인 게, 농사도 너무 잘되고 날씨도 좋다 보니까 씨를 뿌리면 아무것도 안 했는데도 무엇이든 잘 자랐어요. 게다가 가축도 다 크게 잘 자라다 보니 많이 먹을 수 있게 된 거죠.

미국의 여러 지표를 살펴보면, 1890년대부터 신문에서 본격적으로 비만 또는 비만 관련 약에 대한 광고가 (물론 다 돌팔이 약이지만) 나오기 시작합니다. 1891년부터는 공공기관에 공용 체중계가 놓이기 시작하고, 1913년부터는 가정용 체중계가 팔립니다. 그러니까 19세기 말부터 확실히 비만에 대한 인식이 변했음을 알 수 있어요.

제1차 세계대전을 겪으면서 비만에 대한 경계심이 더욱 가속화됩니다. 전쟁을 하니까 물자가 부족하잖아요. 게다가 금방 끝날 줄 알았던 전쟁이 생각보다 길어지고 너무 고통스러운 거예요. 그러니까 살집이 있는 사람들을 향한 비난이 잇따릅니다. '애국심이 부족하네. 먹을 음식이 많았으면 국가를 위해 내놨어야지' 하는 식으로요. 그렇게 비만인들의 스트레스가 점점 심해집니다.

1921년에 샤를 뒤자리에Charles Dujarier, 1870~1931 박사가 댄서 환자의 발목과 무릎 모양을 개선할 목적으로, 양쪽 종아리 부분에 세로로 절개선을 넣습니다. 사실 다리는 지방 제거에 유리한 조직

350

이 아니에요. 종아리도 당연히 지방이 있지만 비율이 낮습니다. 그런데 이 사실을 잘 모르고 그냥 째버린 거예요. 이 수술의 첫 번째 실수입니다. 두 번째 실수는 피부까지 제거했다는 겁니다. 사실 제대로 된 의사라면 동물이나 시신으로 연습을 해보고 수술을 했을 텐데, 그냥 했던 것 같아요. 피부를 너무 많이 제거하는 바람에 피부를 다시 꿰맬 때 과도한 장력이 생겨버립니다. 이비인후과에서도 재건술을 진행할 때 허벅지나 종아리, 팔뚝에서 살이나 뼈를 동반해 떼서 쓰는데, 이때 장력이 과도하게 생기지 않도록 먼저 계획하고 수술을 하거든요. 아무튼 장력이 너무 세니까 피부 안 조직이 눌려 구획증후군Compartment Syndrome이 생겼을 거예요. 피가 안 통하니까 썩었겠죠. 결국, 이 환자는 다리를 절단합니다. 이후로 하면 안 되는 수술이라는 인식이 팽배해져요. 물론 그사이에 배와 허벅지에 피부를 동반한 절제술이 시도되긴 했지만, 결과는 안타깝게도 사망 또는 절단으로 이어졌습니다.

이로부터 50년이 지난 후에야 새로운 시도가 이루어집니다. 1972년에 독일 의사 요제프 슈루데Josef Schrudde, 1920~2004가 고안한 수술로, 자궁 큐렛*을 이용해 진행합니다. 배에 구멍을 내 큐렛을 넣고 지방을 긁어냅니다. 지방이 혈관이 확실히 적기 때문에 이전 수술에 비하면 흉터도 적고 혈관 면에서 더 안전했지만, 보지 않고

● 큐렛: 내용물을 제거하는 수술 도구. 종양 또는 이물질을 제거하거나 조직 검사를 할 때 사용한다.

막 긁어내다 보니 지방색전증이나 심각한 출혈로 인한 사망 또는 합병증이 뒤따랐어요.

1976년에 의사 케셀링U. K. Kesserling과 메예르R. Meyer가 저전력 흡인기에 연결된 대형 이중 블레이드 절단 큐렛을 도입합니다. 덕분에 훨씬 나아졌지만, 날카로운 끝부분 때문에 합병증이 여전히 많았어요. 이후 발전을 거듭해 말단 지방에 식염수나 히알루로니다제®를 주입해 수압으로 미리 지방과 주변 조직을 분리해서 제거하는 방식을 도입합니다. 물에 의해 지방층의 혈관 다발이 훨씬 잘 보이니까 수술 시 혈관을 보존하는 데 크게 기여했죠. 또 수술도 더 쉽게 진행돼요. 이로써 수술이 비약적으로 발전합니다.

지금은 더 발달했습니다. 그 전에는 절제술이 전부였는데, 지방을 제거하는 방식이 다양해지면서 진공 펌프를 이용한 흡인술이 생겨났어요. 현재는 주사기, 초음파, 레이저를 이용해 안전하게 지방을 흡입하고 있습니다. 이 분야는 앞으로도 무궁한 발전을 이룰 것 같아요.

● 히알루로니다제: 일종의 천연 보습제. 통증과 부종을 완화하고 필러를 녹이는 주사에 도 사용한다.

참고문헌

1장

해부

C. Brenna, *Bygone theatres of events: A history of human anatomy and dissection*, The Anatomical Record, 2022.

C. Cosans, M. Frampton, *History of comparative anatomy*, eLS, 2015.

R. Gurunluoglu et al., *He history and illustration of anatomy in the Middle Ages*, Journal of Medical Biography, 2013.

Sabine Hildebrandt, *The role of history and ethics of anatomy in medical education*, Anatomical sciences education, 2019.

Sabine Hildebrandt, *Books, bones and bodies: The relevance of the history of anatomy in Nazi Germany for medical education today*, The Anatomical Record, 2022.

사망진단

멜라니 킹, 《거의 모든 죽음의 역사》, 이민정 역, 사람의무늬, 2011.

Elizabeth Yuko, *When Did Human Ancestors Start Burying Their Dead?*, HISTORY, 2023.

손 씻기

린지 피츠해리스, 《수술의 탄생》, 이한음 역, 열린책들, 2020.

Benn Jessney, *Joseph Lister(1827-1912): a pioneer of antiseptic surgery remembered a century after his death*, Journal of medical biography, 2012.

Miklós Kásler, *Ignaz Semmelweis, the Saviour of Mothers*, POLGÁRI SZEMLE, 2018.

Nancy B. Bjerke, *The evolution: handwashing to hand hygiene guidance*, Critical care nursing quarterly, 2004.

N. Kadar, *Rediscovering Ignaz Philipp Semmelweis(1818-1865)*, American journal of obstetrics and gynecology, 2019.

마취

Daniel H. Robinson & Alexander H. Toledo, *Historical development of modern anesthesia*, Journal of Investigative Surgery, 2012.

Juergen Wawersik, History of Anesthesia in Germany, History of Anesthesia, Journal of Clinical Anesthesia, 1991.

Rima S. Abhyankar et al., *The Development of Modern Anesthesiology*, Mo Med, 2022.

Scott Harrah, *Medical Milestones: Discovery of Anesthesia & Timeline*, 2015.

수술 장갑

로날트 D. 게르슈테, 《세상을 구한 의학의 전설들》, 이덕임 역, 한빛비즈, 2022.

Kevin Paul Lee, *Caroline Hampton Halsted and the origin of surgical gloves*, Journal of Medical Biography, 2022.

Marc Barton, *The History of Surgical Gloves*, Past Medical History, 2018.

수혈

David Albert Jones, *Did the Pope ban blood transfusion in 1678?*, British journal of haematology, 2021.

Mariya Sergeeva & Evgenia Panova, *The studies of blood transfusion and the attempts of its implementation into medical practice in 1800–1875: the fate of J.-A. Roussel's device in Russia*, Medicina Historica, 2020.

P. Learoyd, *The history of blood transfusion prior to the 20th century*, transfustion medicone, 2012.

The history of blood transfusion, British journal of haematology, 2001.

의료 도구

린지 피츠해리스, 《수술의 탄생》, 이한음 역, 열린책들, 2020.

A Kwan, *Surgical Instruments as a Window into the Profession's Past*, Yale J Biol Med, 2008.

B. Thomas, *Saints and sinner: Robert Liston*, Annals of the Royal College of Surgeons of England, 2012.

Clifton G. Meals & Roy A Meals, *A History of Surgery in the Instrument Tray: Eponymous Tools Used in Hand Surgery*, The Journal of Hand Surgery, 2007.

J Kirkup, *The history and evolution of surgical instruments*, Annals of the Royal College of Surgeons of England, 1998.

역학조사

스티븐 존슨, 《감염 도시》, 김명남 역, 김영사, 2020.

Azizi M. & Azizi F., *History of Cholera Outbreaks in Iran during the 19th and 20th Centuries*, Middle East J Dig Dis. 2010.

L Ball, *Cholera and the Pump on Broad Street: The Life and Legacy of John Snow*, The History Teacher, 2009.

Michel Drancourt, Didier A. Raoult, *Paleomicrobiology of Humans*, John Wiley & Sons, 2020.

Kari S. McLeod, *Our sense of Snow: the myth of John Snow in medical geography*, Social Science & Medicine, 2000.

면도

Alun Withey, *Shaving and Masculinity in Eighteenth-Century Britain*, Journal for Eighteenth-Century Studies, 2013.

Joann Fletcher, *The Decorated Body in Ancient Egypt: Hairstyles, cosmetics and tattoos*, The Clothed Body in the Ancient World, 2005.

John Staughton, *When Did Humans Start Shaving-And Why?*, Science ABC, 2019.

Jerry Toner, *Barbers, barbershops and searching for Roman popular culture*, Papers of the British School at Rome, 2015.

Jennifer Evans & Alun Withey, *New Perspectives on the History of Facial Hair*, Palgrave Macmillan, 2018.

탈모

David Broadley & Kevin J McElwee, *A "hair-raising" history of alopecia areata*, Experimental dermatology, 2020.

J. Callander, *Nosological Nightmare and Etiological Enigma: A History of Alopecia Areata*, Int J Trichology, 2018.

J. Draycott, *Hair Loss as Facial Disfigurement in Ancient Rome?, Approaching Facial Difference: Past and Present*, Bloomsbury Academic, 2018.

Libecco J. F. & Bergfeld W. F., *Finasteride in the treatment of alopecia*, Expert Opin Pharmacother, 2004.

2장

괴혈병

이재담, 《위대한 의학사》, 사이언스북스, 2020.

Brian Vale, *The conquest of scurvy in the Royal Navy 1793–1800: a challenge to current orthodoxy*, The Mariner's Mirror, 2008.

E. Dresen et al., *History of scurvy and use of vitamin C in critical illness*, Nutrition in clinical practice, 2023.

H. E. Sauberlich, *A history of scurvy and vitamin C.*, CABI Digital Library, 1997.

Wendy R. Childs, *1492-1494: Columbus and the Discovery of America*, The Economic History Review, 1995.

말라리아

박영규, 《메디컬 조선》, 김영사, 2021.

정승규, 《인류를 구한 12가지 약 이야기》, 반니, 2019.

엄남석, 〈벌레 잡아 상처 치료하는 침팬지…외상치료 동물은 처음〉, 연합뉴스, 2022.

Francois Nosten et al., *A brief history of malaria*, La presse médicale, 2022.

Jasminka Talapko et al., *Malaria: The Past and the Present*, Microorganisms, 2019.

Morag Dagen, *History of malaria and its treatment*, Antimalarial agents, 2020.

치질

리디아 강 & 네이트 페더슨, 《돌팔이 의학의 역사》, 부희령 역, 더봄, 2020.

아르놀트 판 더 라르, 《메스를 잡다》, 제효영 역, 을유문화사, 2018.

CV Mann, *Landmarks in the History of Hemorrhoids*, Surgical Treatment of Hemorrhoids, 2009.

Janindra Warusavitarne & Robin Phillips, *Hemorrhoids Throughout History-A Historical Perspective*, Seminars in Colon and Rectal Surgery, 2007.

S. Ellesmore & A. C. J. Windsor, 'Surgical history of haemorrhoids', *Surgical treatment of hemorrhoids*, 2009.

매독

존 엠슬리, 《세상을 바꾼 독약 한 방울》 전2권, 김명남 역, 2010.

Bruce M. Rothschild, *History of syphilis*, Clinical Infectious Diseases, 2005.

C. Ros-Vivancos et al., *Evolution of treatment of syphilis through history*, Revista española de quimioterapia, 2018.

John Frith, *Syphilis-its early history and treatment until penicillin, and the debate on its origins*, Journal of Military and Veterans Health, 2012.

M. Tampa et al., *Brief history of syphilis*, Journal of medicine, 2014.

당뇨

로날트 D. 게르슈테, 《세상을 구한 의학의 전설들》, 이덕임 역, 한빛비즈, 2022.

Awad M. Ahmed, *History of diabetes mellitus*, Saudi medical journal, 2002.

Ji-Wook Park, *History of Diabetes Mellitus*, The Journal of Korean Diabetes, 2009.

Konrad Barszczewski et al., *Sir Frederick Grant Banting-the discoverer of insulin. On the 100th anniversary on the Nobel Prize*, Przegl Epidemiol, 2023.

Marianna Karamanou et al., *Milestones in the history of diabetes mellitus: The main contributors*, journal diabetes, 2016.

Ritu Lakhtakia *The history of diabetes mellitus*, Sultan Qaboos University Medical Journal, 2013.

천연두

박영규, 《메디컬 조선》, 김영사, 2021.

신병주, 《우리 역사 속 전염병》, 매일경제신문사, 2022.

이수광, 《나는 조선의 의사다》, 북랩, 2013.

코디 캐시디, 《제일 처음 굴을 먹은 사람은 누구일까》, 신유희 역, 현암사, 2022.

Alasdair M. Geddes, *The history of smallpox*, Clinics in dermatology, 2006.

Catherine Thèves et al., *History of smallpox and its spread in human populations*, Paleomicrobiology of Humans, 2016.

환상통

Ansley Herring Wegner, *Phantom Pain: Civil War Amputation and North Carolina's Maimed Veterans*, The North Carolina Historical Review, 1998.

Clayton J. Culp & Salahadin Abdi, *Current understanding of phantom pain and its treatment*, Pain physician, 2022.

J. Barbin et al., *The effects of mirror therapy on pain and motor control of phantom limb in amputees: A systematic review*, Annals of Physical and Rehabilitation Medicine, 2016.

R. Sabatowski et al., *Pain treatment: a historical overview*, Current Pharmaceutical Design, 2004.

고혈압

박지욱, 《역사 책에는 없는 20가지 의학 이야기》, 시공사, 2015.

Mohammad G. Saklayen & Neeraj V. Deshpande, *Timeline of history of hypertension treatment*, Frontiers in cardiovascular medicine, 2016.

Richard J. Johnson et al., *The discovery of hypertension: evolving views on the role of the kidneys, and current hot topics*, Am J Physiol Renal Physiol, 2015.

William James Maloney & Frank Resillez-Urioste, Maura Maloney, *The Hypertension of President Franklin Roosevelt: The President as Casualty of War*, New York State Dental Journal, 2012.

3장

아편

오후, 《우리는 마약을 모른다》, 동아시아, 2018.

리디아 강 & 네이트 페더슨, 《돌팔이 의학의 역사》, 부희령 역, 더봄, 2020.

F Aragón-Poce et al., *History of opiumm*, International Congress Series, 2002.

J. S. Haller, Jr, *Opium usage in nineteenth century therapeutics*, Bulletin of the New York Academy of Medicine, 1989.

Michael Obladen, *Lethal lullabies: a history of opium use in infants*, Journal of Human Lactation, 2016.

Vassilev, Rossen & New Politics, *China's opium wars: Britain as the world's first Narco-state*, New Politics, 2010.

대마초

오후, 《우리는 마약을 모른다》, 동아시아, 2018.

Antonio Waldo Zuardi, *History of cannabis as a medicine: a review*, Brazilian Journal of Psychiatry, 2006.

Anna Maria Mercuri et al., *The long history of Cannabis and its cultivation by the Romans in* central Italy, shown by pollen records from Lago Albano and Lago di Nemi, Vegetation History and Archaeobotany, 2002.

Ethan Budd Russo, *History of cannabis as medicine: Nineteenth century irish physicians and correlations of their observations to modern research*, Botany and Biotechnology, 2017.

Samer N. Narouze, 'History of cannabis', *Cannabinoids and pain*, SpringerLink, 2021.

코카인

Andrzej Grzybowski, *Cocaine and the eye: a historical overview*, Ophthalmologica, 2008.

Andrzej Grzybowski, *The history of cocaine in medicine and its importance to the discovery of the different forms of anaesthesia*, Klin Oczna, 2007.

S. B. Karch, *Cocaine: history, use, abuse*, Journal of the royal society of medicine, 1999.

비소

존 엠슬리, 《세상을 바꾼 독약 한 방울》 전2권, 김명남 역, 2010.

Michael F. Hughes, *History of Arsenic as a Poison and a Medicinal Agent*, Exposure Sources, Health Risks, and Mechanisms of Toxicity, 2015.

Michael F. Hughes et al., *Arsenic Exposure and Toxicology: A Historical Perspective*, Toxicological Sciences, 2011.

Ngozi P Paul et al., *Arsenic in medicine: past, present and future*, Biometals, 2023.

S. Sambu, R. Wilson, *Arsenic in food and water-a brief history*, Toxicology and industrial health, 2008.

수은

존 엠슬리, 《세상을 바꾼 독약 한 방울》 전2권, 김명남 역, 2010.

Eugenie Nepovimova & Kamil Kuca, *The history of poisoning: from ancient times until modern ERA*, Archives of toxicology, 2019.

M. Harada, *Minamata disease: methylmercury poisoning in Japan caused by environmental pollution*, Critical reviews in toxicology, 1995.

Philip O. Ozuah, *Mercury poisoning*, Current Problems in Pediatrics, 2000.

납

존 엠슬리, 《세상을 바꾼 독약 한 방울》 전2권, 김명남 역, 2010.

F. P. Retief, *Lead poisoning in ancient Rome*, Acta Theologica, 2006.

H. L. Needleman, *History of lead poisoning in the world*, International conference on lead poisoning, 1999.

S. Hernberg, *Lead poisoning in a historical perspective*, American journal of industrial medicine, 2000.

방사능

리디아 강 & 네이트 페더슨, 《돌팔이 의학의 역사》, 부희령 역, 더봄, 2020.

J. McLaughlin, *An historical overview of radon and its progeny: applications and health effects,* Radiat Prot Dosimetry, 2012.

R. K. Lewis, *A History of Radon-1470 to 1984, National Radon Meeting,* 2006.

4장

정관수술

아르놀트 판 더 라르, 《메스를 잡다》, 제효영 역, 을유문화사, 2018.

Angela Gugliotta *"Dr. Sharp with His Little Knife": Therapeutic and Punitive Origins of Eugenic Vasectomy-Indiana, 1892–1921,* Journal of the history of medicine and allied sciences, 1998.

Elodie Serna, *Vasectomy in Interwar Europe: From Medical to Political Practices,* Social History Of Medicine, 2023.

Howard H. Kim & Marc Goldstein, *History of vasectomy reversal,* Urologic Clinics, 2009.

M. Michael Cohen Jr., *Overview of German, Nazi, and holocaust medicine,* American Journal of Medical Genetics Part A, 2010.

Yefim R. Sheynkin, *History of vasectomy,* Urologic Clinics, 2009.

상처 치료

George Broughton 2nd et al., *A brief history of wound care,* Plastic and Reconstructive Surgery, 2006.

Jayesh B. Shah, *The History of Wound Care,* J Am Col Certif Wound Spec. 2011.

Konstantinos Markatos et al., *Ambroise Paré(1510-1590) and his innovative work on the treatment of war injuries,* Surgical Innovation, 2018.

Philippe Hernigou, *Ambroise Paré II: Paré's contributions to amputation and ligature,* International orthopaedics, 2013.

Tiffany Brocke & Justin Barr, *The history of wound healing,* Surgical Clinics, 2020.

두통 치료

J. F. Geddes, *Trepanation: History, discovery, theory,* The Royal Society of Medicine, 2003.

Leah Hobert & Emanuela Binello, *Trepanation in ancient China,* World neurosurgery, 2017.

P. J. Koehler & T. W. van de Wiel, *Aretaeus on migraine and headache,* J Hist Neurosci, 2001.

Peter J. Koehler & Christopher J. Boes, *A history of non-drug treatment in headache, particularly migraine,* Brain, 2010.

정신의학

에드워드 쇼터, 《정신의학의 역사》, 최보문 역, 바다출판사, 2020.

James P Caruso & Jason P Sheehan, *Psychosurgery, ethics, and media: a history of Walter Freeman and the lobotomy,* Neurosurgical focus, 2017.

Miguel A. Faria, Jr., *Violence, mental illness, and the brain – A brief history of psychosurgery*, Surg Neurol Int. 2013.

R. P. Feldman & J. T. Goodrich, *Psychosurgery: a historical overview*, Neurosurgery, 2001.

요로결석

아르놀트 판 더 라르,《메스를 잡다》, 제효영 역, 을유문화사, 2018.

Ahmet Tefekli & Fatin Cezayirli, *The History of Urinary Stones: In Parallel with Civilization*, ScientificWorldJournal. 2013.

Garabed Eknoyan, *History of urolithiasis*, Clinical Reviews in Bone and Mineral Metabolism, 2004.

Jennifer Gordetsky & Jeanne O'Brien, *Urology and the scientific method in ancient Egypt*, Urology, 2009.

백내장 수술

A. Aruta et al., *History of cataract surgery*, Journal of History of Medicine and Medical Humanities, 2009.

Claudia Florida Costea et al., *A Brief Account of the Long History of Cataract Surgery*, Revista Română de Anatomie funcţională şi clinică, 2016.

N. S. Jaffe, *History of cataract surgery*, Ophthalmology, 1996.

Randall J. Olson, *Cataract surgery from 1918 to the present and future—just imagine!*, American journal of ophthalmology, 2018.

성형수술

Iain S Whitaker et al., *The birth of plastic surgery: the story of nasal reconstruction from the Edwin Smith Papyrus to the twenty-first century*, Reconstructive Surgery, 2007.

Isabella C. Mazzola & Riccardo F. Mazzola, *History of reconstructive rhinoplasty*, Facial Plastic Surgery, 2014.

Manish C. Champaneria et al., *Sushruta: father of plastic surgery*, Annals of Plastic Surgery , 2014.

Valdas Macionis, *History of plastic surgery: Art, philosophy, and rhinoplasty*, Journal of Plastic, Reconstructive & Aesthetic Surgery, 2018.

Vickram Chahal, *The Evolution of Nasal Reconstruction: The Origins of Plastic Surgery*, History of Medicine Days, 2001.

지방 절제술

아르놀트 판 더 라르,《메스를 잡다》, 제효영 역, 을유문화사, 2018.

Nikolay Serdev, 'The History of Body Contouring Surgery', *Body Contouring and Sculpting*, IntechOpen, 2016.

Timothy Corcoran Flynn et al., *History of Liposuction*, Dermatologic Surgery, 2000.